一路钟情

聂作平山河手记

走出来的人生美景

聂作平◎著

南方出版传媒
花城出版社
中国·广州

图书在版编目（C I P）数据

一路钟情 : 走出来的人生美景 / 聂作平著. -- 广州 : 花城出版社, 2018.7
ISBN 978-7-5360-8673-9

Ⅰ. ①一… Ⅱ. ①聂… Ⅲ. ①游记－作品集－中国－当代 Ⅳ. ①I267.4

中国版本图书馆CIP数据核字(2018)第134481号

出 版 人：詹秀敏
责任编辑：王 凯 王铮锴
技术编辑：薛伟民 凌春梅
封面设计：回归线视觉传达

书 名	一路钟情：走出来的人生美景 YI LU ZHONG QING：ZOU CHU LAI DE REN SHENG MEI JING
出版发行	花城出版社 （广州市环市东路水荫路 11 号）
经 销	全国新华书店
印 刷	佛山市浩文彩色印刷有限公司 （广东省佛山市南海区狮山科技工业园 A 区）
开 本	787 毫米×1092 毫米 16 开
印 张	17 18 插页
字 数	200,000 字
版 次	2018 年 7 月第 1 版 2018 年 7 月第 1 次印刷
定 价	56.00 元

购书热线：020－37604658 37602954
花城出版社网站：http://www.fcph.com.cn

草原上的敖包。

七月的呼伦贝尔大草原，牧草足有半人高。

满州里国门前，一列国际列车正从俄罗斯驶入中国。

满了异国情调的满洲里。

呼伦湖边的特色小店。

中俄边境上的中国国门。

国门附近的一座平房，中俄两国举行会谈的地方。

从朝阳楼俯看古城。

大成殿前的元代桧树。

大成殿前的细乐演奏。

风平浪静的泮池。

高大的牌坊大多有几百年的历史了。

古树与偏门。

后花园里的戏台。

回廊。

精美的牌坊。

老街。

建水老街之一。

建水老街之二。

门上精美的雕刻之二。

门上精美的雕刻之三。

门上精美的雕刻之一。

朱家花园里的小姐绣楼。

泮池前的孔子塑像。

墙上悬挂着朱氏家训。

深院里的花开得鲜艳而落寞。

庭院深深。

北极村外是茫茫原野，这已经是中国最北方的庄稼了。

北极村村口标志。

北极村口的小河

北极村里别具一格的指路牌。

北极村中的民居。

黑龙江岸的木格楞房已经是旅游产品了。

黑龙江畔以渔猎生活为题材的雕塑。

江对岸就是俄罗斯，依然保持着原始森林的面貌。

蓝天白云绿树黄花，从漠河县城到北极村都是这样的风景。

漠河地广人稀，既便是县城主街也显得十分冷清。

因为全系火灾后重建，漠河县城的建筑都显得很新。

夕光下，一条小河从县城边上流过。

这些白桦树都是从当年的火灾现场上天然生长出来的。

中国最北一家。

中国最北点。

通往火车站的老石桥。

伫立在黑龙江畔的神州北极碑。

郪江汉墓几乎都依山而建，开凿在坚硬的岩石上。

近年来修复的自贡老街，位于自流井的釜溪河畔。

釜溪河畔的仙市古镇，曾经的盐运码头。

清代碑文表明，邓井关曾是富顺分县驻地。

仙市的古建筑群，依稀有当年盐运古镇的迹象。

曾经盐船密布的沙湾，如今还有一只摆渡船。

用来提捞卤水的大车。

釜溪河与沱江河交汇之处。

祭祀江神的王爷庙如今是喝茶的好去处。

西秦会馆里的戏楼。

世界上第一口超千米的深井。

历尽沧桑的古盐码头。

使用了几十年的邓关船闸，已经彻底退休。

沱江河畔崖壁上的文字，记载了清代发生在赵化的一场血战。

赵化古镇的沱江渡口。

世界最大土楼：二宜楼。

人去楼空，只有雨中的蛛网轻轻飘摇。

饱受兵火之灾的齐云楼已是残垣断壁。

每座土楼里必不可少的就是幽深的井。

土楼墙上的壁画。

土楼是对中国人向往的聚族而居的大家族生活的最好注解。

土楼的生活总是很宁静。

在土楼里生活了五十多年的蒋大哥，
喝功夫茶是他每天必不可少的。

土楼外面的世界。

已成为废墟的日新楼是最老的土楼之一，
已有五百多年历史。

遗忘在土楼废墟里的神像。

二宜楼门楣上的西洋女人和英文字母。

山腹的农舍。

透过古老的城门，外面的春天势不可挡。

一个老人在废园里徘徊。

一个世居的老人向我们讲述起古寨的历史。

破败的飞檐还在诉说旧时的辉煌。

曾经的公馆，如今已人去楼空。

倒塌的寨墙上，开满了油菜花。

废墟外，梨花似雪。

一眼已有上百年历史的老井。

从寨门前望过去，川南的丘陵点缀着孤岛似的油菜花。

合江境内，到处都是郁郁葱葱的荔枝林。

即将成熟的荔枝。

荔枝林里，一条古道通向远方。

自贡盐业历史博物馆门楼与雕刻。

大运河曾是生丝外运的主要通道。

钱山漾出土的世界最早的蚕丝。

湖州一座村庄里的社戏。

大运河畔的荻港，有着漫长的养蚕历史。

收藏在南浔博物馆里的旧式纺机。

水乡南浔，以辑里丝而闻名。

苏湖熟，天下足。湖州境内的稻田。

莫干山老建筑之一。

莫干山老建筑之二。

莫干山深处，森林密布，气温远比山下更低。

莫干山日落。

莫干山深处的小村庄。

莫干山中的农舍。

莫干山中近年修建的度假区。

通往莫干山腹地的路。

成都平原的春天花木灿烂。

悠闲的古镇最能代表成都的市井生活。

成都平原的黄昏。

有了都江堰，就有了水旱从人的天府之国。

自序：我用文字和脚印感谢大地

多年的漂泊，从午夜的书桌开始
一灯如豆，将那些熟悉的地名
一遍遍地擦亮，尔后消失在秋风的夜行里

彩色的地图册——梦幻和流浪的指南针
从盆地南部出发，向北
目光跳过：成都、秦岭、西域
向南，目光跳过：云南、贵阳、广西
其间山河壮丽，强人横行。
其间，我坚定的目光依然能看见：
我骑着秋风的骏马，一路风烟
踏歌而去。我是否会路过
一个个村庄和城市？遭遇一次次
阴谋与爱情？如果说，“生活不在这儿”
那它究竟该在哪里？

等高线比今夜的气温更低。沉默的地图册呀
它该是一个清醒的盲者？
还是一个无法死去的老人？在今夜
我将枕着空空的行李和黄河的涛声入睡
直到东方泛白，人群苏醒
直到一点点翠红的阳光，重重地敲响窗棂

被宿命的星辰照耀，经年累月地出发
从一本24开的地图册开始。多年来
我足不出户，却经历着一场又一场浩劫和风雨
如同我们生活在自己的内心
但比一千种风暴更加平静

上面引述的这首诗，它的标题叫作《地图册》，写于1997年11月，28岁生日我的第二天。那是一段内外孤苦却又充满激情的岁月。那时候，我生活在川南一座以井盐和恐龙而闻名的城市，像一只辛勤的蚂蚁，用微薄的稿费和工厂施舍的几文下岗津贴养家糊口。日子贫困，却怀揣梦想。梦想之一，就是去远方。但渴望远方的人却被生活的钉子牢固地钉在了盆地一角。我只能在夜晚的孤灯下翻看一本本地图册，用这种地图上的旅行来代替真实的远走高飞。其情其景，颇有些类似过屠门而大嚼。但它却不仅在一定程度上抚慰了想去远方的饥渴，同时也让我对远方的向往有着更加丰满的基础。这正如我在更年轻时的一篇题为《想去远方》的短文中说过的那样："想去远方也许是人类特有的一种对不可知事物的渴望，是对平凡生活的改正和缀饰；想去远方的念头常常使我觉得，在远方，在时间和空间的远方，一定有着一些美好的、神秘的东西在等待着我，想去远方的念头便为我平淡的生活抹上了一层瑰丽梦幻。"

我已经忘记是哪位老先生曾经说过，他说人的一生应当活九十岁，前三十年读万卷书，中三十年行万里路，后三十年坐在书斋里，潜心著述。这位忘了姓名的老先生的话，是我困居川南时支撑我的信念之一。我还年轻，我应当读万卷书，行万里路的机会，它必将在以后如期而来。

事实上，直到三十五岁以后，行万里路才成为鲜活生动的现实。数年之间，每一年都有多次长短不一的远行。只有当我四处奔走，人在旅途，我才明白中国的国土有多么广阔，而960万平方公里又是一个何等辽远、何等宏大的空间。有人戏言：所谓旅行，就是从自己活腻了的地

方到别人活腻了的地方去。我以为，这一戏言有着真实的哲理：一个永远囿于小地方的人，尽管他可以从书本，从影视和网络中了解远方，但这种了解毕竟是肤浅的，平面的。与真实的远行相比，便如同造型逼真的塑料花与怒放摇动的野花摆在一起。只有当你亲身出现在那些陌生的远方，你才可能感悟到另一种迥然不同的生存与呈现：别人活腻了的地方，别人司空见惯的东西，你因为没有见过，你因为没有感受过，神奇与诱惑便油然而生。

诸种出行方式中，我最喜欢的是火车和自驾。漫长的铁轨，笔直地伸向远方，喷着烟雾的机车，拖动着我行进在未知的路途。而我，长时间地呆望着车窗外面，那些一闪即逝的路人、村庄、稼禾、城市，它们会让我在一瞬之间有一种似曾相识的错觉。或许，旅行就是沿路检验自己的前世或来生。至于驱车自驾，我喜欢那种随遇而安的闲适：不需要一环扣一环的时间计划和景区计划，需要的是兴之所至，随时停下车来。或许是爱枫林的晚景，或许是爱奔涌的晨雾，或许只是想面对一川烟草满山翠竹打个盹。景区不应该是旅行的目的地，旅行的目的地应该是心灵——让心灵在陌生而又似曾相识的他乡，享受幸福也享受落寞，享受狂欢也享受孤寂，享受“花近高楼伤客心，万方多难此登临”的伤感，也享受“江山留胜迹，我辈复登临”的幸运。从某种意义上讲，旅行就是通过出走的方式，让我们体验更多元的人生。

一个人独自在异乡游荡，迥异于故乡的风景、火车上的一次邂逅、街头寻找到的一餐美味、偶然间误打误撞走进的某个历史名人的故居，以及异乡的日出日落与晨晨昏昏，这些寻常而又亲切的事物都长久地感动着我。它们让我明白，这方难以穷尽的大地，它其实由诸多可以信手拈来的细节构成。在这些细节里奔走、寻找、聆听、观望，或许，我们会发现生命的另一重意义：灵魂在高处。灵魂在远方。灵魂需要流浪。

我想，我会长久地行走下去，因为还有那么多异地他乡，还有那么多美景殊风，等待着我走近它们。大地给予我的，我将用文字和脚印表达感激。

对我三十五岁以后行万里路起过重要推动作用的，除了我自身想要满足青少年时的梦想外，还有另一个外在因素，那就是著名的《中国国家地理》杂志。自从2003年为该刊的四川专辑撰稿以来，我便成为该刊长期撰稿人。于是乎，出于经常为该刊撰稿的原因，我得以游走四方。事实上，本书中一大半的篇章，都曾在该刊发表过。当然，由于可以理解的原因，该刊在发表这些文字时，有的篇章按刊物的整体设计做了删节或修改。

本书采用的绝大多数图片，都由我在旅途中拍摄。唯因年代久远，有少许当年拍下的照片难以寻觅。故此，我在爱卡论坛上向网友们征集到一些。感谢提供了部分图片的网友，他们是：王洪平、杨智勇、会飞的鱼、或跃于渊、风中游影、唐宋雅韵、叶湛，以及我的朋友徐献。

尤其要特别感谢的是《中国国家地理》杂志执行总编单之蔷先生、著名作家麦家先生，感谢他们以精短的文字将此书推荐给广大读者。

我将在这座以芙蓉花为标志的城市，等待着你的来信。

邮箱：zpn9999@126.com。

目录

名川秀水

雄山奇峰

旧物新缘

古迹重寻

优雅之旅

边地风光

名川秀水

车行湖畔，

碧空如洗，

烟波浩渺的湖面鸥鸟成群，

远处草原上，

几匹骏马在风中奋蹄奔跑，

呼伦贝尔大草原显得格外宁静。

呼伦湖：北方第一大泽

一切还得从1亿年前说起。

今天的蒙古高原，那时还是一片汪洋。由于激烈的地壳运动，这些汪洋有时也变成一片片深浅不一的沼泽。到了距今300万年至200万年前，随着地壳的持续挤压，在这片汪洋和沼泽之间，先后产生了两条大断层，它们被地质学家称为西山断层和嵯岗断层。两个断层之间，一个原始的湖泊正在孕育。距今1万年前，这个被大自然的鬼斧神工造就了多年的湖泊终于形成，只不过，与今天相比，这个1万年前的湖泊还只是雏形，它过多的水量总是由几条与它相连的河流带走，直到送进遥远的太平洋。1万年的岁月弹指而过，今天，它已成为草原深处的一个内陆湖。

这就是呼伦湖。蒙语里，人们总是亲切地称它为达赉湖，意思是像海一样的湖。这座面积达2339平方公里的湖，它既是中国第五大湖，也是内蒙古第一大湖。

游牧民族的历史摇篮

著名历史学家翦伯赞先生把呼伦贝尔草原称为中国历史上的一个闹市，倘若此说成立的话，那么作为呼伦贝尔草原最大亮点的呼伦湖，就是闹市中最具人气的十字街头。从自然地理讲，它是中国北部乃至整个亚洲干旱地区数千公里内唯一的大泽；从人文地理讲，它是北方游牧民族的历史摇篮，鲜卑人、契丹人、女真人、蒙古人都是在这个摇篮里长大，又都在这里度过了他们意气风发的青春时代。

北魏太武帝拓跋焘是一个年轻有为的皇帝，他先后消灭了割据中国北部的夏国、北燕和北凉，初步统一了北方。拓跋焘在位时，经常追忆祖先当年从东北密林中走出的艰辛往事。有一年，部下向他报告，说是寻找到了祖先居住的洞穴。拓跋焘很高兴，当即派中书侍郎李敞等人前往祭祀并把祭文刻在石壁上。直到1500年后，考古学家才在长满桦树的密林中发现了这个被称为嘎仙洞的石洞和洞壁上清晰可见的祭文。这篇祭文以拓跋焘的名义向上天表示感谢，同时也向他的先人致敬，“历载亿年，幸来南迁”，这是祭文的关键词——拓跋焘认为，正是祖先当年英明的南迁，才有了后来鲜卑民族的发展。所谓南迁，就是指从北方的密林，迁徙到水草丰茂的呼伦湖畔。

《魏书》中，呼伦湖被称为大泽。“大泽方千余里，决土昏暝沮洳”，意思是说，呼伦湖这个大湖方圆千里，在这一带再也找不到第二个。据记载，早在拓跋焘建功立业之前几百年，他的祖先推寅出任鲜卑部落酋长时，从今天的大兴安岭东坡的鄂伦春旗一带，迁徙到了呼伦湖地区。这次被鲜卑后裔们念念不忘的南迁，在鲜卑人的发展史上有极其重要的意义：当鲜卑人生活在大兴安岭东侧的山地时，他们过着与世隔绝的游猎生活，而一旦迁移到呼伦湖地区，这块富饶的土地带来的不仅是生活方式的变化——由游猎变成了游牧；同时，也意味着他们与周边的汉、匈奴和丁零等民族之间的接触变得更加频繁。最终，到距拓跋焘半个世纪之后的拓跋宏时代，北魏再次南迁，把首都从山西平城迁往河南洛阳，北魏成为当时最强盛的王国之一。细数这个王朝兴起的隐秘原因，呼伦湖是一个绕不过去的标志，它是这个边地民族角逐中原的大跳板和中转站。

历史往往惊人地相似。如同鲜卑人与呼伦湖一样，蒙古人和成吉思汗也与这个北方大泽有着不可分割的关系。史书记载，初起之时，成吉思汗的根据地在今天的鄂嫩河和肯特山一带，相当长时间里，这位被称为一代天骄的马上英雄，他的领地局限在斡难河和额尔古纳河之间的狭小地带。与他相邻的世仇塔塔尔人，则游牧于以呼伦湖为中心的大草原上。在打败了塔塔尔人并占领了呼伦湖及周边草原后，成吉思汗的实力以几何级数迅速增长，短短几年时间，他就统一了蒙古各部。可以说，正是呼伦湖，让成吉思汗掘得了帝国事业的第一桶金。这个风起云涌，曾令欧洲人谈虎色变的草原帝国，倘若把它比作一株参天大树，那么大树的根就是呼伦湖。

以呼伦湖为中心的草原是整个亚洲最肥美的草原，这样的草原一方面能够比较容易养活成吉思汗大军，另一方面，这里出产能征善战的三河马。冷兵器时代，这些善于奔跑的生灵无疑就是所向披靡的战车。正因为拥有大量马匹，成吉思汗才天才地制造出了他的战争撒手锏：他的将士每人至少有3马匹，将士们可以轮流乘骑，以便保持来去如风的速度；此外，他的军队一般很少配备粮食，战士们饥食马肉，渴饮马奶，既灵活机动，又便于长途奔袭。

正是依靠这种独特的战术，成吉思汗从额尔古纳河南迁到呼伦贝尔草原不久，就在呼伦湖畔打败了他早期最大的敌人札木合，紧接着，又打败了世仇塔塔尔人，从此独霸大草原。以呼伦贝尔草原为依托，成吉思汗终于有了与女真人的金朝和汉人的南宋分庭抗礼的资本。正如他后来写给长春真人邱处机的诏书中所说的那样："七载之中成大业，六合之内为一统。"

直到一个多世纪以后，当成吉思汗早已化为地下枯骨时，他所开创的蒙元帝国在农民起义浪潮下土崩瓦解，末代皇帝元顺帝不得不放弃中原，逃往塞外，他选择的逃跑之地仍然是呼伦贝尔草原，他企图回到祖先借以起家的呼伦湖，以便能有卷土重来的机会。明成祖朱元璋深知这片草原对蒙元的重要性，他审时度势，派大将蓝玉远征，蓝玉在呼伦湖的姐妹湖贝尔湖附近彻底灭了元军。因此，从某种意义上讲，蒙元这个草原帝国的兴起和灭亡，都和呼伦湖密切相关。或者说，呼伦湖见证了一个铁血帝国的生与死，艳与寂。

鲜卑人和蒙古人之外，历史上曾经不时牧马南下，搅得中原王朝坐卧不宁的契丹人、女真人，都曾经把呼伦湖作为自己的根据地，用翦伯赞的话来说，那就是呼伦贝尔草原"不仅是古代游牧民族的历史摇篮，而且是他们的武库、粮仓和练兵场。他们利用这里优越的自然条件，繁殖自己的民族，武装自己的军队，然后以此为出发点由东而西，征服内蒙中部和西部诸部落或更广大的世界，展开他们的历史性的活动”。呼伦湖作为呼伦贝尔草原的中心和水草最繁茂、物产最丰富的黄金地带，它的历史意义显而易见。

今天的呼伦湖有一个著名景点，那就是成吉思汗拴马桩：在湖的西北，距湖岸10多米远的湖水中，耸立着一根高10米、周长15米的柱石。相传，当年成吉思汗与塔塔尔人交战时，遭到塔塔尔人的伏击，他趁黑夜逃到柱石之下方才得以脱险，是故得名为成吉思汗拴马桩。民间传说虽然不足为凭，但也从一个侧面隐约证明：呼伦湖和成吉思汗、和蒙古人，以及与蒙古人有着亲缘关系的鲜卑人、女真人和契丹人之间，都曾有过水乳交融的历史往事。

野生动物的悲欢家园

呼伦湖面积达2000多平方公里，平均水深将近6米，如此浩渺的水面出现在亚洲干旱半干旱草原，完全是一个突如其来的异数，它对呼伦贝尔草原乃至整个东北地区生态系统的影响不言而喻。更重要的是，以呼伦湖为中心所形成的呼伦湖水系，面积将近1万平方公里，可以说，如果没有呼伦湖，也就没有呼伦贝尔草原，至于发源或流经呼伦贝尔草原的数以百计的大小河流，则完全将是另一番模样。因此，当初有关部门决定成立达赉湖自然保护区时，其理由就是“保护整个达赉湖水系的生态系统及其发育形成的大面积的湿地，以及广阔的呼伦贝尔草原，拯救那些已濒临灭绝的生物物种，使该地区保持生物多样性”。1992年，经国务院批准，达赉湖成立国家级自然保护区；2002年，被接纳为联合国教科文组织世界生物圈保护区。

达赉湖自然保护区内最主要的受保护者是鸟类。保护区管理局在区域内分设了6个保护站，每年春天，当大批鸟儿飞来时，各个站点也就进入了一年里最忙碌也最兴奋的季节。对这些保护站的工作人员来说，他们多见鸟儿，少见人烟——事实上，那些偏远的保护站，除了偶尔有盗猎者光顾外，就只有保护区屈指可数的几个工作人员和一天到晚吵个不停的鸟儿了。保护站的墙上，挂满了观测日记，密密麻麻地记载了绝大多数人闻所未闻的各种鸟类的名字。春季、秋季什么时间来的鸟，数量多少，哪些种类，什么时间离开，全都一一记录在案。

保护站工作人员介绍，达赉湖保护区共有鸟类17目41科191种，种属占全国的1/5。所有鸟类中，属于国家二保的32种，国家一保的8种，列入世界濒危物种的3种。

乌兰泡是位于呼伦湖和贝尔湖之间的一个小湖，面积不到100平方公里。但它却是整个达赉湖自然保护区最核心的部分，这里河汊纵横，水草繁茂，鱼类众多，同时又远离人间烟火，因而成为鸟的天堂。在保护区的诸多鸟类中，最珍贵最有趣的当数大鸨和蓑羽鹤。

可以说，大鸨是受尽人类冤枉的鸟。古代，人们把经营妓院的女人称为老鸨，就是从这种鸟引发出来的。相传，大鸨天生只有雌鸟而无雄鸟，它们行为放荡，是一种能和任何雄鸟配对的“万鸟之妻”。许多古书都言之凿凿，比如《国语》就说：“鸨，纯雌无雄，与它鸟合。”李时珍的《本草纲目》说：“闽语曰鸨无舌……或云纯雌无雄，与他鸟合。”清代《古今图书集成》则说：“……鸨鸟为众鸟所淫，相传老娼呼鸨出于此。”

大鸨之所以背上这样的恶名，和它的雌鸟与雄鸟长相差异太大有关：保护站工作人员讲，雄鸨高达1米左右，两翅展开，可达2米多，每只的重量都在10公斤甚至20公斤以上；与雄鸨的高大威猛相映成趣的是雌鸨，它们身高不到半米，重量只有三四公斤，看上去和一只鸡没有太大区别，以至于有些地方根本不叫它大鸨，而是另取了个名字叫石鸡。不要说是古人，就是生活在呼伦湖畔的牧民，也大多不知道这看起来差异巨大的两种东西，竟然是同一种鸟。据估算，大鸨在我国有300只左右，1998年，保护站工作人员曾在克鲁伦河南岸观测到约50只的大鸨群，这是迄今为止在我国发现的最大大鸨群。此外，工作人员还曾在呼伦湖发现过大鸨的幼鸟，这更是史无前例之事。由于大鸨数量稀少，国际鸟类保护委员会已把它列入世界濒危鸟类红皮书。

全世界的15种鹤类中，中国分布9种，而乌兰泡保护站区域内就有6种。每年4月中旬，当呼伦湖上坚硬的湖冰刚刚开始融化时，蓑羽鹤就成群结队从温暖的南方飞来，它们要在这里生活整整半年，度过一个食物丰盛、远离人类威胁的春天和夏天，直到9月中旬，才开始结伴往南飞。

蓑羽鹤性情羞涩胆小，不仅远离人类，即便是其他鹤类也不相往来，故而有鸟类学家把它戏称为闺秀鹤。在当地朋友的陪同下，我们手持高倍望远镜，小心翼翼地靠近了乌兰泡一个长满芦苇的角落。据说，这里曾常出现它们的倩影。在经过长时间的等待和扫描之后，我们终于见到了传说中的鸟类美人——它们体态修长，羽毛黑白相间，只不过，白的面积大，黑的面积小，像是白袍上缀了几根黑飘带。它们三五成群，伸出长长的嘴在浅水里觅食，小声的鸣叫很快被淹没在鸥鸟们肆无忌惮的合唱里。

在达赉湖自然保护区，鸟是主角，充当配角的则是黄羊。黄羊是草原上最常见的野生动物，这种几十上百只群体生活的动物，当它们结伴从草原上奔驰而过时，绿色的草原上像多了一块棕红色的地毯。但是，人类活动同样给这个数目巨大但性情温和的种群带来了毁灭性影响：20世纪60年代，举国饥荒之时，肉质鲜美的黄羊成为再好不过的肉类来源；80年代，边境开放，每当冬季之夜，草原上车灯闪烁，枪声不断，每年被猎杀的黄羊多达数万只。

像非洲的角马一样，黄羊也是一种年复一年迁徙往来的动物，以前，它们在以呼伦贝尔草原为中心的蒙古高原上自由来往，冬季向南，夏季向北。但自从北京到乌兰巴托的铁路建成后，铁路两旁高高竖起的铁丝网阻挡了它们的自由之旅。前几年，中蒙两国之间的国境线上又筑起了铁丝网，黄羊迁徙线路自此完全中断。保护站工作人员说，曾有不少迁徙中的黄羊奔跑到铁丝网下，它们听着铁丝网另一端的同类的呼唤，竟然奋不顾身地冲向铁丝网，想要从上面越过去。但这一切都只是徒劳——它们一次又一次的跳跃只换来了头破血流，不少黄羊活活挂死在国境线的铁丝网上。这些渴望故乡的生灵，最终惨死在与故乡只有一网之隔的异乡。

作为世界级生物圈保护区和世界重要湿地之一，呼伦湖以它汇聚大小河流而汪洋如海的胸怀，滋润了整个呼伦贝尔大草原，因而，人们形象地称它为“呼伦贝尔之肾”。呼伦湖水量丰沛的年头，呼伦贝尔草原上的草也更茂密，气候也风调雨顺；而一旦它的水量减少，往往会造成草原气候恶劣，牧草枯黄。从这一意义上讲，呼伦湖不仅是大草原之肾，也是大草原之灵，有了它，也才有了呼伦贝尔草原数千年来的生机与祥和。

游动的马魂

蒙古族有句谚语，叫作“岸上有多少马，水中就有多少鱼”。其实，尽管草原上骏马成群，但若与呼伦湖中的鱼相比，仍然是小巫见大巫。与绝大多数湖泊不同，呼伦湖的特点在于，它是一个具有吞吐性质的湖，以呼伦湖为主体的三湖（呼伦湖、贝尔湖、乌兰泡）和三河（克鲁伦河、乌尔逊河、达兰鄂罗木河）六者相通，当呼伦湖水量过多时，湖水顺达兰鄂罗木河进入额尔古纳河，再经黑龙江流入太平洋，使呼伦湖含盐量减少，成为淡水湖；当呼伦湖水量过少时，海拉尔河河水顺达兰鄂罗木河进入湖中，补给湖水不足。这种独特的水系形式，使呼伦湖成为各种鱼类生存的天堂。另外，近两个世纪以来，呼伦湖地区主要居民为新巴尔蒙古人，他们信仰藏传佛教，把湖中的鱼视为马魂，禁止任何人捕食。这样，多年以来，呼伦湖中鱼群密布，多到了匪夷所思的地步：每年四五月春暖冰融之际，从贝尔湖游入呼伦湖的鱼，按史书的说法，那是“衔尾而北，发达唯唯，河渠几无隙地，航行为之不通”，在乌尔逊河上行船，不时会有几十公斤重的鱼从水里跃到甲板上。如果遇上生殖期，“鱼类孵化有声，震撼湖岸，饮马者若不加驱策，则马畏不进”。李墨田先生是呼伦贝尔市电视台前台长，也是呼伦湖的研究者，据他讲，他的一个朋友有一次坐一条小船顺乌尔逊河航行，一群群大鲤鱼挤满了河道，驮着小船顺流而下，以至于船被拱得东倒西歪，差点把他的朋友掀到水里。

史料记载，最早在呼伦湖上捕鱼的是俄国人。那是1900年，当俄国军队以镇压义和团为名从满洲里一带进入中国后，一些俄国人趁边境空虚，乘机结伴到呼伦湖捕鱼。1917年，俄国十月革命后，大量白俄拥入中国内蒙古和东北，其中一部分人即进入呼伦湖地区以捕鱼为业。中国人捕鱼则在20世纪20年代以后，一些来自山东、河北的农民携家带口闯塞外，千里迢迢来到草原，呼伦湖丰富的鱼类给他们带来了活下去的机会。到了30年代，日本入侵中国，呼伦湖也落入敌手，日方成立了株式会社组织捕鱼。但呼伦湖上大批量的捕鱼作业还是在新中国成立以后，尤其是20世纪80年代以降，达赉湖渔业公司——即今天的呼伦湖渔业集团，成为呼伦湖三湖三河最主要的捕捞企业。

在渔业公司工作了30多年的张师傅告诉我们，除了极少数几年外，呼伦湖每年的捕捞量都在8000吨以上，最多时可达1万吨。张师傅回忆说，1984年冰融期间，与贝尔湖和乌尔逊河相通的哈拉哈河水位暴涨，大量鱼类顺水涌入乌尔逊河、乌兰泡和呼伦湖内。位于乌尔逊河中游的乌兰岗建有一个用来阻拦鱼群洄游的栅栏。张师傅说，当时的栅栏下密密麻麻，全都是鱼，大的有几十上百公斤，小的三五公斤不等，如果拔掉4根拦鱼栅上的铁条，每小时可接鱼20吨以上。后来几天，拦鱼栅下段河中出现了一条五六百米长的鱼群带，这些在激流中首尾相衔的鱼类竞相跃出水面，令人眼花缭乱。旁边的小河沟里，有人用箩筐扣，有人用木棍打，一会儿就能收获几百公斤鲜鱼。

说起呼伦湖上捕鱼，张师傅如数家珍。他说，呼伦湖的捕鱼方法有两种，称为明水和冰下。明水捕鱼一般在八、九两月进行，与内地的捕鱼方法大同小异。值得一说的是冰下捕鱼。由于地处中国极北之地，呼伦湖每年的封冻期长达几个月，而冬季里鱼群活动能力较弱，又是聚集越冬，相对容易捕捞，从而成为呼伦湖捕鱼的主要季节。

冰下捕鱼主要采用冰下大拉网作业，这种方式在呼伦湖渔业史上已有80年历史。我们去呼伦湖时正值盛夏，远未到冰下捕鱼期，因此无缘一见，但从张师傅的讲述中，我们可以想见其壮观景象：冬季的呼伦湖覆盖着厚达1米多的冰层，捕鱼小组的车直接在冰面上行驶。捕鱼前，由组长选择一个冰面平坦和鱼群集中的地区，并划定下网眼和出网眼位置，插上不同颜色的旗帜作标志。接着，工人们开始用专门的工具在冰面上打网眼，网眼是5平方米左右的长方形，别小看这5平方米，坚硬的冰面需要好几个人长时间的劳作才能完成。打完网眼之后就该下网了，装在爬犁上的渔网得通过网眼慢慢下沉到水中。每个网眼之间相距30米，分别由长32米的连接着引纲的引杆牵动着长达700多米的大鱼网，在冰下的湖水中形成平行扇面后徐徐推进。一般来说，一网要运行5公里左右。下网完成之后就是激动人心的出网，以前是由马匹拉动绞盘，把沉重的渔网——当然还有网里的鱼——拖出水面，现在则是用汽车拉。随着渔网慢慢出水，活蹦乱跳的鱼儿顿时让沉寂的冰湖一片欢腾。

一个正在变咸的噩梦

呼伦湖静静地躺在大草原深处，已经有1万年以上的历史了。近百年来，呼伦湖的水位不时发生变化，它时大时小，但总体基本保持在2000平方公里以上。然而，近20年来，由于受全球气候变暖以及人类活动的影响，这片美丽的蔚蓝之地，已经出现了一些不祥之兆——它正在变小、变咸。

在呼伦湖的小河口游览区，有一片酷似海滩的沙滩，沙滩上不时可见已经破碎的河蚌硬壳，一道100多米长的木制小桥从岸边通向湖里，游人得从小桥上走过去，才能与湖水亲密接触。给我们开车的司机姓胡，是喝着呼伦湖水长大的“土著”，老胡告诉我们，由于周围工业企业极少，呼伦湖的湖水几乎没受污染。但是，这些年来，呼伦湖的水位正在不断下降，仅仅去年，湖水就后退了100多米，因此景区方面才不得不修了这座小桥，与其说增添了一道风景，不如说是不得已而为之的补救。

至于沙滩上早已死去的河蚌，那是由于湖水水位下降后没来得及撤离的牺牲品。老胡还说，1995年5月，呼伦湖刮了一场罕见的西南风，在沙尖子一带，多达五六十吨的河蚌被大风从湖里刮到岸上。

呼伦湖集团多年来的观测结果表明，呼伦湖水位的确一直在呈下降趋势，而湖水水位下降意味着两点，一是鱼类减少，鱼类减少则会导致湖水的富营养化。事实上，正如呼伦湖集团水产环保科研所的牛喜祥先生所说，他们从1984年开始跟踪湖水状况，湖水的富营养化已经越来越严重；二是湖水变咸，对照国际通行标准，呼伦湖属于微咸湖，而如果水位下降到一定地步，量变引发质变，呼伦湖就会成为咸水湖。一旦成为咸水湖，这对湖中生息的淡水鱼类来说，无疑是灭顶之灾。此外，呼伦湖还是湖畔的扎赉诺尔矿区最主要的水源地，可以想象，一旦呼伦湖水变咸，将引发这一地区的生态系统与社会生活的一系列连锁反应。

车行湖畔，碧空如洗，烟波浩渺的湖面鸥鸟成群，远处草原上，几匹骏马在风中奋蹄奔跑，呼伦贝尔大草原显得格外宁静。从遥远的鲜卑人到成吉思汗，再到今天，这片被呼伦湖水滋润的土地一直就是中国北部最美丽最动人的风景，当那些激动人心的历史成为悠悠往事，呼伦湖也就此展开了新的命运。

逝者如斯：一条河的灿烂与落寞

冯玉祥的感动

1943年11月和1944年6月，时任国民政府副委员长的冯玉祥将军两度马不停蹄地从陪都重庆赶往川南自贡。自贡是一座新兴的、才成立一年多的城市。在那里，冯将军聚集民众，慷慨陈词，号召募捐。募捐结果令冯玉祥大为惊讶，这个小小的自贡市，两次的募捐金额竟高达1.2亿元之多，并创下22项全国纪录，仅金戒指就多达800余只，个人捐款在10万元以上者达101人。其中一个叫余述怀的商人在团体捐献之外，又个人捐款1200万元。1200万元是个什么概念呢？当时，西南联大教授的待遇在国内属于顶级的，每月工资约6000元，也就是说，这笔钱相当于2000位西南联大教授的月薪总和。另一位叫王德谦的商人则捐了1000万元，两人双双突破全国个人捐款的纪录。冯玉祥将军为自贡感动了，感动之余，这位著名的"丘八"诗人即兴赋诗一首，诗虽打油，却能看出他的一腔真情："巍巍自贡市，贤才多济济。各地都像你，飞机大炮坦克车，齐齐都能买新的。各地都像你，我们一定打过鸭绿江，还我自由新天地……"

自贡之所以让见多识广的冯玉祥感动，能够在短时间里捐出如此巨款，倒不是这里的人民就比其他地方的人民更爱国，而是基于一个不容忽略的现实：这座新兴的城市要比当时中国的大多数地方更为富有。其实，早在1942年冯玉祥前来动员募捐之前，这座城市就已捐款购买了两架飞机，这两架飞机分别取名为"盐工号"和"盐船号"，飞机的名字已经透露出历史的玄机：这座城市的富有和慷慨，都源于人类熟悉到了熟视无睹地步的最为普通的物质：盐。

诸种动物中，大概没有别的什么比人更需要盐了，据说逃入深山的喜儿之所以成了白毛女，就是因为她无法补充年轻美丽的身体所必需的盐分。在整个漫长的中国历史上，自先秦到当代，盐一直作为国家专控商品而存在。经营盐尤其是生产盐，便成为一条致富的终南捷径，在古代中国，它所产生的利润，可能只有贩毒才能与之相比。

自古以来，盐的生产方式不外乎三种，即海盐、池盐和井盐。海盐也就是所谓的傍海煮盐，只需把海水煮干，就能得到粗糙的盐巴；而池盐则产于山西等地的盐池中，开采也较为方便。但是，由于地理原因，远离大海的内陆不可能获得海盐，大多数地方也缺少池盐，因而井盐的开采就应运而生，而自贡，恰好是1000多年来最为兴盛的井盐基地。

1938年4月，当时已迁至成都的南京金陵大学为了拍摄一部反映井盐工业的科教电影，派出一支摄影队到自贡，带队的是一位年轻的摄影师，名叫孙明经。孙明经在自贡停留了3个月，用一台16毫米柯达特种摄影机和一台120蔡司依康照相机，摄制了一部22分钟的科考纪录片《自贡井盐》和880多幅照片。这是古老的自贡井盐第一次通过现代科技手段被介绍给广大的民众。今天，当我审视这部纪录片和这些照片，还能够直观地感受到大半个世纪前中国以及全世界最大的井盐基地的盛况。孙明经认为，地球上很少有哪个城市像自贡一样，地下既埋藏着丰富、优质的盐卤，又拥有大量易于开采的天然气。丰富的卤水加上廉价的燃料，这是古代盐业生产的两大决定性前提。正是有了这两个决定性前提，当时自贡盐场巨头、四川盐务局局长缪秋杰曾对孙明经开玩笑：如果自贡不以盐业作为支柱产业，那么上帝会很生气。

几乎就在孙明经前往自贡的同一时期，著名科学家竺可桢也来到自贡做了一次考察。在他的考察报告中，这位科学家以颇为兴奋的笔调写道：“游子初抵此者，闻各处盐井机械叮当之声，以为身入欧美工厂矣，此在我国罕见而在内地不啻凤毛麟角。”

一座因盐而兴的新城

井盐开采，大概是技术家族里沿袭时间最长的一种，它的历史，可以从20世纪一直上溯到遥远的先秦。据载，井盐开采的发明人应该是秦国蜀守李冰，也就是那个修建了都江堰，从而造就了水旱从人、不知饥馑的天府之国的著名水利专家。也许是因为都江堰名气太大，从而遮蔽了这位水利专家的这另一大发明。

其实，李冰所发明的井盐开采与都江堰水利工程相比，不仅毫不逊色，甚至更为重要，因为，它是一个影响了人类此后生活进程，进而改变了地球面貌的伟大发明——正是以他的井盐开采技术为蓝本，此后才有了石油和天然气的开采，人类也才得以进入以汽车、飞机和精密机器为标志的后工业时代。

不过，李冰在成都平原所发明的井盐开采技术的集大成者却是自贡先民。今天的自贡市辖富顺、荣县两县和贡井、沿滩、大安、自流井四区，向来有盐都之美称，而据民间指称，盐都开采出的第一滴用于制盐的卤水，是在距自贡市区30多公里的富顺县城。那是晋朝太康年间，一个叫梅泽的少数民族首领外出打猎时，偶然饮用了一股源自石缝间的泉水，发现那水居然是咸的。于是，梅泽猜测地下一定有盐分存在，他号令族人，用极其简陋的工具往泉水之下掘进了300尺，终于，盐分极高的卤水奔涌而出。把卤水盛进大铁锅里慢慢煎熬，雪白的盐就诞生了。

关于此事，宋代王象之的《舆地纪胜》有明确记载："梅泽，本夷人，晋太康元年因猎，见石上有泉，饮之而咸，遂凿石三百尺，盐泉涌出，煎之成盐，居人赖焉。"梅泽死后，后人因他发现盐泉有功，立庙纪念，再后来先后被追封为通利侯、金川王。但近年来的史料研究表明，梅泽并非是最早在富顺境内采盐的人，在比他还要早300多年的东汉章帝时期，富顺就开凿出了著名的富世井——后来富顺设县时，也是以井为名。史书称此井"月出盐三千六百六十石""剑南盐井，唯此最大"，它从东汉时期凿成产卤，一直到明朝正德年间才停废，其间历时达1400年之久，堪称世界第一。

在今天的自贡和富顺，到处都可以见到高大的天车。所谓天车，被人们称为东方埃菲尔铁塔，是由成百上千根质轻耐腐的杉木捆扎而成，主要用于提取卤水，也用于淘井和修井。每一口盐井都有一架天车，昔日的自贡盐场，天车林立，蔚为壮观。彼时，中国最高的建筑是上海国际饭店，但当孙明经来到自贡，他看到的盐场天车，竟然比国际饭店还高。孙明经为天车所吸引，拍摄了一幅题为《布满井架天车的小城》的照片，这幅照片如今已入选“20世纪华人摄影经典作品”。

20世纪50年代以后，现代化的采卤和制盐取代了沿袭1000多年的古老技术，这些天车从此渐渐残败倒塌。但即使是几十年后的今天，自贡土地上竟然还存留着数以千计的天车，它们以直指蓝天的伟岸在默默地为一个逝去的黄金时代做证。天车之下，意味着有一口曾喷涌过卤水或天然气的井。这些井的直径只有碗口大，却深入地下几十米、几百米，甚至上千米。这种井有一个通称，叫卓筒井。那是北宋庆历年间，四川盐工在总结李冰的大口盐井的基础上，加以改进而问世的。作为世界上最先使用钻头、竹制套管和安装有单向阀门装置的汲卤筒的卓筒井的出现，使盐井越来越深，卤水越来越丰富，井盐技术也越来越成熟。因此，卓筒井钻井技术也被称为中国古代的第五大发明。

随着凿井技术的日益进步，自贡地区的盐井越钻越深。道光十五年，也就是公元1835年，自贡的燊海井凿穿了厚厚的岩层，井底咸度极高的黑色卤水刹那间喷涌而出，令在场的人激动万分。然而，这些朴实的东方工匠不知道，他们用3年时间打造的这口井的深度，如果按西方的长度单位换算的话，已深达1001.42米，一跃成为人类第一口超过千米的深井。

富顺原本是个边远落后的多民族杂居之地，因为有了盐，这里的一切都发生了质的飞跃。到北周年间，朝廷以当地最有名的富世盐井之名，设富世县；后来因避李世民之讳，改富义县；又因避赵光义之讳，改富顺县，并沿袭至今。一开始，富顺县治就设在梅泽发现盐泉之地——可以想象，经过自梅泽到北周的三四百年的发展，这里已经从野兽出没的荒郊野岭变成因盐而兴的人烟稠密之地。

富顺城关镇一带的井盐开采繁荣了1000多年，到明朝嘉靖年间，渐渐呈现式微之势。但就像文明的命脉总是薪火相继、代代相传一样，当富顺城关镇井盐走向没落之际，同样属于富顺管辖的西北方向的自流井一带，一个更大的井盐基地正在形成。这就是后来的自贡盐场。

井盐很古老，盐都自贡却很年轻。作为一级行政单位，自贡这个名字出现得很晚，一直要等到20世纪30年代才出现。当时，今天的自贡市区分属富顺县和荣县，属于富顺县的自流井镇和属于荣县的贡井镇都是最重要的井盐基地——此两地的名字都和井盐有关：自流井得名于一口不用外力提拉，即可自动流出卤水的浅井；贡井得名于此地的大公井所产之盐洁白味美，多年以来就是贡品。自流井和贡井虽然分属于两个不同的县级政权，却只有咫尺之隔，更为重要的是，两地都是天车林立的盐场。因此，它们走向统一的行政建制只是时间问题。

设立自贡市动议于20世纪30年代末，其原因一言以蔽之：因盐而兴。正是地下埋藏的难以计数的卤水和天然气，使得这里自清朝中叶以来，就成为全国最重要的盐业基地，而进入20世纪后的发展则更为惊人：1938年，全国共计产盐2322.9万担，四川854.6万担，占全国的36.79%，自贡则产盐456.8万担，占全川的53.45%、全国的19.67%；当年全国盐税收入为13859.7万元，四川3273.5万元，占全国的23.62%，自贡则占全川的80%。总之，在这座充满咸味的城市里，七成以上的居民依靠盐业为生。古老的人工采卤制盐需要大量人力物力，除了直接服务于盐井的工人，那些间接为盐井服务的则有数倍之多。当时的记载说："担水之夫约有万""行船之夫数倍于担水之夫，担盐之夫又倍之""盐匠、山匠、灶头，操此三艺者约万人""为金工、木工、石工、杂工者数百家，贩布帛、豆粟、油麻者数千家，合得三四十万人"。

经济的繁荣和人口的激增，使设立自贡市的时机呼之欲出。1938年5月5日，四川省政府正式决定成立自贡市政筹备处；次年秋天，自贡市政府宣告成立；1942年8月13日，国民政府正式批准。从明朝中叶一个群山环抱的盐业基地，到四川诸多城市中排名仅次于成都和重庆的第三城，自贡用了差不多400年的时间来完成这化蛹为蝶的飞跃，而促成飞跃的，当然是大地深处那日夜奔涌的盐卤。

川盐济楚的辉煌

央视播出的《咸说天下》认为，在自给自足的农耕时代，每一个地方虽然都出现了社会分工，但是，人们的生活必需品一般都可以在当地生产，唯有盐这种特殊的商品只能由其原产地贩运而来。所以，有历史学家认为，人类最初的贸易商品可能就是盐，最初的商人可能就是盐商。

对此，自贡的盐商们想必会举双手赞成。在近现代自贡历史上，自贡盐商是一些重要的标杆，他们辉煌业绩的巅峰就是两次“川盐济楚”。

孙明经在自贡时，这位初来乍到的年轻人，对这个同样年轻的城市还缺乏应有的了解，他搞不懂为何自贡的盐商们一谈起“川盐济楚”就眉飞色舞，像吃了兴奋剂。后来，他渐渐明白，所谓“川盐济楚”，那是历史给予自贡的两次伟大机遇。

如前所述，依靠一整套领先世界的盐卤和天然气的开采、生产技术，自贡在长达千年的岁月中，一直是中国西部最大的食盐生产基地，它的盐业经济早在明朝初期就已经遥遥领先于中国西部。

但是，一个存在的现状是，尽管这里盐业资源丰富，但仍然无法与江淮海盐的巨大市场份额相比，这是因为从古至今，中国盐政就实行定点运销制度；也就是说，某地出产的食盐只能就近销售到政府指定地区，不得越界倾销。因此，自贡出产的食盐即便质优价廉，即便生产能力巨大，也无法获得更多的市场份额。也因为如此，多年以来，自贡盐业虽然给当地带来了不菲的财政收入，但它的影响依然有限，一直停留在小敲小打状态。

到19世纪中叶，自贡井盐终于迎来了它的第一个黄金时代。1851

年，洪秀全以拜上帝教为名，在广西发动起义，两年后，太平军攻陷武昌，随后顺水东下，定都南京，长江中游地区的江西、安徽和江苏被太平军占领。太平天国的横空出世，造成江淮出产的海盐无法像历朝历代那样通过水运上溯到湖南、湖北两省，而两湖地区根本不产盐，短短时间里，这一地区盐价飞涨，两湖人民面临淡食之苦。面此窘境，清政府下令，把自贡的井盐调往湖南湖北销售，这就是自贡人经常在孙明经面前提起的“川盐济楚”。

自贡井盐一下子获得了比以往至少大两倍的产品倾销地，而丰富的资源和成熟的技术，都使越来越多的投机者把目光瞄准了井盐开采，当时的史料记载：“乃大开井灶，并办深井，及于火脉，火乃大升，盐产日增月旺”“商店和井灶错处，连乡带市，延袤四十里有奇”。当时，井盐开采的主要动力除了人力外就是畜力了，据载，鼎盛时期自贡盐场常年拥有的生产用牛高达10万头，若以单位面积计，自贡是中国大地上生产用牛密度最大的地方。从咸丰年间朝廷下令川盐济楚延至此后的同治年间，自贡形成生产能力的盐井和天然气井多达707口，用于煎盐的煎锅5590口，年产食盐20万吨，占全川盐产量一半以上；年征税银170万两，占全省盐税40%以上。极盛时，自贡井盐除满足本地需求外，大多数远销省内各地及云南、贵州、湖南和湖北诸省200余州县，全国平均10个人中就有一个人食用自贡井盐，自贡在赢得“盐都”美称的同时，也一举成为19世纪中国最大的手工业工场和中国最大的井盐生产基地，被人称为“富庶甲蜀中”的川省精华之地。

1888年，美国人弗吉尔·哈特在自贡做了一次调查，其调查后的推算表明，当时自贡井盐的年产值高达4940万美元——我们需要注意的是，这是100多年前的美元，换成今天的时价，其价值在10个亿以上，而直到20世纪90年代末，整个自贡的工农业总产值也超不过这个数字。

太平天国被剿灭后，自贡井盐失却了两湖市场，盐业生产相对萎缩，但随着1937年日本对中国的全面入侵，沿海一带相继失陷，海盐运输受阻，作为海盐传统销售区的两湖地区以及西北部分省区如同太平天国时期一样，再次陷入淡食之苦，大后方陷入一片恐慌。于是乎，自贡井盐在国难中迎来了又一次历史机遇，这就是第二次“川盐济楚”。前面说到的孙明经的自贡之行，他要拍摄的纪录片和照片，就是为了向国人宣传自贡井盐，以便安抚民心，鼓舞士气，告诉那些陷于淡食恐慌中的同胞：有自贡这个千年盐都的存在，日本人以为只要断了海盐来路，中国人就会不战而屈的虚妄始终是一场美梦。

第二次“川盐济楚”给自贡盐业带来的发展甚至超过了第一次“川盐济楚”。原因在于，这一次需要食用川盐的民众比第一次更多，行销的区域更广；另外，此时的生产技术也较19世纪中叶有了较大改进。据统计，抗战前自贡井盐产量占全省的45%，仅仅在国民政府下令“川盐济楚”一年多后的1939年，这一比例就上升到54%。到抗战结束时，更是跃升到60%。在免除销售区人民淡食之苦的同时，自贡井盐生产和销售还给国民政府带来了巨额税收。抗战初期，自贡盐税收入每年均在3000万元以上，后期则增加到5000万元以上，仅盐税一项就占到了全省的80%。为此，当时的《大公报》报道说：“抗战期间，沿海沦陷，大后方军民几乎完全仰仗四川的井盐，自贡盐场当时大举增产，供应民食，居功至伟，但也因为有这种千载一时的机会，盐场的繁荣也赖以飞跃进展。”

盐业的繁荣兴旺，造就了许多钟鸣鼎食的盐商家族，他们生活优裕，文质彬彬，但在国难当头之时，一个个都慷慨募捐，比如前文提到的余述怀，就是大盐商的代表性人物之一。他募捐的金额，创下了抗战期间国民个人募捐的纪录，为此，冯玉祥题字称他为“今之弦高、献金模范”，蒋介石接见并赠以金质奖章。余述怀出身于一个贫苦家庭，青年时从经营酱园铺入手，后来开过盐垣，进而一步步成为自贡市首屈一指的大盐商。他的发迹和壮大，如同一个传奇，至今还在自贡广为流传。最为难能可贵的是，这个文化不高的大盐商，却一生热心教育，既曾捐款2000多万创办中学，也曾捐款400多万修建川大实验楼。

查阅当年留下的资料，我还发现，盐业给自贡带来的财富，不仅造就了若干富甲王侯的大盐商，即便是普通盐工，也享受到了种种福利，比如当时开办的面向盐工子弟的学校，就是由盐商和盐务局出资，学生不需要交纳任何费用。

深入一条河的往事

现在，我们必须说到那条从自贡市中心蜿蜒流过的河，因为，不论是第一次还是第二次川盐济楚，自贡井盐能闪烁如此动人的经济之光和政治之光，都是与这条如今看上去狭窄而浅的河流密不可分的。

即便不是川盐济楚的非常时期，自贡所产井盐也有90%以上供应外地，它的传统销售区为四川、云南和贵州等地；而进入川盐济楚的非常时期，销售区则扩展到两湖地区和西北部分省区。自贡的盐要运抵这些遥远的地方，其运输方式不外乎两种，其一是依靠人力和畜力的肩挑背驮，其二是依靠水运。显然，不论是从运输能量还是从运输成本考虑，水运都是最科学最经济的。自贡井盐外运的生命线，就是釜溪河。

釜溪河又称荣溪河，后来因为成为自贡井盐外运通道，人们又把它称为盐井河。这条河由旭水河和威远河在自贡市区凤凰坝交汇而成，属于沱江右岸的一级支流，在富顺县李家湾注入沱江，全长只有70多公里。但就是这不起眼的70多公里，从清朝康熙三十六年（1697）开始，一直到20世纪60年代内昆铁路内江至宜宾段通车以前的200多年间，充当了自贡井盐外运的最主要通道。统计数据表明，清初，通过釜溪河水运的数量占自贡井盐总量的70%，清末以后为80%，抗战时期则上升到90%以上。

自贡地区主要为丘陵和低山，按理说釜溪河应该是“潮平两岸阔，风正一帆悬”，但事实恰好相反，从自流井——自贡市区所在地——到只差几公里就要注入沱江的邓关镇，其间60多公里的河道不仅狭窄，而且不时经过水流湍急的险滩。《四川盐政史》的描述是：釜溪河“本属山溪，河床纵坡极陡。水涨之时，一曳无余，水落则节节险滩，难以行船”。

从老照片上可以看出这条河当年的拥挤：千帆齐拥，密如蚁群。很难想象，如此众多的盐船拥挤在一条水浅滩多的小河，一旦发生碰撞会带来什么样的后果。

事实上，这种担心是多余的，因为自贡船工们因地制宜地发明了一种被称为歪脑壳船的特殊船舶——考遍世界航运史，歪脑壳船仅自贡一例，别无“分店”。所谓歪脑壳船，是指这种木质船的船头向左歪，船尾向右歪，从而形成船头和船尾方向相反的小倾斜，看上去像是用一只巨大的手把它扭曲了一样。歪脑壳船船长14米，宽2米多，由于它有一条比船体还长的船橹，因此它的学名叫作作船。

歪脑壳船乃是自贡船工针对釜溪河的特点而悟出的天才发明。由于这条井盐赖以外运的大动脉过于狭窄，尤其秋冬水枯之时，可以利用的有效航道更是大幅度缩减，而来往于河上的船只却密如虫蚁，如果上下行船只迎头相撞，就会造成卡船，一旦发生卡船，满载盐包的下行船就会大量堵在河中，如此一来，整条釜溪河必然瘫痪。歪脑壳船的设计者们利用釜溪河中的行船规则是不论上行还是下行，一律都走左边的特点，把船头统一做成从右向左歪，这样，这些船头都朝左歪的船在航道上行驶时，一般就不会向右歪到对面船只的航道上去，即便偶尔上下行船相撞，也会因大家的船头都是向左歪而各归左边，不会发生卡船。船尾向右歪的原理和船头向左歪的原理一样：如果上行船或下行船从后面撞到同方向行驶的前船的船尾，也会很好地回到左边，不会因此而堵塞。

一条歪脑壳船有6个船舱，最多可载盐450包，载重量在50吨左右。至迟在清朝末年，歪脑壳船就已漂满了釜溪河，到抗战时期第二次川盐济楚，它们更是担纲了自贡井盐外运的主角。有时候，歪脑壳船也从釜溪河进入沱江，再从沱江进入长江，从而下行到湖北各码头。湖北人对这种从来没见过的船很感兴趣，给它另外取了个名字：川歪子。其实，他们并不知道，如果不是这种看上去其貌不扬的木船，两湖地区千家万户的主妇们，一定会为无盐之炊而发愁。

20世纪40年代初，抗战正炙时，英国著名学者李约瑟在重庆任职期间曾去过自贡，他对歪脑壳船大为赞叹，认为这是一个了不起的发明。在他几年后回国写成的巨著《中国科技史》里，给予了歪脑壳船一席之地。同时，英国驻宜昌海关的学者型官员渥塞斯特，则在他的著作《扬子江上游的船舶》中，用更大的篇幅记载了歪脑壳船。20世纪80年代初，中国科学院科技史研究所教授周世德出版的《中国造船史》，更是把歪脑壳船图片作为封面。那些名与姓俱不可考的歪脑壳船的发明者们，肯定不曾想到，他们天才的技艺将会让歪脑壳船从釜溪河的浅水中，一直航行到中国科技史这片浩荡的大海。

歪脑壳船天才地解决了釜溪河河道狭窄的问题，但要想大规模地外运，还有一个问题也必须解决，那就是由于盐船吃水较深，而釜溪河航道较浅，且多险滩，一旦到了枯水季节，这些载满盐包的歪脑壳船就无法通行。王爷庙是釜溪河边一座雕梁画栋的庙宇，位于自贡市区，它是负责盐业运输的橹船帮为了祭祀江神王爷而修建的。王爷庙脚下，江面较为宽阔，自康熙年间疏浚河道以来，这里就是自贡最重要的码头。每逢枯水季节，王爷庙脚下的江面总是布满了密密麻麻的船只，其密度之大，让人有些怀疑：这么多船拥挤在一起，它们如何才能行驶得动？

其实，这些盐船都在等待一个日子，一个激动人心的日子。那就是放水日。原来，为了解决枯水季节行船难的问题，自贡盐政当局出面，在王爷庙下游不远的江面筑了一道临时水坝，以便储蓄上游来水。等到储蓄的水足以把拦水坝上的盐船都顺利地由釜溪河冲进沱江，放水日也就到了。届时，政府要事先张榜告示放水的确切时期，当工人们挖开临时拦水坝，一股大水奔涌而下，众多盐船一只接一只地顺水而行，70多公里的釜溪河，只需短短一天即可走完。放水当天，盐政官员、大小盐商和行会负责人都会赶到码头送行，许多市民为了一睹放水盛况，也纷纷齐聚王爷庙两岸。坡上坎下，全是攒动的人头，一时间鼓乐齐鸣，鞭炮炸响。尤其每年正月的放水日，竟形成了自贡仅次于春节的另一重要节日：放水节。

那些曾经的水陆码头

为了考察釜溪河，我曾于一个菜花渐黄的早春从自贡顺流而下，造访那些曾经的水陆码头。岁月的无情变迁，已经湮没了当年的人与事，但一些旧日的痕迹还在，它们是这个春天里关于盐都、关于一条河的灿烂与落寞的关键词。

从自贡双河交汇而成釜溪，到釜溪河于李家湾注入沱江，全长70多公里的釜溪河一直穿行在丘陵和低山之间，这条弥漫着盐的咸味的河流，就像世界上其他的重要河流一样，流经之地也造就了几个因盐运而兴，也因盐运而没落的水陆码头。

仙市是釜溪河上的第一个码头，也是东大道下川路的第一个码头。所谓东大道下川路，是指从自贡经隆昌、重庆通往湖南、湖北以及贵州等地的交通要道。那些停泊在王爷庙下的盐船，满载着盐巴顺水而下，不消几个时辰，即可抵达仙市。盐船到达仙市后，必须在码头泊下来，以便盘滩过坳——原来，仙市附近水浅滩急，满载的盐船吃水较深，无法通行，只得由工人们把盐包搬下船，顺着河边搬到险滩下游，空船则顺水而下；到了水深之处，再把盐包搬上船，继续往下游行驶。与此同时，一小部分盐包还将在仙市被分流——通过陆路运输从这里运抵牛佛、内江以及川中诸县。只不过，与继续水运东去的量相比，分流的量要小得多。

正是这种特殊的地理条件造就了仙市，这里也就从一片荒山演变成码头，进而有了商店，进而有了街市。近年来从仙市挖掘出的古碑证明，早在1300多年前的隋朝，这里就曾经是·个业已消失的县　　义和县的县治所在地。

肇自近代，尤其是第一次“川盐济楚”以后，仙市一跃成为富顺境内的几个大镇之一，到清末民初已有四街、四门、五亭、三码头的气派。众多的庙宇是仙市曾经繁盛的见证和象征：据在镇上生活了70多年的张大爷回忆，不到两平方公里的仙市镇，最多时有20多座庙宇。这些庙宇既是民众朝拜神灵祈求庇护的上香之地，更是商人和市民的会所及俱乐部。当年，不论川主庙还是天后宫或是南华宫，大多是与盐有关的商人们聚会议事的场所。其实，时至今日，这些残留的庙宇依然被精明的当地人当作一种资源：院落幽深的南华宫，已被开辟成“农家乐”，扶疏的花影里，一些人在打牌，吵吵嚷嚷的麻将声中，回响的则是许巍的歌声：“没有什么能够阻挡，你对自由的向往。”

我去仙市的时候正是春节，釜溪河水更浅了，水落而石出，仙市码头边原本淹没在水中的石级都露出了灰白的真面目。尽管当地正在着力把仙市打造为旅游之地，但街上并没有几个人，好多居民房前屋后的树枝上和矮门上，都晒着大片大片的青菜。自贡一带的居民都有腌制青菜的习惯，这种由来已久的习惯其实也和此地丰富的盐业资源有关——用来腌制青菜的，是一种颗粒大而洁白的盐，人称鱼子盐。据说，只有用它腌的青菜，才既不腐烂，也有更为美妙的味道。曾经香火鼎盛的庙宇还残留有两三座，川主庙里，保留有一个几乎完整的戏台，戏台的房梁，是用一段粗大的黄荆木制成，黄荆是一种生长缓慢的树木，那么大一段房梁，估计得生长300年。看看旁边的文字，果然如此。这些庙宇都带有浓郁的地方特色：天后宫的修建者肯定是福建人，川主庙是四川人，南华宫修建者则是广东人。它表明在不久的过去，如今已稀有外地人的仙市，曾是一个五方杂处、高大的屋檐下回响着南腔北调的兴旺之地。

庙宇很安静，只有两三个老人坐在墙根下晒太阳。令人意外的是，川主庙里也晒满了青菜，不仅挂在院子中央的那株枯树上，连大殿的门槛上也满是青菜，大殿里那尊高大的神，他威严的目光好像也落在无处不在的青菜上。这个细节是一种暗示，他向我们表明，神灵与人间烟火同在，那些原本因兴隆的商业而被塑造出来的神像，当商业的高潮过去，神灵也像繁华事散归于平淡的过来人一样，落寞而平静。

与仙市相比，和它近在咫尺的沿滩更为繁华，自20世纪50年代以来，这里就是自贡市辖的一个区，要比仙市高一个行政级别。当然，更重要的是，在盐业给自贡带来好运气的黄金时代，尽管同为釜溪河畔的盐运码头，沿滩也要比仙市重要得多。一个标志性的事件是，民国年间，这里设立了专门缉拿私盐的盐政部门。此外，沿滩除了是从自贡下行的盐船的必经之地外，它所辖下的王井等地本身也产盐。

如同仙市镇一样，沿滩镇一带也多险滩，下行的盐船也必须像经过仙市时那样盘滩过坳。每天守候在码头边的搬运工人，数量多达百人以上，都是盐业这根食物链上的一个小环节，依靠体力和汗水，混一口带咸味的饭。

道光年间，即19世纪30年代，为了提高盐运效率，自贡各大盐商出资，在重滩、仙市、沿滩等地修建了4道石堰储水，从此盐船不再需要费时费力地盘滩过坳。但是，由于每过一道石堰都要事先蓄水，因此消耗水量极大，放船需时甚久；加之枯水和洪水季节还要停航，致使全年由自贡王爷庙至邓关仅能往返6次。

随着第二次“川盐济楚”的到来，这种运输能力已完全不能适应时代需要。为改变这种状况，由川康盐务管理局投资，有关部门在沿滩及下游建成船闸和拦水坝一座，从此，釜溪河在通行了上千年之后，终于实现全流渠化。从王爷庙到邓关的盐船，每年可往返40次，其中的沿滩船闸，每日可过闸10次，运货800多吨。作为船闸所在地的沿滩，它又迎来了一次与繁华亲密接触的良机。这座曾控制自贡盐运咽喉的船闸，因当时国民政府财政部长宋子文曾捐款200万元，故以他的字“庸之”为名，取名庸公闸。船闸上一米见方的“庸公闸”三个大字，系著名书法家赵熙所书。值得一提的是，后来自贡因发现了大量恐龙化石而被称为龙都，但很少有人知道，自贡境内第一次发现的恐龙化石，其实就在庸公闸旁。那是抗战结束次年的事情。

沿滩又名升平场，史载，早在清朝中叶，这里就因盐船过滩而与自井、邓关合称釜溪河三大盐码头。有一年，康熙皇帝第17子果亲王经行此地，被其繁华所感，题写了“升平场”三个大字。清末，随着第一次“川盐济楚”的千载良机，沿滩这个水陆码头也迎来了它历史上最生动的花样年华。在古老中国，衡量一个城市繁荣与否的标准其实很简单，那就是看它庙宇的多与寡，建筑的繁与简。就像仙市在它的黄金时代有20多座由各地商人修建的庙宇一样，沿滩也有多达几十座的庙宇。只不过，几十上百年的光阴陡转，沿滩连半片庙宇的残砖也找不到了，倒是街头偶尔可见一两株数人合抱的黄桷树，只有它们，才见证了时光的变幻流转。

今天的沿滩镇沿釜溪河一带，还保留了不少百年老屋，它们都是“川盐济楚”的见证者，可惜，这些老屋已经过于破败。而今，沿滩区政府也要从这座古镇迁往更靠近自贡市区的新城了，在盐的事业终结之后，这座古镇的破败与衰落更加势不可挡。

当釜溪河流到邓关，它短短的行程就要结束了，因此，邓关既是釜溪河上的最后一个码头，也是由此进入沱江的第一个码头，它的重要性也就可想而知。

邓关又名邓井，因最初在这里居住者乃邓姓的采盐人家，因而得名。乾隆元年，政府在此设盐运通判署，向来往盐船征收盐税，故而又称邓井关，但一般都简称邓关。从邓关到釜溪河注入沱江的终点李家湾，距离已经只有5公里，而李家湾一带因地形原因，无法建成码头，因此邓关就是釜溪河与沱江河上来往船只的天然良港，多少年来，邓关就充当了自贡井盐外运的交通枢纽。对于盐运给邓关带来的勃勃生机，《富顺县志》说：“夹岸列肆，帆樯如发，直接沱江，甚为壮观，为富顺水陆通衢，濒溪市镇之冠。”

毫无疑问，在釜溪河的所有码头中，邓关是最大也最繁忙的一个。从釜溪河上的邓关水闸到李家湾汇合处这5公里的水面，长年停泊着大大小小的船只。“川盐济楚”期间，这些船只90%以上所运货物为盐包，其余则为土特产。按照传统习惯，从自贡行驶到邓关的橹船，一般到这里就要返回，它所运来的盐包，要转运到那些长途行驶的大型货船上。20世纪30年代，邓关的年吞吐量即达10万吨以上。如此大量盐包的转运，所需要的人力和物力，必然赐予了邓关一个繁荣的机遇。即便是随着时代的发展，自贡井盐的外运已经渐渐减少，但五六十年代，为了充分利用邓关天然的水运，国家依然在周边布局了盐厂、树脂厂和炭黑厂等多个数千员工的大中型企业，邓关的年吞吐量一度达到30万吨以上。

然而，好景不长，随着自贡境内多条公路和铁路的开通，邓关的水运也开始走下坡路。等到以盐为原材料的盐化工企业彻底式微，邓关境内原本红火的工厂也大多倒闭破产，这座繁荣了100年以上的古镇就此进入了垂垂暮年。今天，那些当年曾接纳过无数盐商、驾长、水手的临河的阁楼，已经在和时光的拔河中一败涂地，全都走向了不可抑制的破落。

曾经宽阔的河道上漂满垃圾，再也看不到歪脑壳船和满身肌肉的水手与搬运工了，只有几只冒着黑烟的采砂船在肆无忌惮地忙碌着，给阴冷的邓关带来了一些更加杂乱无章的噪声。

李家湾是釜溪河注入沱江的地方。就在距两河相交不到200米远处，还有另一条叫镇溪河的小河，在釜溪河行将结束之际，一头扎进它的怀抱，因此，李家湾又名三江口。李家湾附近，有一片由两条河冲积而成的小平原。它像一个小小的半岛，被釜溪河和沱江河三面环绕，名字叫沙嘴。时值乍暖还寒的初春，肥沃的沙嘴上种满了绿油油的蔬菜，一些农民在地里劳作。临河的一片小小坡地上，生长着茂盛的油菜，油菜已经开出细碎而连绵的黄色花朵，蜜蜂飞舞，让人有种突如其来的疲惫和忧伤。

就在菜花掩映中，有几座相向而立的两层老式楼房，楼房前，挂着富顺县航运站沙嘴医疗站的木牌，木牌上的字迹已经大半脱落，得像猜谜语一样才能猜得出来。站在木牌旁往里看，陈旧的屋子空空荡荡，风中轻轻荡漾着蛛网。显然，这里已经多年无人居住。旁边的另一个院落里，一株开得正白的梨树下，几个人在喝茶。细问，他们告诉我，这的确是航运社的公房，但航运社不景气，先是撤了医疗站，接着是住在这里的工人也都搬走了。想想也是，当盐业已经全面走向没落，主要为井盐外运效力的航运社，也就失去了生存空间。一荣俱荣，一损俱损，当年如林的舟楫，如今已星散于岁月深处。

我雇了一条小船，顺着流水的方向从釜溪河慢慢摇进沱江。江面宽阔，水鸟疾飞，从沱江江心遥望釜溪河：它从树丛与竹林中一头扎进了沱江，而沙嘴，则掩映在春天的菜花、桃花和李花中。这里唯一还能让人联想起釜溪河上曾经繁华的，是至今还在定时行驶的客运小汽船。由于从沙嘴对岸的农村到邓关和县城没有公路，也没有桥梁，因此几十年来，这里定期开行着短途客船。只不过，几十年里，客船也从人工的木船变成了机械的汽船。快速的汽船驶过，江面波涛顿生，那过于尖利的声音把水鸟空寂的鸣叫也淹没了。等到汽船驶远，江面又慢慢恢复了波澜不惊的平静，只有汽船驶过时留下的一道油污，在夕阳的照射下，发出令人疑惑的波光。回首釜溪河，它的确已经走完了短暂的70多公里的路途。一切，都在时间和空间的转换里急速消失。

图们江：一水两岸三邻邦

通过被称为上帝之眼的google earth，我们居住的这颗蓝星球的三维影像第一次如此随心所欲地呈现在普通民众眼前。从几百公里到几千米，随着“上帝之眼”从空中俯瞰的距离越来越近，大地也就越来越清晰，电脑屏幕上终于可以清晰地洞见：当千里图们江快要结束它的迢遥路途，即将一头扎进日本海的时候，突然意想不到地画了几个“几”字形的大弯，好像是舍不得离开这片土地。与此同时，原本一直呈翠绿色的图们江两岸，此时也突然变成一片浅浅的灰褐。这表明，图们江已经流出了东北亚起伏的森林和一望无际的原野，进入由它自身千万年来冲积而成的河口三角洲。就是在这片灰褐色中，深藏着一个名叫防川的小村庄。与寻常意义上的村庄不同，防川因为拥有图们江而名声在外，可以说，在东北大地数以万计的村庄和小镇中，防川的特殊称得上独一无二。

站在防川村外极目远眺，图们江平静地向东南方向流去，由于已经接近日本海，防川村的海拔只有区区3米。从村外流过的图们江上，一座大桥将两岸紧紧连接。令人意外的是，那座大桥并不属于中国，它连接的是位于图们江西岸的朝鲜和位于图们江东岸的俄罗斯，而防川村，则位于俄罗斯一侧的江畔。多年前，从管辖防川村的敬信镇通往这座图们江畔的渔村的，是一条沿着图们江下行的简易堤坝。20世纪50年代的一个时期，由于堤坝被洪水冲毁，这条唯一的通道被切断，防川村成了中国插入苏联境内的一块飞地，当地边民只能经由苏联进出村庄——每一次到敬信镇赶集或是办事，都要出一次国；而那些不听话的牲畜，则一不小心就可能“偷越国境”。

造就这种奇闻的依然是图们江。图们江发源于东北最著名的山脉长白山东麓，上游和中游基本呈西南—东北流向，到了密江河口后，折而流向东南，全长505公里。图们江的奇特之处在于，它在结束流程之前15公里的地方——前面说到的防川——正式流出了中国国境，由中朝两国界河变为俄朝两国界河。也就是说，这条505公里的河流，有490公里属于中国和朝鲜的天然分界线，最下游的15公里则充当了俄罗斯和朝鲜的界河。这样，一个注定的事实就是，中国虽然拥有大部分干流，却没有出海口。就在图们江快要抵达日本海，迎来碧波万顷的浩荡海洋时，中国却只能望洋兴叹了——从防川村的制高点向东南眺望，烟波浩渺的日本海赫然入目。然而，由于历史原因，中国在图们江上距离大海最近的港口只能是防川这个弹丸之地。

防川所在的珲春市是隶属于吉林省延边自治州的一座县级市，在这座平凡的边陲小城，人们都爱用这样一句话来形容防川，那就是“鸡鸣闻三国，犬吠惊三疆”。从防川村所看到的那座横跨图们江的大桥连接起的，一头是俄罗斯的边境铁路小站包得哥尔那亚，一头是朝鲜的豆满江市。说实话，大桥看上去并不显得有多么壮观，它被图们江肥沃的冲积扇哺育出的葳蕤草木所簇拥，满目都是翠色，但这座并不起眼的大桥，却是联系俄朝陆路贸易的唯一纽带。

图们江汇入的日本海，乃是日本、俄罗斯、中国、朝鲜和韩国等几个国家进行海上贸易的最便捷通道。据史料记载，早在19世纪中叶，中国帆船便从珲春码头出发，顺图们江进入日本海，从而抵达海参崴。可以想见，当时的图们江上，一定是帆影点点，来往船只络绎不绝，那时，图们江乃是中国东北通往东北亚地区最重要的大动脉。

然而，众所周知，自从鸦片战争以后，积弱的清王朝更加腐败无能，面对环伺的列强，基本落到了豆剖瓜分、任人宰割的悲惨地步。在蚕食中国领土的列强中，沙俄是最为贪婪的一个。1858年，沙俄胁迫清朝黑龙江将军奕山签订中俄《瑷珲条约》，要求割去黑龙江以北、外兴安岭以南60多万平方公里的土地，并把乌苏里江以东的大片土地作为两国共管，而图们江下游地区，正是在所谓共管地区之列。《瑷珲条约》

理所当然受到清政府的抵制，但两年之后，英法联军入侵中国并火烧圆明园，沙俄趁火打劫，武力威胁，清政府被迫签订了中俄《北京条约》，从此，中国失去了图们江下游的出海口。从地图上看，中国是一只面向东方的雄鸡，雄鸡的两只脚就是伸进太平洋的台湾岛和海南岛，而面积广大的鸡腹，则是东部沿海地区，它们敞开襟怀，面对太平洋的八面来风。可惜的是，雄鸡的头部被俄罗斯和朝鲜紧紧包围，图们江出海口相当于雄鸡的嘴，却由于离出海口的15公里之差而功败垂成，使得鸡嘴无法畅饮太平洋的海水，也致使整个东北地区的出海口必须下行到属于鸡颈部的辽东半岛。

图们江的另一个奇特之处在于，由于历史原因，中国没有出海口，出海口为俄罗斯和朝鲜所拥有，但作为第三国的中国，却有顺图们江出海航行权，也就是说，中国的船只可以顺着图们江进入日本海。中国之所以能有这样一份权利，和一个叫吴大澂的人密不可分。

在防川村，我们向边民打听一块著名的碑。在边民的指引下，我们轻易找到了矗立在中俄边境上的一块饱经沧桑的花岗石石碑。石碑面向中国一侧正中，竖向刻有“土字碑”3个大字，左侧竖刻有“光绪十二年四月立”8个小字，这块被当地人称为土字碑的界碑，已经有100多年历史，主持立碑的人就是吴大澂。

那是风雨频仍、波诡云谲的19世纪末，湖南人吴大澂时任督办边务大臣、督察院左副督御使，光绪十二年，他奉命作为钦差大臣，全权处理中俄勘界事务。在勘界谈判中，俄方代表强行要将两国界碑立在距图们江出海口44里处的沙草峰一带，理由是海水灌入之地，谓之海河，除去海河20里才算图们江口。面对强横的沙俄代表，吴大澂义正词严地提出，应该按《（中俄）北京条约》，在图们江出海口上溯20里处立“土字碑”。何况海口即江口，二者并没有区别，海潮时海水灌入地不止20里，退潮时也不止20里，江口就是海滩近处。吴据理力争，再三辩驳，终于推翻了俄方代表的无理要求，从而收回了被沙俄非法强占的百余里领土，“土字碑”也得以立在今天这一地点。更为重要的是，缘于吴的据理力争，俄方同意中国船只拥有顺图们江出海的航行权。该年10月，俄国地方当局正式向中国地方政府递交“图们江口中国船只出入，俄国必不拦阻”的照会。看起来，吴好像胜利了，但这样的胜利委实令人心酸：明明是自己的土地被迫割让他国，还得经他国同意才能从这里经过。然而，弱国无外交，历史的真相就是如此。以后，一直到1938年，中国每年最多有1400艘船只顺图们江沿俄方一侧出海，还有定期班轮开往俄罗斯的海参崴、日本，甚至中国上海。

1938年，“张鼓峰事件”爆发，日军在防川村后的张鼓峰与苏军发生激烈武装冲突，双方出动了飞机和坦克。停火后，日军在防川一带的图们江上立桩堵江。原本与冲突双方毫不相干的中国遭受无妄之灾，从此中断了出入日本海的航行。一直到20世纪80年代，恢复图们江出海权才重又提到中国的议事日程上。经过多方磋商，1992年3月，《中苏国界东段协定》正式生效，中国沿图们江俄罗斯一侧的出海权得到了恢复和法律上的保证。

“没有人会看不到图们江地区的区位优势。”珲春市一位专事图们江开发的官员如是说。以珲春为中心的图们江中国段被称为金三角，这里是中国到俄罗斯、朝鲜东海岸、日本西海岸，以及到北美、北欧最近的点，由此可见，图们江的开发对于东北的重要意义。早在1991年12月，联合国开发计划署就宣布筹备建立图们江区域合作开发项目，并发布报告提出：从全球贸易结构来看，图们江三角洲地区由于其重要的战略地位而有巨大潜力——俄罗斯远东资源丰富，蒙古有矿产和畜牧产品，朝鲜有森林资源和劳动力资源，中国东北具有农产品、轻工、劳动力资源和巨大的消费市场，日本和韩国则具有资金和技术优势。

然而一个令人尴尬的现状是，与东部沿海地区以及其他边境口岸相比，图们江地区的经济发展显得与它优越的地理位置很不相称。这其中的原因，一方面固然是由于中国没有出海口的不利影响——顺江出海航行权，与真正拥有自己的出海口相比，无异天壤之别；即便没有区别，中国也存在另一个问题，那就是朝鲜有罗津和清津，俄罗斯有符拉迪沃斯托克（即海参崴）这样的深水良港，中国却没有可以与之对接的相应的港口——防川港委实太小，只能供捕捞大马哈鱼的渔民停泊他们小小的渔船和不多的几条小货轮；另一方面，俄罗斯国土辽阔，对地处远东、离首都上万公里的图们江地区进行大规模开发，并没有太大的积极性；另一邻邦朝鲜，其经济发展更是相当滞后，即便想开发，也心有余而力不足。而我们知道的一个事实是：边贸的发展，不可能只依靠一个国家的力量，必须得双方乃至三方的参与，才可能真正带来经济的繁荣。

如何解决图们江出海口问题，不少专家或民间人士都在积极为政府支招。在珲春街头一家朝鲜族经营的狗肉馆里，当老板听说我们是来考察图们江的，顿时来了谈兴，自顾倒了一杯酒，一边喝，一边谈他的设想。他认为，要想让中国拥有图们江的出海权，中国完全可以到江对岸去租朝鲜的土地，或者是在相邻的另一地区，划出一块土地与朝鲜互换。店老板的说法并非空穴来风，延边的一些官员和学者也不是没有动过这种脑筋。只是，国与国之间的领土对调，哪里是街坊邻居之间大葱换豆腐那么简单易行呢?

图们江的主要流域都在延吉州境内，作为朝鲜族自治州，延吉是中国朝鲜族最集中的地区，由于同语同种，到图们江流域旅游的人也以韩国人居多。延吉和其他几座城市的最大特征，莫过于几乎所有的店招都是汉文和朝鲜文双语对照。

由于图们江这只鸡嘴被封锁，延吉州因地制宜地设有多个边境口岸，据统计，目前全州共有11个对外开放口岸——包括8个中朝口岸、2个中俄口岸和1个国际航空口岸。其中中朝之间的8个口岸，全都位于图们江上——它们大多建有一座既充当中朝两国人民交通纽带，也充当两国边界的人桥，然而由于两个国家的经济差异，这些界桥也显露出令人意味深长的细节。以圈河口岸大桥为例，粗粗一看，平常的一座大桥横跨在并不湍急也并不宽阔的图们江上，细细打量，你会惊讶地发现，这座桥居然一半新一半旧——靠近中国这边的显然经过定期修缮与保养，要比对面更新一些，也更牢固一些。也许，只有从这些必须细细观察才能发现的细节里，你才能感觉得出，这条绿荫夹岸的河流，的确是一条分割中国与异国的界河。一水两岸三邻邦，它们各有各的历史，各有各的前途和生活。

作为当时即名满天下的著名金石家、书法家和收藏家，吴大澂同时还是晚清有名的忠直文臣，在与沙俄的多次谈判中，充分体味到弱国外交家的艰难与无奈。在立下了“土字碑”之后，他又于长岭子中俄交界要隘上添立铜柱，并亲自以大篆勒铭其上：“疆域有志国有维，此柱可立不可移。”也许，有识如吴先生，也未必预料得到，当年四面楚歌的清王朝的裂土割地之举，竟然会影响到一个世纪后的子孙们的经济发展。看来，历史之所以让人惦记，乃是因为历史其实就是现实这株大树吸收营养与水分的根须。

黑龙江：从内河到界河

溯源，在森林的腹地

边地的黄昏似乎潜伏着更多的沉郁与沧桑。暮色苍茫时，我站在洛古河村外的一座小山岭上极目眺望，夕阳正红，风过时，无边无际的林海发出低沉的啸声。远方，两条水量丰沛的河流像一对相恋的情侣，它们在中国这个极北之地交融了。就从这个只有几十户人家的村子开始，这两条河汇成的大江，名字开始叫作黑龙江。这两条生育了黑龙江的河，它们一条叫石勒喀河，一条叫额尔古纳河。

几天以前，我还在距离洛古河几百公里外的海拉尔漫游。那是呼伦贝尔草原中心的一座现代小城，干净而宽阔。最令人注目的却是一条流经市区的河，那是一条也叫海拉尔的河。这是额尔古纳河的正源，虽然从市中心流过，但海拉尔河看上去依然一片清洁的墨绿，河道中央有几座小岛，长满了生机勃勃的柳条。流水过滩的声音里，水鸟在尖叫，几个孩子带着一群狗在河里游泳。我知道，其实，面前这条叫海拉尔河的河流，才是黑龙江的主要源头——至少对中国来讲如此，因为石勒喀河发源于境外的蒙古肯特山脉。

海拉尔河发源于大兴安岭。穿行在大兴安岭腹地，我如同掉进了绿色的陷阱，乘坐的一辆旧时代老火车，用了整整一天时间，才从大兴安岭的南部抵达它的中部。一路上，到处溪流淙淙，这可能是世界上最清洁的清流，没有人烟，更没有工业污染，那些墨绿的河水恣意地在山野胡乱地流，胡乱地淌。有时候，火车行驶了一个时辰，窗外依然见不到一个村子、一户人家；能见到的，依然是碧树绿水，以及水岸的红色小花。资料表明，发源于大兴安岭的大小河流多达1000余条，它们无一例外地注入了额尔古纳河。大面积的绿色造就了大兴安岭这个天然水库，也为额尔古纳河提供了丰盈的水量。归根到底，急流滚滚的黑龙江，其实也得益于博大的大兴安岭。

作为中国和蒙古、俄罗斯的界河，额尔古纳河在雄鸡的头顶位置画了一个反括号形状的弧。它一路流经的地区，大多是草原和森林的交错地带，因此也就形成了如诗如画的风景。在额尔古纳河中段，有一个几乎与世隔绝的小镇，它的名字叫室韦，河对岸就是俄罗斯。室韦既是全中国唯一一个俄罗斯民族乡，也是当年蒙古人的先祖蒙兀室韦崛起的风水宝地。虽然在历史上，这个地区因地处边陲而盛极一时，室韦也曾在2005年被央视评为中国十大魅力小镇之一，但这里至今仍然交通不便，人口稀少。行走在额尔古纳河畔的这个小镇，总是让人生出身在异国之感：街上，一半以上的都是长相与我迥异的金发碧眼的俄罗斯族，而建筑，也呈现一派异国风光。对远道的游人来说，边地，或许和我们想象的一样，或许和我们想象的完全不一样。

大江见证的屈辱

事实上，在漫长的光阴里，黑龙江并不是界河，而是不折不扣的中国内河。考诸史籍，中国古代文献里，黑龙江有黑水、弱水、乌桓河等诸多别称，公元13世纪成书的《辽史》，第一次把它称为黑龙江。从元朝开始，原本由当地土著统治的黑龙江流域，正式纳入中央政府的管理之下，这条世界排名第八的大江，就此成为中国的内河。

考察黑龙江历史，一个叫亦失哈的人不可忘记。从这个名字可以看出，亦失哈不是汉人，他是女真人，于明朝永乐年间服务于宫廷，和另一个名气很大的人郑和一样，亦失哈也是深得明成祖信任的太监。受明成祖之命，亦失哈曾率船队北巡达10次之多。第一次北巡时，他在黑龙江入海口附近的特林，代表明政府设立了奴儿干都司，由此开始了明朝中央政权对这一地区的直接管辖。为了加强奴儿干都司与内地的联系，亦失哈还先后开辟了沿松花江进入黑龙江的55处水上驿站。1411年，亦失哈第二次率领25艘大船组成的内河舰队，从吉林经松花江入黑龙江，顺流抵达特林。这一次，亦失哈兴建了一座叫永宁寺的庙宇。两年后，寺庙建成并勒石立碑。20年后，亦失哈第十次也是最后一次到达特林。其时，见到当地人民生活依旧，唯独永宁寺被毁，亦失哈很伤感，也很生气，一面追究当地官员的责任，一面命工匠原址重建。重建后的永宁寺，立了一块更大的石碑。这前后两块石碑均采用汉、蒙、藏、女真4种文字，翔实记录了明朝设立奴儿干都司的经过，从而成为关于黑龙江的最珍贵的历史见证。

时光到了清朝，随着原本与中国并不接壤的俄国不断向东方蚕食入侵，中国的黑龙江流域也遭到了俄国雇佣兵们的骚扰。康熙二十八年（1689年），中俄两国通过谈判，在清朝做出重大让步的情况下，签订了《尼布楚条约》，中国方面把贝加尔湖以东至尼布楚一带的中国领土割让给俄国，肯定了中俄东段边界以格尔必齐河和额尔古纳河、外兴安岭至海为界。从此以后，直到19世纪中叶，中俄两国的边境相对安宁。这时候，除了额尔古纳河段外，黑龙江仍然是中国的内河。

但是，到了近代，当大清还在闭关锁国中做着天朝大国的春梦，世界格局已经发生了天翻地覆的变化。弱国既无外交也无尊严，1850年，俄国侵占了中国位于黑龙江口的庙街。接着是1854年，俄国以防备英法海军进攻为借口，出动70余艘舰船在黑龙江上航行，横穿中国领土2000多公里，并占领黑龙江下游地区。1857年，俄国非法在中国领土黑龙江流域设立了以庙街为中心的滨海省。1858年，双方签订了《中俄瑷珲条约》。条约规定，外兴安岭以南、黑龙江以北的中国60多万平方公里领土割让俄国，但居住在黑龙江北的江东六十四屯的中国人照旧“永远居住”，仍由中国管辖。1860年，俄国强行侵占海参崴，并把海参崴改名为符拉迪沃斯托克，意即“统治东方”。1860年，双方签订《中俄北京条约》，条约规定，原本属于中国的乌苏里江以东的40万平方公里土地，被强行划归俄国。划分边界时，俄国把中国的图们江和图们江以北的数千公里海岸线全部划归俄国，完全封死了中国通向日本海的出海口。至于飞地般存在于黑龙江北岸的江东六十四屯，对沙俄来说，无疑是眼中钉，肉中刺。1900年7月17日，俄军越过精奇里江，枪杀了上千名中国居民，并将还没来得及渡江的中国人不分男女老幼统统用刺刀逼入黑龙江中。4天后，江东六十四屯全被焚毁，死难中国居民达2000多人。从此，黑龙江由中国的内河彻底成为界河。黑龙江由内河变成界河的历史，也是中华民族的血泪痛史，见证了这个古老民族在近代所遭受的罕见屈辱。

两支歌，两条河

松花江和乌苏里江是黑龙江在中国境内的两条最大支流，很巧的是，这两条河都因为家喻户晓的歌曲而名声显赫。许多缺乏地理知识的人，可能不知道松花江和乌苏里江在哪里，但大多听过甚至会唱几句《松花江上》和《乌苏里船歌》。

作为黑龙江左岸的最大支流，松花江全长将近2000公里，可以说，它本身也是一条源远流长的大河。松花江的主要支流有两条，其一是第二松花江，其二是嫩江。这两条江，一条发源于长白山天池，一条发源于小兴安岭，它们在吉林省扶余境内汇合，始称松花江。松花江流经的地区大多是森林密布的山岭，其中包括最著名的大小兴安岭和长白山，这是中国面积最大的林区。正如《松花江上》唱到的那样，松花江流域盛产大豆、高粱。富饶的物产使松花江流域成为东北最重要的林业和农产品基地，历史上，多个少数民族就是以它为依托，一步步走出茂密的森林，建立起风云一时的强悍王国。值得一提的是，当年亦失哈沿着松花江进入黑龙江所建的55处水上驿站，后来大多发展成黑龙江的重要城镇，如今成为省会的哈尔滨，当年也不过是松花江上的一个小驿站。

乌苏里江是黑龙江的另一条主要支流，其上游由乌拉河与道比河汇合而成，向东北流至伯力后注入黑龙江。从支流松阿察河注入之处起，到与黑龙江汇合之处止，乌苏里江都是中国与苏联的界河。历史上，乌苏里江是赫哲族等少数民族的渔猎生息之地，因此《乌苏里船歌》才唱道："赫哲人撒开千张网，船儿满江鱼满舱。"在乌苏里江的诸多鱼类中，大马哈鱼是一种具有洄游习性的名贵鱼。据《黑龙江志》记载："每年秋天，成群结队的大马哈鱼自太平洋逆水而上，由黑龙江进入松花江，最大的长达四五米，重达七八百公斤。"由于进入松花江的大马哈鱼实在太多，有人竟踩着鱼背直接渡过宽阔的江面。当然，这种盛况如今已不复存在，由于捕捞过度，大马哈鱼的数量已然锐减。

由乌苏里江、松花江和黑龙江共同冲积而成的三江平原，在历史上曾因人烟稀少而被称为"北大荒"；而今，随着农垦开发，三江平原已经既是东北地区最大的平原，也是物产最丰富的天然府库，人称"北大仓"。由于地势低平，三江平原上沼泽密布，在《中国国家地理》的"选美中国"评选中，三江平原曾获"中国最美的沼泽"称号。

从呼伦贝尔大草原深处的海拉尔河，到两河交汇的洛古河村，再到乌苏里江注入黑龙江的黑瞎子岛，时空以蒙太奇的手法斗转星移，大地的面貌也在上千公里的长途奔袭中次第变幻。但是，有一点是相同的，那就是我一直不曾走出黑龙江的怀抱。无论是发源了上千条河的兴安岭，还是清流如斯的海拉尔，抑或是极光在黄昏游动的北极村，都是造化给予黑龙江这条源远流长的大河的恩赐。在不动声色的星空下，逝者如斯，不舍昼夜。

雄山奇峰

路边星星点点的村落人家，

以及村落周围长势良好的小麦，

还有偶尔传来的一两声鸡鸣犬吠，

这一切安详宁静的景致都能让人感觉得出：

南太行乃是八百里太行山最美的一段，

它是太行山这支乐章的华彩段落，

是太行山这首长诗的诗眼，

是太行山这个灵秀女子的锦瑟年华。

太行山，把最美的一段留给了河南

从巨大的地理沙盘上看，连绵的太行山像一堵突如其来的矮墙，屹立在一马平川的华北平原边上。这是中国最著名的山脉之一：它既是中国地理的第三级阶梯和第二级阶梯的分界线，也是中国半湿润区和半干旱区的分界线，同时还是华北平原和黄土高原的分界线。自古以来，人们提到太行山时常说八百里太行，那是指这座逶迤于河北、河南和山西三省之间的山脉，它的总长度约400公里。在这座大山里考察走访之后，我得出了这样一个结论：太行山把最美的一段留给了河南……

流水滋润的南太行

习惯上，人们把太行山分为3段，即北太行、南太行和西太行。大体上说，位于河北省境内的部分，叫作北太行，位于河南省境内的部分，叫作南太行，而西太行，则位于山西省境内。太行山的这3个组成部分中，西太行的地貌已经接近于黄土高原，与南北太行差异较大。南北太行与西太行迥异，而南、北太行则有很多相似之处。一个最大的相似之处就是，它们都位于断裂带上，从而分布了难以计数的黄土冲沟，这些冲沟都呈东西走向，山形陡险，沟内分布着非常高大的岩墙。

但南、北、西3段太行山相比，其实还有一个最大的不同点，那就是北太行和西太行都是严重缺水的地区。西太行不用说了，几乎就是典型的黄土高原地貌，举目四望，映入眼帘的全是无尽的黄土——苍凉，荒芜，尘土飘飞，使人很容易就察感出生命在这里的艰难；即便是不那么荒凉的北太行，也同样由于缺水而难以看到大面积的森林，到处都是裸露的荒原和岩石，只有小片的林地隔三岔五地点缀其间。

唯有位于河南安阳、新乡、焦作境内的南太行，仿佛是上帝的钟爱之地，得天独厚地得到了流水的滋润——这里因为拥有珍贵而充足的水源而在太行山的3个组成部分中独占鳌头：首先是南太行流水地貌更明显，南太行所在的新乡、焦作一带因地下水资源丰富，地表泉水众多，因而有“华北地下水库”之称。当地人为了利用丰富的水资源，修建了大大小小几十座水库，南太行横扫而过的林州，甚至还有一个被称誉为“人工天河”的水利工程：红旗渠。这些水利工程改变了南太行山的气候和地貌，使这里不仅气候宜人、物产丰富，而且森林覆盖率较高。其次，在地质史上的燕山运动期间，南太行山东侧是大断裂带，断裂带以西隆升成高原，以东沉降为平原，中间则是绝壁林立、山峰巍峨的太行断崖，南北走向的断崖经东西走向的安阳河、淇河、沁河、丹河、蟒河、卫河、峪河等河流切割，形成了众多的峡谷、悬崖、名泉，从而蕴藏了丰富多彩的自然山水和旅游资源，使南太行山的风光雄秀兼具。

连绵不绝的水不仅使南太行有了灵气，更重要的是，好水滋润了南太行，给南太行带来了丰富的植被。与光秃秃的西太行和偶尔可见森林的北太行相比，南太行起伏的山峦和深深的沟谷里，到处都是成片的森林。此外，南太行还有一个在北太行和西太行永远无法看到的美景，那就是瀑布。在南太行腹地的郭亮、薄壁等地，常可看到几十米甚至几百米的瀑布高挂山前，从气势和高度上，它们与著名的庐山瀑布相比，一点也不逊色。可以说，正因为南太行有山有水，从而使得这里既具备了北方山脉的雄伟，又具备了南方山水的灵秀。

对南太行来说，流水其实不仅带来了森林，带来了美景，同时还带来了旺盛的人间烟火，使南太行成为八百里太行山中开发时间最长、人烟最为稠密的地区之一。我去南太行之时正是春天，一路走来，幽深的林子使得正午的阳光也变得冷寂，而弥漫山间的野桃花、野杏花和连翘花正值热烈繁盛的花期，它们开放在任何一个它们愿意开放的地方。路边星星点点的村落人家，以及村落周围长势良好的小麦，还有偶尔传来的一两声鸡鸣犬吠，这一切安详宁静的景致都能让人感觉得出：南太行乃是八百里太行山最美的一段，它是太行山这支乐章的华彩段落，是太行山这首长诗的诗眼，是太行山这个灵秀女子的锦瑟年华。

弹丸之地的悲欣人生

太行山的海拔高度大多在1200米到2000米之间，呈北高南低状。在河南境内的南太行山，这一高度降到了1000米到1600米。这样的海拔，似乎谈不上有多么险峻，但因为南太行山与豫北平原相邻，乃是崛起于海拔只有几十米的平原边缘，再加上太行山的山峰大多是由幽深的山谷和壁立千仞的悬崖构成，因而看上去竟比西部许多四五千米的极高山更险峻，也更让人嗟叹行路之难。千百年来，在太行山腹地的山谷、山塬和山与山之间的小盆地里，就有一个接一个的村庄如同连翘花一样点缀其间。山中无日月，寒尽不知年，多年以来，它们与外界难以沟通，也疏于沟通，从而形成了一个个闭塞、原始、朴素的“人文孤岛”。

郭亮村正是太行山腹地的千百座村庄之一，与南太行山中的其他山村相比，更具有典型意义。郭亮村位于太行山南部，是河南辉县下辖的一个行政村，行政意义上的郭亮村除了郭亮外，还包括另山村、会逃寨和不跌凹三个自然村。关于这座太行山深处的小村庄的由来，当地妇孺皆知的一个说法是：这里曾是西汉末年农民起义军首领郭亮据守对抗朝廷的地方，他在这里打败了王莽的部队。后来王莽的部队铁壁合围，面此窘境，郭亮机智地用悬羊擂鼓的办法骗过敌军，顺利撤到了山西。后人为了纪念郭亮，就把这个村庄命名为郭亮村，而郭亮悬羊擂鼓的那个地方，命名为会逃寨。与此相类，和郭亮村山水相连的山西陵川县境内，则有王莽岭和王莽大峡谷。

从管辖郭亮村的辉县市的有关资料中，我的确查到了类似的记载。甚至有种说法是，早在秦朝时期，郭亮村就有人生息于此了。秦汉毕竟年代久远，难以实证，但村里那些看上去足有几百年岁月的老房屋和村民们口耳相传的记忆，以及锁在柜子里平时从不轻易示人的黄纸黑字的家谱，都足以说明，这个村落早在明朝初年，就出现在了太行山的绝壁之上。村民宋保群告诉我，他家的家谱记载，他们宋家在这里已经生活了十七代人，他是其中的第十五代。十七代人的历史足有四百余年，但他说，宋家还不是最早来到郭亮村的，最早的住户姓申，姓张。另一个姓申的村民已年过七旬，他说，他家的四合院，已经居住了七代人，而在此之前，这座四合院属于别人家，是他的祖上从别人手里买来的。至于别人在这里居住了多久，他就无从知晓了。

如果从高空俯瞰，郭亮村乃是被太行山孤峰入云的绝壁高高托举于山顶上的一个弹丸之地。这座村庄四面均是高达数百米的绝壁，淡红色的花岗岩坚硬如铁，它们形成的绝壁如同刀砍斧削，纵使是最能攀越的猿猴，也只能望崖止步。花岗岩和玄武岩一样，都是地球早期活动时喷出的岩浆冷却后的产物，不同之处在于，玄武岩是岩浆喷出地面后形成，花岗岩则是岩浆在涌向地面的过程中形成。这样，玄武岩质地疏松多孔，花岗岩坚硬密实。从山下抬头眺望，郭亮村外的花岗岩山体在春天的阳光下闪烁出刺目的晖光，让人恍然产生一种错觉：如果凝望的目光稍不留神，就会被锋芒毕露的山体撞得粉碎。

正由于四面均是绝壁，郭亮村的90多户人家就注定只能在山上亲亲热热地挤在一起，各家各户起房造屋，都只能在巴掌大一点的平地上费尽心思。以另山村为例，这个只有几户人家的小村子，好像是从郭亮村这个稍大一点的地方支撑出来的一个半岛，在一块窄窄的台地上，拥挤着几十间房屋，许多房屋的门前不到10米处就是绝壁形成的万丈深渊。百年故居的大门离深渊更近，大约只有七八米。为了保证行人安全，在路的边缘，人们砌了一堵矮墙。但矮墙挡不住深渊形成的大风，行走在狭窄的山路上，随时都有被风吹进深渊的恐惧。

郭亮村的民居具有典型的太行山特色，均是用就地取材的方法，从附近取来大小不等的石块，混合了砂浆之后，片石垒筑而成。这些石块大多是质地坚硬的花岗石，它们略呈淡黄色，而年代愈加久远，就变得愈加青黑。房屋一般都是上下两层，正房的楼下是堂屋，相当于城里人的客厅，方正而宽阔；偏房的楼下是厨房和杂物间，充满了人间烟火的悠长滋味。与之相对的则是关押牛羊的牲口棚，三两头老牛在棚里无声地反刍着干草，它们平静的表情，就像一个个陷入回忆与沉思的老者。楼上是卧室，由于山高风急，所有的窗口都相当狭小，夜晚来临，透过高高的窗棂，能看到一轮清冷的月牙儿挂在对面山顶上。至于高而陡的屋脊，则使这些原本就立于高处的房屋显得更加高峻，让人想起李白“危楼高百尺，手可摘星辰，不敢高声语，恐惊天上人”的诗句。或许，对郭亮村的村民来说，生活不是在别处，而是在高处，在太行山挺拔突兀的高处。

在这种捉襟见肘的地方，生活也多了一些或喜或悲的故事：申大爷说，另山村实在太窄，鸡窝鸭窝什么的，都只能垒在悬崖边上，有时候，母鸡下蛋时稍一用劲儿，那蛋就会滴溜溜地向山下滚去。鸡们也很懂事，好像明白自己的处境，平时根本不敢展翅，有的鸡一不小心掉下悬崖，由于下山一次实在太困难，山里的人家也不着急，十天半月有事下山去时，才顺便把鸡捉回来，同时带回来的，还有这鸡在山下的沟里下的蛋。宋保群则说，另山村的两个孩子，在山路上捉迷藏，其中一个，一不小心失足就掉下了几百米高的悬崖，酿了一出大悲剧。

到处都是岩石，放眼都是山峰，这些过于坚硬的石头让生活在大山怀抱里的村民们十分头疼，它们既不能种庄稼，同时还阻碍了通往外面的路。从大山的石头缝里，只能生长出一些生命力最顽强的杂草和春天时就开出黄色小花的连翘。正是在坚硬岩石圈里生活的痛苦，使这里的人对于柔软的事物抱着深深的向往：采访中，我惊奇地发现，郭亮村不少人的名字里，居然都有一个软字——申软群、崔软山、宋软山、石软山、李软山、阎软花……

地势逼仄，石质坚硬，或许这还不是郭亮村人最头疼的。最头疼的，是四壁合围的太行山，使郭亮村自古以来就只有一条叫“天梯”的通道与外界连接。这条所谓的天梯，由700多级参差不齐的石头台阶构成。据有关资料记载，它最早开凿于明朝洪武年间，以后，历代不断修修补补，但始终是一条险路：最宽处不超过1.2米，最窄处只有三四十厘米。许多地方，由于过于陡峭，下山时，远远看去，走在后面的人像走在前面的人的脑袋上。在这条天梯上，能看到不少基石已经因为年代悠远而被来往的行人打磨得十分光滑，原本厚实的花岗石，也被磨得只余下薄薄一层。

在宋保群的回忆中，关于天梯的记忆无疑是辛酸的。他上初中时，隆冬飞雪，天梯被淹没在冰雪中，他同班的一个女同学，急着赶往学校，在下天梯时不慎滑倒，在即将坠入深谷之际，幸好被山崖里长出的一株野桃树挡住，从而幸免于难。最麻烦的事则莫过于有人生急病。要把一个重病人送下山，需要16个壮劳力协作才能完成：首先把病人五花大绑地捆在担架上，再用绳子把担架从上往下，一点一点地放，下面则由另外的人小心地接着。那时候，从郭亮村到最近的南寨镇，短短的4公里，最快也要6个小时。很多时候，病人还没送到医院，路上就断了气。村民李章锁补充说，他的大嫂就是患了脑出血，在送往医院的途中去世的。宋保群记忆尤其深刻的是，有一回，一个重病人在送往医院途中死亡，不得已，必须把他的遗体弄回山上，但山路太陡太窄，他只好把遗体背在背上。死者的头耷拉下来，在他的脖子上一下接一下地擦，以至于后来好多天晚上，他都要做噩梦。郭亮村的农户们，家家户户都养猪，但在以前，郭亮村的猪最多只能喂到128斤——这是当时出售给国家的重量底限——就必须赶紧用绳子绑了，先用独轮的鸡公车送到天梯旁，再由4个人抬下山去。否则，一旦猪长得太肥太重，就没法运下山，就只能自家宰杀了吃肉。山高路陡，郭亮村人的生活半径便异常短小，有不少七八十岁的老人，尤其是妇女，一辈子都没有下过山。她们的一生，竟然就在这个方圆不到1平方公里的小地方度过。他们对这座山村的熟悉程度，就像一个人熟悉自己的身体，能够闭上眼睛，准确地摸到每一个部位。在这种熟悉的背后，潜藏的却是行路难的悲哀与无奈。

郭亮村绝非独此一例，像这种面对美景与天籁，却只能在弹丸之地讨生活的村庄，在南太行山中还有很多。与郭亮相邻的丹分，甚至比郭亮还要偏僻——它与山西，其实只隔了一条仅仅几十米宽的深谷。而它的得名，据说就因为这里自古以来就是河南和山西的分界线。对面的山西鸡犬之声相闻，两个人甚至可以隔着山沟大声拉家常，但要想走到对面的人家，至少也要花上半天工夫。此外，像薄壁下属的平甸和潭头，它们的状况也和郭亮村相差无几，都是被群峰拱到了1000多米的高度，仅有一条只能称为毛坯路的山路与外界相接。交通条件相对好一些的要算水磨，这个村庄坐落在800米左右的山坳里，一条清澈的溪流叮叮咚咚地从深山里流出来，绕着村子划了道弧线，很多年前，这里就修建有磨面的水磨，村庄也由此得名。但即便是水磨，从这里到县城，在公路修建之前，也得步行一天的时间。

既然交通如此不便，为什么还要苦苦守在山上呢？这是很自然就容易生发的疑问。宋保群的回答是，穷归山，富归川。意思是自古以来，平原大坝都是有钱人才能买田置地，穷人只有走进山里，在相对贫困的地方才能讨生活。河南自古以来为中原之地，人口众多，平原虽然富庶，但要想养活越来越多的人口，也绝非易事。因此，随着平原上人口的激增，一些人开始走向太行山，走向边地。这些人，大多都是衣不蔽体、食不果腹的贫民。考察郭亮村的移民史，村民们的先辈有从山西迁来的，有从河北迁来的，但更多则是从河南的安阳、林州、洛阳、鹤壁等地迁徙而来的。

在安土重迁的农业中国，这些离乡背井的人之所以选择这里，是因为这里同样有它的优势：第一是可以开荒种地，虽然土地贫瘠，到处都是坚硬如铁的石头，但依凭中国农民几千年来的那份勤劳，总算还能春种一粒粟，秋收万颗籽；以平甸村为例，当地的耕地虽然东一块西一块地挂在山上，但粮食总算能基本自给自足。第二是附近的山上到处都有各种野果和木耳、决明子、连翘等药材和山货——在前往丹分的路上，我看到路边的林子里，到处都生长着当地人称为地衣的一种食用菌——只要人勤快，就不怕混不饱肚子。第三是多年以来，由于山高路险，这里属于行政管理的真空地带，山民们可以不交任何赋税，而且，战乱年代，这里就是天然的世外桃源。据说，当年日本军侵入中国后，驻辉县的日军派了几个日本兵，他们气喘吁吁地从天梯爬上了郭亮村，四处看了看，烧了一座房子之后就回了县城，从此再也没来过。他们肯定有理由认为，如此闭塞的地方不值得占领。不过，那以后的日子，郭亮村以及南太行山里的人开始害怕天上的飞机，他们连鲜艳的衣服也不敢穿，怕引来“老日”飞机的轰炸——老日，那是南太行人对日本人略带调侃的称谓。

愚公们创造的奇迹

很多人都记得那个著名的寓言：愚公移山。愚公面对阻挡在家门口的太行王屋二山，带着子孙们，打算把这两座山挖掉。这个故事，既说明了河南人性格中的倔强与隐忍，也说明了豫西太行山区生活的艰难。今天，愚公的故事，在南太行山，有一个真实的版本，那就是当代愚公们创造的奇迹：郭亮洞。

在郭亮人的心中，申明信是一个类似于半神的人物。人们在说起这个已经去世了20多年的老人时，仍然充满了崇敬和迷恋。这种崇敬和迷恋，来自于他带领郭亮人，在绝壁上开凿了如今小有名气的郭亮洞——它乃是郭亮村通往外面世界的天路。

申明信是当年郭亮村的最高首长：村党支部书记。这个当时刚过不惑的河南汉子，苦于郭亮村艰难的交通，发誓要干一件前人想干却没能干的事情。他于1972年农历二月初二，也就是龙抬头那天，开始了这件类似于愚公移山的工作：他要在亿万年前地壳变迁形成的绝壁上，打一个洞，以便修建一条从郭亮村通往外面的公路。这是一次既没有国家拨款，甚至连正规的勘测工作也没有进行的民间行为。此前，申明信曾找到辉县的一个资深工程师，希望他为这条路做勘测。但这个工程师表示，他没办法勘测，因为那是长达1公里，高达300米的绝壁，他没法作业。没有勘测，“申明信们”只能采用土办法，那就是靠眼力，靠感觉。地方太小，没法作业，只能用绳子绑住身子，从山顶悬到半空。这项艰难的工作从开工到结束，一直保持着13个人的队伍，那是由于地方太小，人多了容不下身。13个人中，12个人打洞修路，一个人送水做饭。全村的几十名青壮年，几乎都先后轮流参加过这项工作。

宋保群当时还是个小伙子，是村里的团支部书记，自然被安排在了前面。宋保群记得，没有上面的批文，村上无法买到炸药，就只能因陋就简，用硝胺和木屑土法自制。自制的炸药虽然成本低，不需批文，但威力小，有时候几炮炸下来，坚硬的花岗石山体只是裂开了几道细小的缝隙。后来，郭亮村的“愚公们”大约是感动了有关方面，购买炸药的批文终于下来了，村里却没钱买。申明信当即决定，卖掉村里的山羊。在前后5年时间里，为了修这条路，郭亮村卖掉了2000多只山羊，山羊卖完了，开始砍伐村里所有能砍的大树——这些大树都被锯成木板，以便从天梯上背出山去换钱。甚至，为了挣来修路的钱，村里的男女老少，分期分批到临近的山西为几个村植树造林。宋保群回忆，当时的小米8分钱1斤，大米2角钱1斤，而为了修这条路，村里一共花费了380000元。

今年68岁的申富贵做了一辈子石匠。修路时，石匠就算是高级技术人才了。这就意味着，白天，他和其他人一起打洞修路；晚上，他还要负责为钢钎淬火。石头太硬，刚淬过火的钢钎要不了两天，就被岩石弄得又钝又平。他得拉着风箱，把这些钢钎重新修整锐利。后来有人统计过，为了修这条路，郭亮村一共消耗掉了钢钎12吨，八磅铁锤4000把。在申富贵的记忆中，最深刻的莫过于王怀堂的死。王怀堂和他一样，也是石匠，两个人曾长期一起夜晚加班给钢钎淬火。申富贵说，王怀堂死时只有30多岁，是生产队的队长，家里有老婆和一个女儿。那天，王怀堂在刚凿出来的一个洞里，把一方很大的石头往沟里推，谁知由于用力过猛，他也跟着石头摔进了山沟。惊呆了的人们从远处绕行下山，花了两天时间，才找到王怀堂的尸体：他的头已经在锐利的山石上碰掉了，石头上还有残留的脑浆和血迹，手和腿也都断了，全身软得像一团棉花，整个人看上去更像一个血肉模糊的肉丸。王怀堂的尸体被艰难地运送回村时，全村男女老少无不痛哭流涕。村里人轮流为王怀堂守了三天三夜的灵，修路工程也不得不中断下来。一个月后，在全村人悲戚的注视下，申明信再次带着队伍走进了工地，南太行山的这个角落，又一次响起了炸药的轰隆声和钢钎击打岩石的叮当声……

1977年，一个长1200多米、宽5米的隧洞正式完工，洞被命名为郭亮洞。从此，郭亮村人也结束了经由天梯通往外界的千年历史。郭亮洞通车后，有关方面被这种愚公精神所感动，奖励了郭亮村一台“大解放”。申明信把村里70岁以上的老人组织起来，用这辆大卡车把他们送到新乡和郑州观光。一个从来没有出过山的老太太看惯了太行山里被山峰和森林分割的天空，乃至于对平原上的天空感到十分新奇，她拉住申明信的手问：“这城里的天怎么就比我们郭亮村的天更宽大呀？”

正在改变的古村庄

事实上，南太行山宁静的生活正在悄悄地发生变化。不论是郭亮还是丹分，或者是平甸、潭头，南太行山腹地的这些古村庄都在时间的长河里变脸。以郭亮村为例，郭亮洞已成为辉县乃至新乡市最有名的地方，这大约是当年那些艰难打洞的人们没有预想到的。正如蚕儿吐丝之时，没有预想到会吐出一条丝绸之路一样。今天的郭亮村已经因为旅游开发而小有名气，再加上以谢晋为代表的一大批导演纷纷选中郭亮村作为拍摄基地，以及不少高校的艺术专业把这里作为写生基地，这个沉寂多年的小村庄逐渐变得人脉十足。春天是郭亮村最美的时节，村庄内外，到处都可以看到面对山峰、古树和民居写生的学生。

郭亮村人的生活也因为这种改变而改变。宋保群早已不当支书了，他现在的工作是给前来观光的人当导游，虽然他的普通话艰涩难懂，但他却比景区的导游更了解郭亮村，更能如数家珍地说出这个村庄的前尘往事，因为他本身就是郭亮村历史的见证者和参与者。宋保群有两个儿子，大儿子开了家家庭旅馆，还到辉县读过烹饪学校，用宋保群的话说，他的儿子乃是万仙山第一厨。二儿子原本在纱厂当工人，后来则成为郭亮村及周边地区第一个买车跑营运的运输老板。

谢晋拍《清凉寺的钟声》时，曾在李章锁家里住过两个月。现在，李章锁也开设了一家家庭旅馆，而谢晋“故居”则是最好的宣传。他的家位于村子靠后的一侧，面积不大，却整齐干净，院子的墙上，高挂着谢晋和另外几个曾在他家住过的影视明星的大幅照片。用李章锁的话说，来的大多是回头客。遇到学生写生时候，他那个小小的院子里，顿时到处都跳跃着青春的面孔。

申富贵没有儿女，和老伴相濡以沫。他没有开旅馆或餐馆，而是在景区当清洁工。每天早晨，他8点钟上班，负责清扫长约4公里的山路。鉴于他负责的路段地势较高，每月要比其他清洁工多50元钱，这样，他每月能挣350元。当年带领大家修路的申明信的二儿子，也是申富贵的同事，他负责停车场旁的公共厕所。我没能见到申明信的二儿子，据说他到山下办事去了。现在，到山下是一件很容易的事情，不再像他的父辈那样，去一趟50公里外的辉县县城就是出远门，得提前好些天就做准备。

至于王怀堂的老婆和女儿，村民们说，王怀堂死后不久，他的老婆就悄悄离开了这个令她伤心欲绝的山村，撇下一个只有3岁的女儿。后来，村里出面养大了这个可怜的孩子。如今，这孩子也是30多岁的人了，早在十年前就嫁到了山外。她几乎不再回郭亮村。也许，对她来说，这座南太行深处的山村，掩盖的不仅是鸟啼花开、云卷云舒，更多的，仍旧是童年的辛酸与无助。

历史上，由于太行山的重峦叠嶂，阻挡了山西与河南、河北之间的交通，但就在太行山的千山万壑中，自古以来，就有8条被称为“太行八陉”的隐秘通道。这些古老的通道，最早的始建于春秋时期，它们大多穿行在太行山的山谷和山塬上。考察太行八陉途经的村镇，那都是一些历史悠久的古村古镇，与它们相比，郭亮村同样是有着漫长的历史记忆，但当太行八陉上的那些村镇已经随着交通路线的变更而衰败或成为遗址时，郭亮村还保留了一份人与自然和谐共处的本真。尽管今天的郭亮已成为一个地区性旅游热点，但在表面的风光与热闹之外，它的本质并没有根本改变，它还是一个挂在悬崖上的村庄。在走马观花的游人看不到的村民的生活深处，山里的岁月寂静无边。

如今的郭亮洞已成为南太行山中与自然风景相得益彰的人文风景。

当我们得出“太行山把最美的一段留给了河南”的判断时，其实，为这一判断提供论据的，不仅是山水的滋养，更是这里的山水养育的人，和他们带给我们的感动。南太行山的主体部分在安阳和新乡，尤其是新乡下辖的辉县。辉县人习惯把南太行山中的几个乡镇称作盘上，相应的，平原就是盘下了。当我们在一个阳光充足的午后离开南太行山时，一路仍是不倦的春花与鸟啼，它们是南太行山里每一个春天都必须登台亮相的主角。峰回路转，当汽车驶出重峦叠嶂的大山，我们已经从盘上来到了盘下。回头望去，西边的地平线上，一脉青山迢遥奔向远方，那就是南太行山，在那里，有一些让我感动的风景生生不息：那里的风与花，山与水，人和事……

横山，隐者的高地

距今约2020年前的西汉成帝年间，一代大儒严君平结束了在成都的卖卜生涯。他打算寻找一片安详宁静的田园，以便打发生命的晚年。此前的二三十年里，严君平一直生活在成都，为人预言人生的福祸前途。每天，只要挣到了相当于最低生活标准的100钱之后，他就会收拾起算卦的摊子，回到家中读书。多年来，就像一个执滗的水手想要寻找远方的地平线一样，他在《老子》这部只有5000言的中国第一奇书中执着地寻找属于他的思想，他的精神。

严君平考察了川西的若干村庄和城镇，最终，他把晚年的隐居之地选择在了距成都30余公里的郫县新胜镇横山。如果说严君平是历代经学家中的异数，那么横山则是成都平原这块丰沛之地的奇迹：由岷江和沱江冲积而成的成都平原，除了周围有一些山峰外，平原内几乎全都一马平川。但就在这片富饶平原的西北角，在郫县新胜镇境内，却有一块突如其来的高地横卧在平原之上。那就是横山，一片面积达6000多亩、高出平原20~30米的台地。

如同一篇冗长的文章中突然出现的华彩段落，横山的存在也让人充满了惊讶和意外。当地人的传说中，当年，当成都还是一方时常被洪水侵袭的低洼时，二郎神从汶川一带担土前往成都填水造陆。其中的一次劳作，他不小心从天上掉下了一些泥土。这些泥土从天堂降落到人间，于是就在平坦的成都平原上形成了方方正正的横山。

传说除了增添机趣，自然不足为凭。千百年来，横山就那么意外地出现在平原人的视野里，它让大平原这篇文章增添了一些生机，一些想象和美丽。它如同成都平原上一个巨大的观景台，将平原的富饶与祥和尽收眼底。

徐堰河和柏条河是两条不太宽阔却水量充沛的小河，这两脉清澈见底的流水一前一后绕着横山划过。从横山的制高点，也就是严君平先生后来的埋骨处信目四眺，河流远去，平原苍茫。台地之下，大片大片的油菜花忧郁而高贵地金黄着，此起彼伏的村庄像一座座浮在花海中的孤岛。奇特的是，与横山只有一沟之隔的平原上的泥土都是油黑的，而横山却是一色黄土。在一些没有耕种过的荒芜之处，半人高的野草生长得欣欣向荣。如果不是台地上典型的川西民居，如果不是横山下无边无际的成都平原的春天，恍然间，你会以为走进了苍凉的黄土高原。

从笔记之类的野史和民间的口耳相传中，我们可以打听到严君平先生离开成都前往横山后的生活。在那里，他筑起了几间草庐，他的草庐正对着徐徐流过的徐堰河。更远处，平原托起了无数的村庄和城镇。严君平隐居之地，当地人称为读书台。考察其历史，它是四川教育史上的一个可资纪念之处：众所周知，位于成都的文翁石室是西汉年间所建的学校，也是中国历史最悠久的学校。而读书台，它是可以和文翁石室相提并论的另一所古老学堂，其渊源则和严君平密切相关。当年，当严君平以大儒和经学大师的身份隐居横山后，横山一带的乡绅出资办了一所学校，这所学校就是读书台，严君平则是这所学校的主讲。从严君平所处的东汉到20世纪60年代，读书台一直作为一个风雅而尚文的标志存在于横山，直到“文革”中期才被拆除。可以断言，横山读书台与文翁石室都是四川教育史上的闪光之处。不过，由于地理位置的原因，文翁石室声名远播，而读书台只余下了几把黄土和满目野草。

在读书台聆听严君平讲学的学生中，有一个后来闻名天下，那就是扬雄。作为西汉最杰出的哲学家、辞赋家和语言学家，扬雄天生口吃，却讷于言而敏于行。师从严君平的日子，他从这位大师身上汲取了他所能汲取到的营养。这个木讷的孩子，他的人生将从此一步步走出横山，走出郫县，走出成都，直到成为中国文化史上光照千秋的人物。

一个小小的横山，竟然有两位大师级的人物在此长久地生活过。他们就像今天的乡民一样，在同一方土地上呼吸山间的朝露，采撷田垄的野菜，感受松间的明月与桃李花开时的夕阳。这种漫不经心的日常生活中，横山的文化底蕴已经呼之欲出了。而作为成都平原上唯一的一块高地，横山的风景曾经打动过严君平和扬雄，也曾打动过无以计数的芸芸众生。

与严君平墓地和隐居遗址结伴的，是一座叫平乐寺的古庙。古庙始建于隋朝，父老相传，成都平原上的平乐寺有3处，即上平乐、中平乐和下平乐。上平乐即横山平乐寺，下平乐则是新都宝光寺，而中平乐已经无据可考。很长的时间里，横山平乐寺一直是川西坝子上的一座大寺，川西地区各寺庙的僧人出外云游，都得到这里领取度牒。明末四川遭逢千古未有的战乱，横山平乐寺被毁，尔后又几经兴废。而今，这是一座小有规模的寺庙，笔挺高大的楠木林立于寺内，昔年的遗迹隐隐可见。我们前往横山时恰值观音菩萨生日，四乡八里的善男信女接踵而来，不太大的寺庙及周围都是来来往往的人流。当宏大的法器响起，香烟就一阵接一阵地从楠木的缝隙间弥漫，渐渐洇入了略带寒意的春风。令人感动加感慨的是，人们在祈求善良美丽的观音菩萨的庇护并为她上香时，也没忘记与寺庙一墙之隔的严君平。在严君平长满蒿菜和松柏的陵墓前，一些还在燃烧的香烛告诉我们：乡人的记忆里，一代大儒以他的文化魅力和人格魅力，几乎赢得了和宗教相仿的力量。

在都市，春天的到来除了头顶越来越暖的日头，其他都寂静无声，横山的春天则充满了喧嚣和诱惑。该开的花都开了，该绿的树都绿了，大面积的油菜花和李花、桃花一道，把横山的春天布置得生动而质朴。空气中，久违了的泥土气息杂和着花香扑鼻而来。当年，严君平独自隐居于横山并以20年功力完成了他的伟大著作《老子指归》。那些读书写作的日子里，当春天来时，他也会感到心头有一只小手在轻轻地挠动吗？

梨花沟是横山上一处生长着数千株梨树的地方。暖暖的春阳中，梨树们纷纷从冬天的残梦中醒来，积蓄着力量含苞待放。横山一带种植梨树的习俗由来已久，据说在严君平隐居的旧址附近，也曾有大片的梨树林——不知植于何时的梨树林。只是，它们已经与往事一同老去。只有梨花沟，大众化的梨树年年都要开出洁白的梨花，结出硕大的果实，它们像是要以一种微妙的细节来证明，横山的黄土和平原的油土一样，都是最能滋养生命的苍凉后土。

严君平的《老子指归》是研究老子的众多著作中最重要的一部，它对后来的道家、道教和禅宗文化都曾产生过深远影响。联想到横山距离道教的发祥地青城山只有不到30公里，而严君平生前的影响即远播川内，难道严君平和道教的创始人张道陵之间就没有什么蛛丝马迹的关联吗？就像横山深处的春天总是布满了此起彼伏的花团一样，文化的河流肯定也是如此交错纵横。严君平的思想属于他，也属于我们，正如曾经感动过他的春天属于他，也属于我们一样。当历史和旧事都杳杳而去，这些文化和思想的传承依旧清晰可辨。

平乐寺庙会期间，严君平墓前的道路两旁摆设了不少临时摊位。除了香烛，另外的商品是崭新的农具。下午，庙会的人大多散去了，梨花沟农民杨起贵在平乐寺烧了香，信步走到邻近的严君平墓前，也点燃了几支香烛，毕恭毕敬地作了几个揖。也许，这个粗通文墨的农民不知道《老子指归》，对严君平在文化上的影响也不甚了了。他只是以一个后人和农民的淳朴，对声名远播的先贤表达一份敬意。

墓地前的一个农具摊上，烧完香的杨起贵细心地选择了两把镰刀和一把锄头。他知道，春意已深，横山的春耕时节即将来临。夕阳西下时，杨起贵扛着锄头走向平原深处的家。他的身后，横山像一艘巨大的船，正在驶向一个生意盎然的春天。

盘旋在云端的隐秘通道

我踏上了山中落叶缤纷的小径
我渐渐看不清了，然后我完全消失
而群峰之上正是夏天

——W.S.默温

倘若说逶迤连绵的群峰是一首气势磅礴的长诗，那么深藏于群峰之间的垭口，或者说山口，就是深入诗篇的诗眼。按《辞海》解释，“垭”的意思是“两山间的狭窄地方”；“山口”则是“高大山脊的鞍状坳口，常为高山大岭的交通孔道”。有过乘坐飞机从四川进入西藏的人也许还记得，从飞机上鸟瞰，除了能看到白雪皑皑的奇险高峰外，在这片号称世界屋脊的大高原上，山与山的缝合处，往往有一条条细若游丝的崎岖之路。这就是垭口，世界上最壮观也最难以抵达和亲近的青藏高原的垭口。

通常，一个垭口意味着两条河流的分水，两列山脉的相交。连绵起伏的群山如同无休无止的屏障，它们阻断了由内地通往西藏的路途，而这些天然垭口的出现，往往形成了由此及彼独一无二的交通要道。因此，这些垭口既是行路的天险，也是景色绝美的天堂。它们宛如草蛇灰线，成为自然地理和人文地理上最重要的走廊、阶梯和隐秘通道。

觉巴山：看不见风景的险峰

熟悉川藏路的人都知道，这条路虽然号称“天险”，但真正最危险的地方其实只有几处，比如所谓的通麦天险、排龙天险和怒江天险。与这几处名声在外的天险相比，另一处天险却没有太高的知名度，只有身临其境的人，才知道这个没有名气的天险与其他几个声名显赫的天险一样，同样让人望而生畏。

从竹卡到左贡县城，路线只有100多公里，就是这100多公里，成了川藏线上众多司机谈虎色变的天险，其主要原因，就在于其间横亘着觉巴山。翻越觉巴山，成为川藏线的一个重点和难点。

竹卡是位于澜沧江畔的一座小镇，以它为中轴，在澜沧江东西两岸，对称地分布着两座山峰，那就是拉乌山和觉巴山。作为他念他翁山脉的组成部分，这两座东西对称的山峰和夹在它们中间的澜沧江，形成了一个巨大的“V”字。坐落在江畔的竹卡海拔为2600米，与拉乌山垭口相比，高差近1800米；与觉巴山垭口相比，高差近1300米——也就是说，觉巴山垭口比拉乌山垭口略低。那些从成都往拉萨方向而去的旅行者，常常会因拉乌山地势平缓，很容易就一掠而过，从而会对与之相邻的、却比它稍低的觉巴山产生轻敌念头。殊不知，山不在高，觉巴山垭口虽然低于拉乌山垭口，但其险峻，却远非温和的拉乌山可比。从某种意义上讲，翻越拉乌山只是为了翻越觉巴山而进行的一次预热和演习，真正的艰难，不在拉乌山，而在觉巴山。

位于江畔的竹卡，基本可以算作是觉巴山的山脚，急流滚滚的澜沧江千百年来的深深下切，使得江岸往往壁立千仞，一派荒凉与坚硬。随着公路的峰回路转，大地在向着天空的方向急速抬升。翻越觉巴山垭口的路，其险在于以下几点：其一，不少地段的路面都是紧靠山体硬生生开凿出来的，不用问，这样的路面不可能有多宽；其二，不但公路极窄，而且路中间堆满了铺路用的沙土，往来的车辆必须从沙土堆上碾过去，否则就只能掉下悬崖；其三，急弯特多，坐在车上，感觉汽车好像在不停地画圆圈；其四，由于缺少植被，时常会有松动的岩石从头顶掉下来。这几个特点决定了翻越觉巴山垭口的公路必须呈“之”字形。因此，当你站在觉巴山高处，你会发现与业拉山垭口几乎面容相同的72道拐。

由于行路艰难，觉巴山的限速是时速10公里——这种速度下，汽车像一只甲壳虫，顺着公路这条云端里荡来荡去的丝线小心地爬行。就在通往垭口的路上，不时仍可远远地看见澜沧江，只是，此时的澜沧江因为距离远而变得细若游丝。不过，即便隔了这么远的距离，耳边似乎仍有急浪过滩时发出的轰鸣在回响。站在觉巴山垭口回望，来时的川藏线和澜沧江像一对饱含深情却羞于表白的情人，如影随形而又保持必要的距离。

与川藏线经过的绝大多数大山相比，觉巴山虽然不算高，但其荒凉却出人意料。失去植被覆盖的山岩要么灰褐如铁，要么黄赤如砂，夹在山谷中的澜沧江，则略呈浅红色。那是一种由来已久的荒凉和干燥，让人心里生出一种莫名的寒意与畏惧。只有山峰之间偶尔出现的一两个小型的台地，上面才会生长出一些不知名的植物，算是给荒凉的觉巴山一缕聊胜于无的安慰。

抵达觉巴山垭口，朝着拉萨的方向，就是急转直下的下山路。随着海拔的迅速下降，原本呈现一派威严之灰的觉巴山，开始有了更多的绿色。随着山间一排排小块梯田的出现，一个叫作登巴的小村庄出现在了觉巴山的千山万壑之间。这是一个小得不能再小的村庄，仅有的几排房子，一所小学校和一座小寺庙，构成了这个村庄的全部。尽管从村头到村尾还走不了两分钟，但对觉巴山这样荒凉的边地来说，登巴村的出现无疑给那些终日穿行在山与山之间、垭口与垭口之间的旅人，带来了一丝温暖和人气。因此，如果说觉巴山垭口是一座看不见风景的险峰，也并不完全确切，因为，登巴村就是觉巴山中唯一动人的风景。

东达山：川藏线的最高处

作为世界上平均海拔最高的公路，2000多公里的川藏线（南线2149

公里，北线2412公里）像一条固执的长龙，曲折而又顽强地蜿蜒前行。由于穿越了中国地理的第二级阶梯和第三级阶梯，川藏线一路所经行的地域，大多是气候严寒、海拔高峻之地。其中，川藏线翻越的5000米级的大山垭口，就多达14座，而东达山垭口，以5100米的高度，成为千里川藏线的制高点。需要特别加以说明的是，如果以众多垭口之上的标高而言，东达山垭口的标高为5008米，米拉山垭口的标高为5013米，东达山似乎只能屈居亚军。但近年来的多次实地测量表明，东达山垭口的高度事实上足有5100米。这一高度，已经接近了珠峰大本营。因而，常年笼罩在风雪之中的东达山垭口，它既是川藏线的制高点，也是世界公路家族中最高的垭口之一。

尽管中间隔着同样高峻的觉巴山，而且相距好几十公里，但在东达山垭口，仍然能眺望到远在觉巴山麓的澜沧江。只不过，由于距离和高度，原本水流湍急的澜沧江，此刻看上去更像一条波澜不兴的涓涓小溪。由于海拔的急速抬升，当山下的澜沧江河谷还在高达30℃的炎炎夏日时，东达山垭口的气温竟然降到了零摄氏度以下。正如古人诗词所说的那样，“胡天八月即飞雪”，它不是一种夸张，而是东达山垭口最真实的写照。同样，澜沧江河谷尽管也显得荒凉，但毕竟，当南风顺着斗折蛇行的河道吹拂而上，河谷地带的小块坝子和台地上，也会点染出一些红花绿叶，如同这个夏天最细微的呼吸。但仅仅只隔了几十公里，在东达山垭口，树木们在雪线以下，就集休停止了向上生长的欲望，只有一些低矮的、稀疏得可怜的牧草，还在不屈不挠地蔓延。

初抵东达山垭口，当我透过厚厚的车窗玻璃看到远处居然有牦牛和牧人的身影时，不禁有些震惊，须知，这5000多米的高度，早已是生命的禁区，也只有在西藏，在这个地球的第三极之上，才会有如此倔强的生命在默默地延续。尽管在川藏线经行的诸多山峰中，东达山垭口乃是当之无愧的最高处，但与其他大山的垭口相比，穿越东达山的公路相对而言要算是“好路”了——路面还是年代久远的碎石和土坯，但相对高度的平缓，使它不像邻近的觉巴山那样，迎面而来的山岩总是如同一道墙一样，蛮不讲理地横在你前行的路上。在穿越东达山垭口的途中，不时可以见到山峦与山峦之间的小块草地，草地上，如同孤岛似的散落着一些小小的帐篷。天空布满乌云，阳光就从乌云还没占据的边角里，见缝插针地泼下来，照耀着草地上的帐篷，和帐篷边上伫立眺望的牧人。“草色遥看近却无”，接近垭口地带的草地，牧草又稀又枯，牦牛们不声不响地缓步行走于草地上，东一嘴西一嘴地艰难啃食。在这种极度艰难的自然条件下，不仅人类，就连牲畜也得经受更大的煎熬。它们得不辞辛劳地游走和寻觅，才能用最低劣的食物，抵挡漫天飞舞的雪花和寒意。

如同藏区的其他大山垭口一样，东达山垭口也堆放着巨大的玛尼石，上面挂着彩色的经幡。风很烈，经幡在风中无休无止地摇摆。垭口附近的公路上，又出现了一顶帐篷，一个八九岁的藏族小男孩站在帐篷前，好奇地眺望着远去的车辆和拐弯之后消失在雪峰与雪峰之间的公路。我把几个糖果和两支铅笔送给他，他欢快地接过去，露出了雪花一样洁白的牙。当我们的车缓缓启动后，回头望去，小男孩还站在帐篷前，目不转睛地看着我们渐行渐远的车。也许，对这个生长在极边地带的小男孩而言，在他成长的记忆里，无尽的大山和穿行于大山之间仿佛绳索一样的公路，就是上苍所赐的命运的底牌。

业拉山：99道拐造就的天险地带

《中国国家地理》的读者一定还记得，在2005年的《中国人的景观大道》专辑中，有一幅用好几个页码拼接起来的拉页，拉页是一张巨幅照片。照片上，连续呈“之”字形的公路蜿蜒曲折，一队队小若虫蚁的军车排着长龙，小心翼翼地向山顶驶去。这座给读者留下了极其深刻的印象的大山，就是业拉山。

业拉山又名怒江山，因为翻过了业拉山垭口就是怒江。业拉山既是从318线由东向西进入西藏翻越的最后一座横断山脉的垭口，也是横断山脉的最大天险。但由邦达前往业拉山，业拉山却给人一种并不高峻，也不曲折的错觉。草原小城邦达距业拉山垭口40公里的路程，海拔只上升了600米左右，因此业拉山给初来乍到的我们一个疑问：难道传说中的横断山最大天险竟然如此小菜一碟？然而，当我们抵达业拉山垭口，从垭口往下眺望时，才在倒吸一口凉气中明白：假如把翻越业拉山比作一场比赛的话，那么刚才由东向西从山脚抵达垭口，连热身也算不上。

人们把川藏公路称作世界公路史上的奇迹，那么我要说翻越业拉山垭口的公路则是奇迹中的奇迹。与《中国国家地理》上的照片相比，现场的体验更能叫人领略什么叫作雄伟和险峻。站在垭口回望，草原深处的邦达小城早已隐没在乱山丛中；向前看，便是号称99道拐的天险路段。其实，因为垭口的高度只有4618米，站在垭口，肯定无法看到99道拐的全貌，而只能看到最上方靠近垭口的一部分，但仅仅只是这一部分，已经让人在目眩中体会到什么是行路难。

行走318线的司机和当地人，把业拉山自垭口到怒江河谷的崎岖山路叫作99道回头弯，又称作99道拐或者108道拐。其实，不论99道拐还是108道拐都只是一个约数，言其极多而已。据说，就是这短短几十公里的路程，单是那种达到180度的大拐弯就有50多个，而其他幅度稍小的拐弯有多少，则根本无法统计。

业拉山垭口分割开的是两条著名的国际河流，即发源于西藏的怒江和澜沧江。用著名的google earth查看，在卫星的探头下，这道两条大河的分水岭呈现出一片浅浅的灰褐，而蜿蜒盘旋于山中的公路，则像是灰褐山体上随手画下的一些浅白色线条。当行进在这些伸来绕去的“线条”上时，它带给我们的是苦不堪言的折腾：数不清的拐弯处，几乎无一例外地堆积着几十厘米厚的松软泥土，每有汽车经过，这些轻飘飘的尘土立即遮天蔽日，从后面望过去，前方是一阵弥漫的尘土和烟雾，近在咫尺的车辆竟然无从寻觅。由于业拉山地处横断山和青藏高原接合部，这里地质活动频繁，泥石流和大规模的塌方、滑坡乃是家常便饭。恶劣的自然条件下，318线不时中断，从而使得业拉山成为入藏之路上的魔鬼地带。为此，这里驻扎有中国乃至世界唯一的一支公路养护部队——武警交通第四支队。在业拉山垭口的标志牌上，我看到这支部队写下了这样的誓言：不怕艰难险阻，不怕流血牺牲。保通川藏天堑，锻造交通铁军。

从业拉山垭口到业拉山麓的怒江河谷，也就是99道拐缠绕的业拉山西坡，短短几十公里路程，落差却高达2000米。因此，翻越业拉山的人将遭遇一场奇特的季节转换：当业拉山垭口还是冰雪飘飞的肃杀寒冬，随着汽车在99道拐上不屈不挠地爬行，一个多小时之后，深陷于耸峙高山之间的怒江河谷已是炎炎夏日。这种急速变化的高度，也造就了业拉山西坡植物的垂直分布。一路上，从荒芜的冰天雪地，慢慢渐变成干旱山地的针叶灌木，进而渐变为湿润河谷里茂密的阔叶树林。从业拉山垭口顺着一个接一个的大拐弯行驶，半山腰，在可以眺望到怒江的地方，公路两旁开始有了人家，简陋的房屋上积满了尘土，看上去，它们不像是伫立不动的建筑，倒更像风尘仆仆的旅人。在这几乎与世隔绝的天险地带，一日如同一年，而一年，也如同一日。

安久拉山：怒江和雅鲁藏布的分水岭

4468米的安久拉山垭口有些让人意外。与众多名山大川的垭口一般都陡峭起伏、壁立千仞不同，安久拉山垭口平缓得出奇，如果不是海拔表上显示的高度和路边的垭口标志，我根本不相信自己已经行进到了安久拉山垭口。

就是这座看上去不起眼的属于伯舒拉岭山脉的安久拉山垭口，它是怒江和雅鲁藏布江的分水岭。翻越了垭口，也就由怒江流域进入了生长传奇与神话的雅鲁藏布江流域。事实上，川藏线上的不少垭口，往往都是大大小小的河流的分水岭。两水分流，高峰挺立，这就是青藏高原上常见的景象。

安久拉山垭口很平缓，举目四望，到处都是一块接一块的草地，草地与草地之间是小小的积水潭，当地人称为海子。在垭口附近，有一个面积稍大的海子，那就是安久拉海子。这个面积有几平方公里的海子静静伫立于垭口，清澈的水面倒映着周遭的雪山和蓝天上的白云，海子周围的草地上，偶尔能见到骑在马上的牧人，他们赶着牛羊，慢慢走向草原深处。所有经行这里的人都忍不住要停下来，纷纷以海子为背景，拍上几张照片。然而看上去平静漂亮的安久拉山，其实也有着不时发作的狂暴。据在当地生活了20多年的四川老乡郭春海讲，安久拉山垭口附近曾经在20世纪发生过一次大规模的雪崩，造成57人当场死亡。

从安久拉山垭口下行到西坡山谷，路途约20公里，其间有一段极为危险的塌方路段：狭窄的公路一边是令人不寒而栗的深谷，一边是松动的、随时可能有石块坠下的峭壁。前些年，有关方面专门修建了安久拉长廊——就是在公路上方修了一条水泥棚顶，在面临深谷的一侧修了一道围墙，相当于给经行此地的车辆套上了安全帽。车行长廊中，光线从棚顶和围墙的缝隙间透过来，让人产生了一种不真实的、仿佛在玩极品飞车的错觉。

在安久拉山麓，静卧着著名的然乌镇。然乌镇得名于与之咫尺相隔的更加著名的然乌湖。“然乌”两字为藏语译音，意思是“尸体堆积在一起”。相传湖里住着一头水牛，湖岸住着一头黄牛，两头牛互不相让，时常较量。两头牛死去之后，尸体化为湖岸两边的大山，然乌湖就夹在两山之间。虽是神话传说，却以朴素的方式告诉了我们事实的真相：地质学家兼探险家杨勇先生解释说，然乌湖的确是3头“牛”角力的结果。这3头“牛”分别是喜马拉雅山、念青唐古拉山和横断山。由于这里地处板块构造的交合部分，地质活动频繁，约200年前，帕隆藏布江上游河段附近山体崩坍，大量土石堵塞了河道而形成了安久拉山下的一个典型堰塞湖，这就是然乌湖。然乌湖至今仍有出口，它是雅鲁藏布江最大的支流帕隆藏布江的源头，而充当湖水补给的，就是安久拉山周围的冰川融水。与安久拉山垭口相比，然乌湖海拔已下降到了3000多米，湖畔不仅有绿草如茵的草地，还有零星的农业用地，茂密的青稞在湖风的吹拂下此起彼伏，让人联想起古人曾向往不已的世外桃源。

色季拉山：杜鹃深处遥望南迦巴瓦

几乎和青藏高原大大小小的垭口一样，色季拉山垭口也遍布经幡。山口风劲，经幡猎猎作响。色季拉山垭口4728米，属于念青唐古拉山余脉，是尼洋河与帕隆藏布江的分水岭。就像提起二郎山就会想起隧道，提起珠穆朗玛峰就会想起地球的制高点一样，提起色季拉山，我的第一反应就是那漫山遍野的杜鹃花。

杜鹃花又名映山红，在我们祖先的庭院和园林里，很早就能看到它的身影。“回看桃李都无色，映得芙蓉不是花”，唐代诗人白居易把杜鹃花提到了一个前所未有的高度。全世界的杜鹃花约有960种，我国有540多种，其中西藏170种，占世界杜鹃花品种的1/5，分布在色季拉山的则有25种。尤其值得一说的是，在色季拉山，从海拔1700米至5500米范围内，到处都分布着杜鹃花，杜鹃花的面积达1000平方公里以上，即便放诸全世界，也找不出第二个地方可以和它一比高下。由于海拔差异影响，色季拉山杜鹃花的开放时间略有不同，每年4月—6月，从山脚到山顶，杜鹃花渐次开放。进入6月份后，整座山上的杜鹃花几乎全部开放，黄色、白色、紫色、深红、浅红、粉红，一片花的海洋在阳光下热烈地涌动。这灿若云霞却比云霞更为真实的花阵，常常使面对它的人联想起生命和青春这样的永恒主题。

色季拉山垭口附近有一座被杜鹃花簇拥的观景台，据说，这里是眺望南迦巴瓦峰的最佳地点。南迦巴瓦峰曾被《中国国家地理》评为“中国最美的山峰”，它距色季拉山垭口直线距离不到100公里，是喜马拉雅山东端的最高峰。藏语里，“南迦巴瓦”意为“直刺蓝天的战矛”，这根战矛长达7782米，在世界高山龙虎榜中坐第15把交椅，也是7000米级极高山中的老大。南迦巴瓦峰呈巨大的三角形，由于长年云雾缭绕，难得一见真容。即便是在号称最佳观测点的色季拉山垭口，要想一睹神山风采，也既需要耐心的等待，更需要上佳的运气。正因为难得一见，当地人认为，能够亲眼看到南迦巴瓦峰真容的人，就是被幸运之神抚摸过脑门的、离幸福最近的人。

位于色季拉山垭口以西的本日拉山，是西藏本土的古老宗教本教的圣地。由于众多信徒的朝拜，色季拉山也成为西藏的四大神山之一。每年，来这里转山的人络绎不绝，这些来自四面八方的信徒，为了心中虔诚的信仰，不辞舟车劳顿甚至徒步或叩着等身长头来到这里。每逢藏历八月十日，这里还要举行一次规模盛大的转山活动，称为“娘布拉酥”——意为“请神求宝”。藏传佛教各派系和本教都倡导转山，但在转山的顺序上却大有区别：藏传佛教各派系是顺时针，而本教则是逆时针。

看来，浪漫的杜鹃、威严的南迦巴瓦和神秘的本教神山，这三者使得色季拉山显得有些远离人间烟火。但事实并非如此。站在色季拉山垭口，朝与南迦巴瓦峰相反的另一个方向望去，我眺望到了最美丽也最生动的世俗生活图画，那就是大有欧洲乡村景象的鲁朗。

鲁朗位于色季拉山垭口西端山脚，海拔3000多米。以巍峨的雪峰为背景，这里林木茂密，杂花生树，林地与林地之间，点缀着一块块肥沃的草地和耕地。草地上，修饰着若干不知名的黄色野花，牛羊走动，牧人轻歌。起伏不大的山丘上，则分布着一座座白墙灰顶的民居。正是日落时分，从这些民居顶上升起了一道道白色的炊烟，它们自由而舒缓，如同一首首婉约自在的宋词。

米拉山：西藏江南的缔造者

距今50多年前的20世纪50年代初，一支衣衫褴褛的部队从四川出发一路向西，他们逢山开路，遇水搭桥，在亘古以来人迹罕至的高山雪原上，硬生生地开凿出了一条崎岖起伏的公路。在不长的时间里，这条被藏区群众称为五彩路的公路便延伸到了西藏腹地。一天，当这支部队的最高首长站在一座高峻的大山垭口回望来路时，忍不住热泪盈眶。他对手下将士感叹：“快到拉萨了，但谁以为我们是来拉萨享福的，那就大错特错了，我们是为西藏人民打长工来了。”这支部队，就是英雄的十八军；这位首长，就是十八军军长张国华将军；这座让他感慨万千的大山，就是米拉山。张国华将军明白，作为川藏线上的最后一个大障碍，一旦征服了米拉山垭口，也就进入了平坦的拉萨河谷，修建川藏公路也就基本大功告成。

对于今天顺着318线进藏的旅人来说，当他们历尽千辛万苦抵达米拉山垭口时，余下的路途也将从此变得平坦和安宁，如同激情四射之后复归的娴静与淡然。可能正是基于这一原因，米拉山垭口比其他任何大山的垭口都更引人注目——这里悬挂的经幡远远超过其他垭口，以至于在重叠飘飞的经幡遮掩下，找来找去，我竟然无法找到米拉山垭口的石碑，倒是旁边一尊雪域高原的标志动物牦牛的石像傲然挺立，独立在5000多米高原的风雪中。

米拉山又称“甲格江宗”，意为“神人山”。从行政区划上看，它地处工布江达县境内，与墨竹工卡县相界；从地理位置上看，它横亘于东西向的雅鲁藏布江谷地之中，从而成为雅鲁藏布江东西两侧地貌、植被和气候的重要界山。米拉山之西属于拉萨地区，米拉山之东属于林芝地区。众所周知，林芝温和湿润，能生长许多西藏其他地区根本无法生长的植物，由于气候宜人，物产丰饶，向来有西藏的江南之称。而米拉山，正是美丽的西藏江南的缔造者：从比青藏高原纬度更低的印度洋上吹来的暖湿气流，顺着雅鲁藏布江这个天然通道长驱直入，当它一直行进到米拉山时，被南北走向的米拉山像一扇门似的挡住了。于是，这些暖湿气流不再西进或北上，而是在林芝地区形成降水，从而使得林芝地区长年笼罩在来自热带、亚热带的雨水中，它原本因海拔较高而干燥的气候从而得以改变。气候的改变，则意味着植物和动物的迥然相异——山之东气候温暖潮湿，利于植物生长，因而植被茂盛，松木、桦木、冷杉等树种构成的森林里，生息着獐子、羚羊、狗熊等动物，也生长着天麻、贝母、三七等珍贵药材。与林芝仅仅一山之隔的拉萨地区，没有了来自印度洋的暖湿气流，从而变得干燥寒冷，不仅没有林芝那样丰富的动植物资源，就连山体也浑圆低矮，而且岩石松动，易于滑坠。

米拉山同时还是拉萨河与尼洋河的发源地和分水岭。与内地江河的分水岭不同，青藏高原的分水岭除了分割水系，让它们泾渭分明外，其冰雪融水，还往往是这些江河最原始的动力。米拉山亦如此。米拉山连绵的群峰上冰雪皑皑，其实就是一座座储量惊人的立体水库，拉萨河和尼洋河就从山间开始了最初的孕育。至于5020米的米拉山垭口，则充当了拉萨河和尼洋河的分水岭，在它斗折蛇行的山脊两侧，拉萨河和尼洋河像两个业已长大成人的兄弟要各立门户一样，它们也必须分道扬镳，踏上属于各自的漫漫征途。

甘巴拉山：让羊卓雍湖遭遇雅鲁藏布

甘巴拉山位于拉萨西南，也就是说，它不属于川藏线，而是318线拉萨以西的第一座大山。

很多人知道甘巴拉山，并不是他们与这座青藏高原深处的大山有过一次亲密接触，而是因为一个被中央军委命名为“甘巴拉英雄雷达站”的团队。在甘巴拉山垭口之上，在5000多米的生命禁区，世界上最高的人控雷达站已经存在了40多个年头。军队上的几位作家为这个小小的雷达站写了站歌，还把这里的故事编成影视，于是乎，甘巴拉山渐渐有了响亮的名声。在甘巴拉峰顶，我找到了一块花岗岩石碑，上面刻着：

“甘巴拉雷达站”组建于1965年10月，世界最高人控雷达站，H5374米，年降水量280mm，最大风力11级，温度变化−35℃至15℃。

藏语里，“甘巴拉”意为“不可逾越的山”。垭口以上的空气含氧量不足海平面的一半，每年有9个月要刮8级以上大风，最冷时气温可达−40℃。当地人编了几句顺口溜，道是：“甘巴拉，甘巴拉，伸手把天抓；地上不长草，风吹石头跑；一步三喘气，四季穿棉袄。”这看上去很夸张的描述，其实就是甘巴拉的真实状况。

仿佛是对经历了这种严酷考验的居留者和旅行者的回报，甘巴拉山垭口在风雪交加、气候严寒的同时，也是一个风景殊胜之地。越野车1

个小时的爬升，公路已经高高飘起。在4990米的甘巴拉山垭口，回顾来径，黑色的路面在群峰之间起伏蛇行，时而隐进树林，时而拐出山谷。透过淡淡的雾气面南而望，能望到不远处有一片躲藏在白色雪山之间的蔚蓝。那是一汪湖，青藏高原上无处不在的湖。只是，与其他大多数湖相比，甘巴拉山垭口以南的这个湖更加美丽，也更加声名远播。因为它是与纳木错、玛旁雍错并称为西藏三大圣湖的羊卓雍湖。

从高空俯瞰，羊卓雍湖形如一只多臂的章鱼，它的每一条手臂都又弯又长地伸进2座或3座雪山之间，因此，被羊卓雍湖这只章鱼搂在怀里的大大小小的雪山数以十计。从它的这一特点我们能判断出：羊卓雍湖的湖水来自于周围的雪山融水，而卓然独立的甘巴拉山，正是羊卓雍湖最主要的水体补给者之一。作为喜马拉雅山北麓最大的内陆湖，羊卓雍湖向来有“西藏鱼库”之称，湖内鱼藏量达 8 亿公斤以上，全国每人均分1斤多还有余。丰富的鱼类引来了大量飞禽，因此羊卓雍湖也是藏南地区最大的候鸟栖息地，每值群鸟飞临，湖岸及几十个湖心岛都成了鸟的天堂。

以甘巴拉山垭口为对称轴，与羊卓雍湖南北呼应的是另一个著名的水体：雅鲁藏布江。20世纪80年代，许多人注意到了甘巴拉山两侧的对称，这著名的一湖一江之间只隔着一座拔地而起的甘巴拉山，直线距离仅仅8~10公里，落差却高达800多米——羊卓雍湖海拔4400米，雅鲁藏布江则只有3000多米。这种奇特的地理构造引发了许多人的奇想：倘若在甘巴拉山中部开凿一条隧道，把羊卓雍湖的水引向低处的雅鲁藏布江，不就能建设一座大型水电站吗?

时至今日，20多年前的这种奇想已成为活生生的现实——羊卓雍湖电站已屹立在甘巴拉山间。与一般水电站不同，作为全中国乃至全世界海拔和水头最高的水电站，羊卓雍湖水电站具有抽水和蓄能双重功能：在拉萨电网负荷高峰时放水发电，在拉萨电网负荷低谷时抽水入湖，以此保证羊卓雍湖的水不会因发电而越来越少。

当南来北往的车辆从风雪飘飘的甘巴拉山垭口经过时，他们肯定不会想到，就在他们脚下，就在甘巴拉山腹地，羊卓雍湖和雅鲁藏布江正在进行着最为亲密的交流。科技改变了人类生活，从而也改变了山川地貌。

优弄拉山：萨迦政权的生命走廊

如前所述，对于雪山四合、高原兀立的青藏高原居民来说，一个个垭口的存在，无疑为封闭的生活打开了一扇窗口。千百年来，那些永远被风雪和严寒包裹的垭口，它们不仅是地理上的界山和分水岭，更是最为重要的文明通道。从这些垭口经行的远去者的背影中，有那么一些背影，曾深刻地影响了西藏的历史和未来。

1245年，中原大地上正是蒙元崛起、南宋衰落之时，成吉思汗的子孙们正骑着骏马，挥着弯刀四处出击。这一年夏天，一队小小的人马从位于后藏的萨迦出发，前往雪域中心拉萨。在离开萨迦之后，他们翻越了这次长途旅行中的第一座垭口，那就是后藏和拉萨之间的门户优弄拉山。

历史上，日喀则及其统率地区被称为后藏，而优弄拉山，则位于日喀则以西，处于后藏的后方，这座地处喜马拉雅山和雅鲁藏布江之间的山峰，自古以来，就是从拉萨和日喀则通往萨迦以及更为遥远的亚东等地的必经之路。

在1245年翻越优弄拉山垭口的那支队伍中，有一个只有10岁的孩子，他是跟随自己的伯父加入这次远行的。这支远行的队伍在拉萨略事停留后，继续马不停蹄地前往甘肃凉州（今甘肃武威），在那里，他们晋见了成吉思汗的孙子阔端，并和阔端达成了西藏归顺蒙元的条件。这个和阔端达成条件的人，就是萨迦派领袖萨班，而那个跟随他翻山越岭的孩子，就是后来大名鼎鼎的八思巴。

萨迦派是藏传佛教的一个分支，由日喀则西南仲曲河谷一个叫贡却杰布的新兴封建农奴主创立。此人自称是吐蕃王朝贵族昆氏的后裔，并于1073年在他的家乡修建了一座寺庙，广招僧徒，传习佛法，由于这座寺庙周围的土壤呈灰白色，人们便把它叫作萨迦寺——藏语里，“萨迦”就是“灰土”的意思。萨班用他良好的医术治好了阔端的老毛病，从而深得阔端信任。此后，精通佛法、聪明过人的八思巴继续得到了元朝皇帝忽必烈的宠信——忽必烈先是封八思巴为国师，赐以玉印。后来，1264年，当忽必烈迁都北京后，他下令在中央设立了掌管全国佛教事务和藏族地方行政事务的总制院——后改名宣政院，八思巴以国师身份兼管总制院，从而成为西藏历史上第一位出任中央政府高级官员的藏族人。

八思巴在蒙元中央政府前后服务了8年，1268年，这位远行的游子在浓烈的思乡梦中重返雪域，忽必烈派出3位中央政府官员与他同行，并顺带对西藏人口进行了调查，这也是中央政府在西藏地区进行的第一次人口调查。

在这次人口调查的基础上，元朝中央政府在萨迦设立本钦一名，由帝师提名，皇帝批准任命，全权负责西藏地区的政务。本钦以外，设置宣慰使、安抚使、招讨使、万户和千户等各级官员，负责管理当地军政事务。元朝中央政府在西藏地区共设有13个万户，明令以八思巴所在的萨迦为13个万户之首。

正是依靠蒙元统治者的信任，原本偏处一隅的萨迦派成为西藏的合法政府，并建立起了西藏历史上第一个政教合一的政权。由于这个政权的中心位于后藏萨迦，因此从北京、拉萨和日喀则通往萨迦的道路比以往任何时候都更繁忙，而优弄拉山垭口，也比其他任何垭口更为重要。从某种意义上讲，它一度成为可以影响萨迦政权存亡的生命走廊。

终元一代，萨迦派都得到了中央政府的坚决支持。萨迦不仅是宗教上的圣地，也是统治西藏广大地区的首脑机关。忽必烈曾下令在全藏地区设立了27处驿站，这27处神经元般分布在雪域高原的驿站，把西藏和中原紧密地连接在了一起，原本遥远偏僻的萨迦，也由这些驿站把它和拉萨、北京联系在了一起；而海拔4500米的优弄拉山垭口，它既是由萨迦出发的僧侣们的传教之路，也是由萨迦任命的官员们的赴任之路；同时，它还是那些为了经济效益而不辞辛苦的商人们的商旅之路。归根到底，它是一条辉煌了将近一个世纪的文明之路。

嘉措拉山：眺望极高山的观景台

嘉措拉山常常和我们这颗蓝色星球的制高点——珠穆朗玛峰联系在一起，因为，凡是打算从珠峰北坡登顶者，他们前往这座世界第一峰的必经之路就是嘉措拉山，因而，嘉措拉山就是珠峰的门户。如果说珠峰是一首气韵悠长的交响乐，那么嘉措拉山就是这支交响乐的过门，虽然短暂且不起眼，却也是构成交响乐的必不可少的组成部分。

嘉措拉山垭口既是拉孜县和定日县的行政分界线，也是雅鲁藏布江和朋曲河的分水岭。与大名鼎鼎的雅鲁藏布江相比，朋曲河名声很小，但它其实也是一条国际性河流，这条发源于西夏邦玛峰，从嘉措拉山麓流过的河流，它从中国流入尼泊尔，再流入印度，是孕育了印度文明的恒河的支流。

嘉措拉山垭口地势平坦，一座简陋的牌坊横在公路上方，上面醒目地写着“您已经进入了珠穆朗玛国家级自然保护区”。牌坊旁边有一块几乎所有大山垭口都会出现的标志牌，上面写着“嘉措拉山海拔5252米”。与周围那些七八千米级的极高山相比，5000多米的高度当然不算什么，但与一般的大山垭口相比，5252米已是相当高的高度。在从拉萨到尼泊尔首都加德满都的900多公里路途中，嘉措拉山垭口是旅行者所经行的最高点。

俗话说，站得高，看得远，正是嘉措拉山垭口挺拔的高度，以及身处极高山环绕之中的近月楼台之便，使得它成为观看世界最高峰的最佳地方之一。我们抵达垭口那天，恰好赶上了一个天气晴好、阳光灿烂的好日子，站在垭口向南眺望，天边一排排雪山如同白色的波浪起伏在云端，其中形如金字塔顶的最巍峨的那一座，就是珠穆朗玛峰。其实，在嘉措拉山垭口，不仅可以眺望到珠穆朗玛峰，如果运气足够好，还可以眺望到8201米的卓奥友峰、8516米的洛子峰和8463米的马卡鲁峰。在同一个垭口能够眺望到4座8000米级的极高峰，这在318线甚至全世界所有公路翻越的垭口中，都是绝无仅有的。

由于空气纯净，加上阳光灿烂，高原上的能见度好得超乎寻常，它使得你在眺望那些远处的东西时往往会产生一种错觉：它离你很近，近得触手可及。比如从嘉措拉山垭口眺望珠穆朗玛峰时就是如此。这座世界最高峰仿佛就在伸手可及的前方，我似乎能清晰地看到北坡的冰川与裂谷。但事实上，嘉措拉山垭口距离珠峰还有上百公里。

登上嘉措拉山垭口，就算进入了珠穆朗玛自然保护区，垭口的牌坊、玛尼石和风马旗都成为远道而来的游人们最值得拍照留念的标志，劲风凛冽的垭口常有车辆停下来。在当地人看来，这是一个可以提供商业的机会：不少当地人拢着衣袖站在垭口，大人向游人兜售从山谷中捡来的蘑菇，小孩则身着地道的藏装，陪客人拍照。可以肯定，这些生活在极边、极高、极寒地区的人们，他们从来不会产生“生活在别处”的怀疑，对他们来说，生活就在这里，在珠峰美丽的夕光下，在嘉措拉山垭口呜呜作响的风雪中。

通拉山：通往南亚次大陆的门户

沿着318线一路风餐露宿，我们终于抵达了通拉山。位于聂拉木县境内的通拉山垭口，标志着漫长的318线到此已快画上一个圆满的句号，很快就要走到尽头了。通拉山既是318线上的最后一个垭口，也是自古以来由西藏通往南亚次大陆的门户。

在日喀则札什伦布寺里，保存着一方古老的石碑，这块石碑被称为重修关帝庙碑，碑文记载了地处中尼边境的通拉山垭口发生的一桩历史往事：乾隆五十六年秋天，廓尔喀（即今尼泊尔）当局以僧人沙玛尔巴为内应，暗中派兵进攻札什伦布寺，企图劫掠寺中财物。札什伦布寺僧兵及附近居民因事发仓促，一时间四散逃走。都司旭南鹏率绿营兵七八十人据险坚守，廓尔喀军队攻打了8个昼夜也未能拿下这座算不上多么坚固的寺庙，最终只得悻悻撤军。在从札什伦布寺返回廓尔喀途中，行经通拉山垭口时，这支军队遭遇了可怕的暴风雪，以至于“众贼僵毙，不可胜计”。次年，清军将领福康安率军进藏，七战七捷，廓尔喀举国震慑，不得不纳表称臣。事后，西藏军民以为廓尔喀军队在通拉山垭口遭遇雪灾，乃是关帝显灵，于是为关帝重修庙宇，再塑金身。

我们今天再来解读这篇碑文，显然，廓尔喀军队遭遇的暴雪，与虚无缥缈的关帝毫无关系，而是仅仅说明通拉山气候恶劣多变，常常给山中的经行者带来不测的灭顶之灾。从拉萨到日喀则，再从日喀则到拉孜、定日和聂拉木，这不仅是今天318线所经行的路线，也是多年以来形成的西藏通往尼泊尔和印度以及更远的中东地区的主要通道，5100米的通拉山垭口，则是这条通道的必经之地。

可能正是因为通拉山过于艰险，从而成为了中尼、中印通道上的天堑。在唐代，人们往往绕道比通拉山垭口更西的吉隆，沿着相对平缓的吉隆河谷出境，当然，这种平缓要付出多走几百公里的代价。在今天的吉隆县城附近的一条山沟中，有一方距地表数米高的阴刻碑文，碑文已风化残缺，但大致还可解读，它记述的是唐高宗显庆三年（658年），唐政府派出王玄策和刘仁楷一行出使天竺（今印度）时途经此地，留下了这些文字。这两位杰出的唐代外交家兼探险家，有意避开了难以逾越的通拉山垭口——可以想象，在距今1400年前的唐代，在落后的技术条件下，要想翻越通拉山垭口，的确是一桩不可完成的任务。

明清以降，经行通拉山垭口的路线才渐渐成为前往南亚次大陆的首选。咸丰年间，廓尔喀政府向清政府提出派兵帮助攻打太平天国，虽然清政府拒绝了，但廓尔喀却宣称没及时得到清政府的回复，军队已经派出，清政府必须为此赔偿军费。以此为理由，廓尔喀军队又一次侵入西藏，并占领了边境要地聂拉木。清政府得报后，令西藏地方军队及僧兵2000人驻扎于通拉山。雄伟高峻的通拉山大有一夫当关、万夫莫开之势，正是这2000名及时扼住通拉山垭口的中国军队，使得廓尔喀当局不敢再越雷池一步，只得主动提出和谈。

有了现代化的交通工具之后，通拉山已不复当年的天险，但仍然可以看出其重要的战略意义。318线在翻越了通拉山垭口之后，一直到中尼交界处，几乎全都是下坡。从通拉山垭口到边境小城樟木镇，距离虽然只有几十公里，海拔高度却从5000多米下降到了2000多米。高达3000多米的落差，给我们带来了极大的不适，耳朵里像堵了两团棉花，面对面说话也得大吼大叫，与此相伴的，还有头脑发晕，胸口发闷。不过，公路两旁变化多姿的景观算是给了我们另一种安慰：两个多小时里，车窗外已从通拉山垭口的白雪变成了漫山遍野的碧绿，一条条瀑布直泻山崖，蒙蒙的烟雨和高大的阔叶树木使得樟木这个悬挂在山间的小镇一派生气。这种典型的亚热带景象，一时间让我忘记了自己身在何处，只有不时可以看到的来自尼泊尔的商人和汽车在不断提醒我：这里是遥远的边陲，这里是318线的终点。我翻越了一座又一座大山，穿行了一个又一个垭口，才终于来到这美丽而陌生的异乡，迎面吹来的，已是来自印度洋的热风。

旧物新缘

在石桥村后的青山上，

到处都是绚丽的，

不知名的野花，

它们生机勃勃的样子，

总是让人想起那些生长在民间的古老技艺——

比如手工制作构皮纸。

追寻杨贵妃的荔枝

大帝国的小细节

公元8世纪，地球上有3座雄伟的首都，它们分列于近东、中东和远东，也就是东罗马帝国首都君士坦丁堡、阿拉伯帝国首都巴格达和唐朝首都长安。这3座雄伟的城，沐浴着蓝星球上浩荡的天风，隔着阻隔的万里关山，像三个遥相呼应的巨人。与君士坦丁堡和巴格达相比，位置最东方的长安还要胜出一筹。当欧洲大陆还只有一些零乱的古堡，英伦诸岛还是野蛮人的乐园，新大陆还要等上几百年才被剽悍的航海家们发现时，长安这座东方古城早已是无可争议的全球第一大都市。

1957年，中国科学院考古研究所组织专门的唐城发掘队，开始规模宏大的发掘工作。经过4年多的辛勤劳动，一座隐没于历史视野之外多年的古城出现在20世纪的阳光下。勘测结果证明：唐代长安城周围70多里，比今天的西安旧城（即明清时的西安城址）大5倍以上。至于向来被人称道的北京旧城，其面积也仅和长安相差无几，而长安却要早上它好几百年。这座一梦千年的古城，承载的是后人艳羡不已的大唐华章，那庞大的规模显示，在它极盛时，这里的居民至少也在100万以上。种种史料表明，作为当时已知世界的中心城市，长安城里居住着大量来自中亚、东亚、南亚，以及欧洲的外国人。那时候，能够称得上世界城市的，只有长安一座。大历史学家汤因比感慨说：“长安是旧大陆文明中心所有城市中最具世界意义的城市，在这方面超过了同时代的君士坦丁堡。”

8世纪之初，中国正值史家们称道不已的盛唐，也就是人们耳熟能详的开元盛世。关于开元盛世的盛况，曾有过亲身体验的杜甫多年后作诗称："忆昔开元全盛日，小邑犹藏万家室。稻米流脂粟米白，公私仓廪俱丰实。"后世的史家们对这个时代的回忆与总结更是饱含激情与梦想，《世界史纲》作者、英国学者韦尔斯说："七八世纪，中国是世界上最安定最文明的国家，当时欧洲人民尚处于茅舍坞壁的宗教桎梏之境，而中国人民的生活已经进入安乐慈爱、思想自由、身心舒爽的境域。"周时奋先生则总结说："盛世其实就是一种集体无意识的满足感，一种在物质充盈前提下心境的宁静与自豪，一种无处不在的、仿佛触摸得到的富裕、繁荣和安全感。"

这些大家们的言说，无不高屋建瓴；但我以为，要想最直观、最能见微知著地体现盛唐雄风和这个伟大帝国的物力人力，其实只需一种水果就够了。如果把开元盛世比作一台气象万千、极尽奢华的宴席，那么这水果至多只能算宴席上一道微不足道的甜点，但是，正如微不足道的甜点也能真实生动地反映宴席的品质一样，这水果，作为一个伟大帝国的生动细节，也隐约地展示了帝国的冰山一角。后人能够凭借这水果，把想象的探针伸向那个逝去了的辉煌时代。因此我们或许可以断言：这水果和一个仪态万方的美人、一个浪漫多情的皇帝，共同书写了大唐帝国的千古传奇。

来自南方的尤物

这水果就是荔枝。荔枝原名离支，关于它的最早记录，出现在西汉作家司马相如的《上林赋》中。其名字的由来，唐人宋应解释说："此木结实时，枝弱而蒂牢，不可摘取，必以刀斧剥取其枝，故以为名。"

海南和广西地区的野生荔枝林直接表明，中国就是荔枝的原产地。作为一种热带水果，荔枝主要生长在北纬18°~28°，也就是我国南方的海南、广西、广东、福建和四川等地。历史上，由于荔枝产地远离中原，这些地区大多交通不便，因此，一直要等到西汉初年，姗姗来迟的荔枝才由边疆进入内地，中土人士才得以品尝它的甘美。据史料载，西汉初年，割据今天两广一带的南越王尉佗把荔枝当作珍品向汉高祖进贡，这可能就是内地人第一次接触到这种来自南方的果实。皮薄色艳、肉厚汁丰的荔枝，像一个来自南方的尤物，立即吸引了内地人好奇的目光。此后，到汉武帝执政期间的元鼎六年，汉军攻破南越都城，南越王投降，结束了长达百年的割据。当汉军把南越王宫多年的收藏全作为战利品运往长安时，也没忘了把原产南越所辖的交趾一带的荔枝树苗一并运往长安。有一个细节透露了包括汉武帝在内的帝国要员们对荔枝的极度看重：汉武帝下令，修建了一座专门种植奇花异草的宫殿，宫殿名字就叫扶荔宫。但是，这座扶荔宫并没有如汉武帝所希望的那样，在夏天结出浅红色的荔枝。这些大老远从南方运来的荔枝苗不久就全部死掉，无一生存。汉武帝时代大约没有农学家，不懂得荔枝对气候和土壤有特殊要求，于是乎接下来的几年里，年年都要从遥远的南越往长安搬运荔枝苗。在绝大多数荔枝苗先后枯萎而死之后，扶荔宫中只留下了唯一的幸存者。这株硕果仅存的荔枝虽然春天不开花，夏天不结果，汉武帝仍然视若珍宝。不料，就是这唯一的一株荔枝，最后也死掉了。为此，汉武帝龙颜大怒，竟下令把负责管理扶荔宫的数十名官员悉数处死。

荔枝的绝妙口感，加上产地遥远，一枚难求，因而中原才对荔枝视若珍宝。大约从唐代开始，荔枝更为广泛地进入宫廷和达官贵人府第，但即便是权倾天下的皇室，或者享尽人间富贵的王侯将相，也只能偶尔有几颗解解馋而已，不可能像后来苏东坡被贬到岭南那样“日啖荔枝三百颗”。正因物以稀为贵，荔枝才被文人们奉为“人间第一至味”和“水果之王”。东汉文人王逸在他的《荔枝赋》中，极尽对荔枝的赞美：“修干纷错，绿叶蓁蓁，灼灼若朝霞之映日，离离若繁星之著天……口含甘液，腹受芳气。兼五滋而无常主，不知百和之所出；卓绝类而无俦，超众果而独贵。”唐朝宰相张九龄因身份特殊，得以经常进出内廷，蒙皇上垂爱，赏赐他吃过几回荔枝。张九龄把荔枝的美味讲给朋友们听，朋友们竟然不相信，张九龄于是煞费苦心地专门写了一篇《荔枝赋》作知识普及。

遍数历代名人与荔枝的关系，最为大众所熟知的，非杨贵妃莫属。其原因，大抵由于杜牧那首流传千古的绝句："长安回望绣成堆，山顶千门次第开。一骑红尘妃子笑，无人知是荔枝来。"

杨贵妃和唐玄宗的爱情故事，自白居易的《长恨歌》以降，一直深入人心，成为中国家喻户晓的著名典故之一。为了讨心爱的女人的欢心，唐玄宗不惜千里迢迢，从遥远的南方为她运送新鲜荔枝。千年之后，到底是玄宗因溺爱贵妃而误国，还是每个王朝都有其盛极而衰的大道周行的轨迹，这已是见仁见智的事了，独有杨贵妃对荔枝的钟爱，还被人津津乐道。

白居易在四川出任南宾（即今重庆市石柱县）太守时，当地出产荔枝，大饱口福之余，他特意令画工绘制了荔枝图，并亲自作序。这篇序中，他总结了荔枝的保存时限：若离本枝，一日而色变，二日而香变，三日而味变，四日五日外，色香味尽去矣。也就是说，在杨贵妃时代，荔枝的保鲜期不超过5天。长安及其附近皆不产荔枝，荔枝必须来自南方，这盛产荔枝的南方，大抵不外乎以下几处：福建、两广、四川。关于杨贵妃与荔枝的故事，最权威的史料《新唐书·杨贵妃传》中有记载，可惜没言及荔枝来历，而仅仅说："妃嗜荔枝，必欲生致之，乃置骑传送，走数千里，味未变，已至京师。"那么，现在留给我们的问题就是：杨贵妃为之一笑倾城的荔枝，到底来自哪里？

遍布帝国的神经

要了解杨贵妃钟爱的荔枝来自哪里，必须先了解唐代及整个古代中国的交通状况。只有在对彼时的交通状况有了一个充分的洞察后，我们才能更加真实地打探到来自杨贵妃喜爱的荔枝的消息。

先秦以前，诸侯分据，各个国家地盘都不大，由首都到治下各地的距离也不算遥远，因而没有一个成制度的国家交通体系。到秦始皇统一中国，一个完整的大帝国横空出世，要使政令统一，一个必要的前提就是从帝国首都到最遥远的边疆之间，都必须有强有力的手段保证政令畅通。这时候，作为帝国统治手段的一个重要组成部分——驿站——应运而生，并在中国延续了2000年。

从秦到唐，时间过去了将近1000年，而驿站制度也在这将近1000年里，改进得更为合理。史料称，唐朝的驿站制度主要沿袭汉朝，30里一置，也就是说，全国各地被称为官道的主要交通线路上，每间隔30里，就必然设有一处驿站。据统计，从唐朝初年到唐玄宗时期，全国一共有1639个驿站，其中水驿260个，陆驿1297个，水陆兼备的驿站则有86个。据此估算，唐玄宗时代从事驿站工作的人数约在20000以上。唐玄宗所开创的开元盛世，乃2000年封建史的全盛期，其时国力强盛，体现在驿站上，则表现为“驿与传合一”，驿取代了旧日的传舍，其任务由过去只传递紧急文书，扩大到接待、运输等方面。驿站的功能与作用侧重于10个方面：“中央与地方之间的公文书信，……紧急军情的报告，……官员赴任，派遣官员前往怀柔少数民族、平息内乱或镇压农民起义，……贡品运输；小件物品运输。”（《中国古代邮驿史》）总之，驿站这种贯穿古代中国之始终的制度，在唐代得到极大发展，唐代的驿站也比此前任何时代都更为发达。

在发达的驿站体制下，这些宛如神经的驿路把帝国的心脏长安和帝国版图的每一个角落紧密联系在了一起。自古代始，驿卒所骑乘的驿马，都要在马脖子下悬挂一个特殊的铃铛，以便当驿卒还在马上飞奔时，下一站的工作人员就能够远远地听到铃声，开始提前做好准备，从而把要传达的旨令或是要运送的小件物品，以最快的速度接力赛般送往下一站。

这种忙碌而有序的景象，在古代中国乃司空见惯的日常景象。在驿站最多、驿路总里程最长的唐代，当时的许多诗人都把它写进自己的作品，从而以另一种更生动的形式给我们留下了历史的鲜活资料，如王维的“十里一走马，五里一扬鞭”，岑参的“一驿过一驿，驿骑如星流”，赵嘏的“凫鹭声暖野棠春，鞍马嘶风驿路尘”。

国家对驿站的管理，不仅是在各地均匀地设置驿站，同时也用法律的方式，明确规定了驿站在传送文书时的速度。查有关史料，可以获知唐朝对驿站速度的要求：普通公文和物品，一昼夜行程90公里；紧急公文和物品，根据其紧急程度的不同，一昼夜行程从150公里至最高的250公里均有。我们在读一些历史小说时，常看到所谓八百里加急文书之说，就是指通过驿站这个网络，以一昼夜行程400公里（即800里）的速度传递而来的最紧急公文。但在唐朝，驿站还没有这样的速度，他们的最快速度是日行250公里。

在明确了杨贵妃时代人类速度的极限只能是每昼夜等于或小于250公里，以及美人喜爱的荔枝只可能来自福建、两广和四川这几个前提之后，我们方可通过估算的方式得出结论，即只有从距离长安最近的地方采摘下来的荔枝，才能由四蹄翻飞的驿马在古老的驿路上风雨兼程，以便赶在这些精美而脆弱的果实香消玉殒前，运抵位于帝国腹地的长安，赢得美人嫣然一笑。

荔枝的三个老家

由于最权威的新旧《唐书》都提到了杨贵妃嗜爱荔枝，却没有明言这些荔枝来自何方，因此多年以来，几乎每个盛产荔枝的地方，都企图把自己和杨贵妃联系在一起。然而我们可以确定的是，尽管候选者众，但真正胜出的只有一个；尽管疑似地方不少，但真实的地方也只有一个。

其一乃福建说，即杨贵妃的荔枝来自福建。福建荔枝以一种叫陈紫的品种最为有名，宋代，一个叫蔡襄的福建人写有一部荔枝专著，认为福建所产荔枝天下第一，所产之地则“福州最多，而兴化军（今莆田市）最为奇特，泉漳亦知名”。打量今天的中国地图，你会发现，福建和长安（西安）之间隔着江西、湖北两省，而两广则和长安隔着湖南、湖北两省。表面看，福建和两广到长安的距离似乎差不多。但其实不然——杨贵妃时代既没有从空中直线飞越的飞机，也没有翻山越岭相对走近路的汽车和火车。查阅唐代的“国家地理”——官员李吉甫呕心沥血写作的权威著作《元和郡县志》可知，唐代从福建一带前往长安，其经行的路线需绕行浙江、江苏、安徽、河南，大致路线则是福州—温州—宁波—绍兴—杭州—苏州—常州—扬州—淮安—盱眙—宿县—商丘—开封—郑州—洛阳—灵宝—潼关—长安。如此一圈折腾下来，即便以每天250公里的速度昼夜兼程，恐怕也得在10天以上。依白居易先生的说法，荔枝最多只能保存5天，而10天之后的荔枝，显然已不值一品。因此，即便是因出于谁不说俺家乡好情结而对闽中荔枝赞不绝口的蔡襄，也没说杨贵妃的荔枝来自福建，而是替杨贵妃惋惜，感叹她贵为皇妃，却没口福吃到福建荔枝。

其二乃两广说，即杨贵妃的荔枝来自两广。为这种说法提供最原始依据的是唐人李肇的《国史补》，李肇写道：“杨贵妃生于蜀，好食荔枝。南海所生，尤胜蜀者，故每岁飞驰以进。”所谓南海，即南海郡，郡治在番禺，也就是今天的广州。不论唐代还是今天，广东的荔枝都以增城、从化、茂名和湛江等地为盛，其中茂名乃荔枝原产地之一。广东荔枝中最知名的品种“妃子笑”，其得名据说就是当初杨贵妃曾拈果微笑。广西则以北海、容县、藤县、百色等地最为盛产，其产量和品种仅次于广东，居全国第二。依旧是《元和郡县志》提供的宝贵历史资料，让我们得以清晰地画出杨贵妃时代从两广到长安的路线，以茂名为例，要先后经过广州、韶关，然后翻越崎岖起伏的大庾岭——此山一直是古时中原地区深入粤桂的天险，苏东坡从海南回中原翻越此山时，曾在岭上与一位老翁交谈，并为之感叹不已，作诗说：“问翁大庾岭上住，曾见南迁几人回。”越过大庾岭后，前往长安的路线折而向东，进入江西，经赣州抵达南昌——唐时叫作洪州，再由南昌经九江抵达武昌、汉阳，进而经安陆到随州，由随州西行进入陕西，直至长安。这一路程，比起从福建到长安，的确要稍短一些，但以每天250公里的行程，大约也需要9~10天，同样无法保证在荔枝色变味变之前把它安全地运抵帝国中心长安。因此，两广说同样经不起推敲。

持两广说者在意识到这一问题后，提出了两种假设：假设之一，杨贵妃所食的不是新鲜荔枝，而是用荔枝酿成的酒，这些酒在两广荔枝产地酿成后，再由驿路运到长安。但如果真的是荔枝酒，则不需要赶时间，那么无论如何也不会用加急文书的方式送往长安。假设之二，当荔枝成熟时，把整棵荔枝伐倒，连枝带叶全部运往长安。因为荔枝还长在树上，虽然荔枝树已砍倒，但比起从树上摘下的鲜荔枝，这一方法的保鲜期要长一些。但是，这种假设之所以不可能成立，原因有两个：其一，唐代的驿路不比今天的高速公路，许多路段都是穿行于莽莽丛林中的崎岖小径，一棵挂果的成年荔枝树，至少也有几米的枝干，这不能不给运输平添许多麻烦，也使得速度变得缓慢，它所增长的保鲜期和更缓慢的运输时间，两者相抵，完全不再有优势；其二，如果真是把整树荔枝运往长安，那么杜牧不可能说“一骑红尘妃子笑，无人知是荔枝来”。

其三乃巴蜀说，即杨贵妃的荔枝来自四川。我以为，这也是最接近历史真相的说法。巴蜀说虽然同样找不到正史上的证据，但比较严肃的野史则有明确记载，如成书于宋代的《鹤林玉露》就说：“唐明皇时，一骑红尘妃子笑，谓泸戎产也，故杜子美有‘忆向泸戎摘荔枝’之句。”此外，对家乡福建荔枝赞不绝口的蔡襄也认为，杨贵妃所食荔枝，就是来自四川。那么，这些荔枝到底是从四川哪个地区运往长安的呢？我认为，根据现有资料，只能断言来自四川，至于四川何处，则无法断言。我只能说，以下两个地方皆有可能，那就是四川涪陵（今属重庆）和四川合江。

暗香浮动的古道

只要不剥开荔枝的外壳，你几乎闻不到这种看上去色泽鲜艳的水果有什么气味。但是，在四川，有两条道路曾因杨贵妃的荔枝而变得暗香浮动，这是两条古老的交通要道，它们曾经是这个内陆的、四面俱山的省份与外界沟通的重要途径。

杜甫流落四川期间，曾游历到今天宜宾一带，在一次宴会上吃到了鲜荔枝，为此作诗说“重碧拈春酒，轻红擘荔枝”。当时的宜宾称为戎州，其所辖区域远较今天的宜宾市为大。在邻近戎州的州县中，居于其下游的合江是一个有2000年历史的古县，也是四川最重要的荔枝产地，而杨贵妃的荔枝，可能就是从这里运往长安的。杨贵妃乃四川人，其父曾在四川做过多年地方官，正是在四川吃过荔枝，故而杨贵妃对荔枝念念不忘，以至于才有后来的唐玄宗为博美人一笑而不惜劳民伤财。

合江荔枝中的名品有绛纱兰、乌泡、铊提等数种，此地为全世界最高纬度的荔枝集中生长区，果实成熟期比沿海的两广和福建晚两个多月，当沿海荔枝早已不见踪影，这里的晚熟荔枝方才渐次成熟。

合江地处长江之畔，历来为交通要道。当年，从这里摘下的荔枝，经由泸州、隆昌、资中、简阳，尔后直抵成都，再由成都向北，进入著名的古蜀道。李白曾感叹蜀道之难难于上青天，还说“尔来四万八千岁，不与秦塞通人烟”，其实这只是诗人的夸张之辞。历史上，从先秦起，虽有群山阻隔，但就在山与山的垭口间，有一条条连接起四川和陕西的秘密通道斗折蛇行。这条古老的道路从成都北上，经德阳、绵阳、梓潼，越过大小剑山，经广元棋盘关出川，然后沿着褒河过石门，越秦岭而达长安。为了杨贵妃心爱的荔枝，那些强壮的驿卒和驿马一站接一站地以每天250公里的速度飞奔，4~5天即可抵达长安。

多年来，合江民间一直流传着一种荔枝保鲜法，据说就是当年为杨贵妃运送荔枝而发明的：把刚摘下来的荔枝放进大竹筒内，再用湿泥把竹筒封上，这样便能以竹的生气使荔枝的保鲜期得以延长。在合江采访期间，我曾询问过从事了20多年荔枝研究的县农技站工程师沈先生，得到了他的肯定答复。当然，至于这是否真的就是从唐朝流传至今的民间保鲜术，则有待考证。

白居易的《荔枝图序》提笔就写道：荔枝生巴峡间。“巴”即今天的重庆，历史上一直属于四川，“峡”指三峡。当年白居易写作此文的南宾，即今天的石柱，就在重庆境内。这说明，重庆石柱一带，在唐代也是荔枝产地之一，虽然今天这些地方已很难找到荔枝的影子了。蔡襄认为，杨贵妃的荔枝就来自于四川涪州，即今天的重庆涪陵，而很长时间里，石柱都是涪陵下辖的一个县。

从涪陵运往长安的荔枝，经行的是另一条古道，这条古道甚至因为为杨贵妃运送过荔枝而被人改称荔枝道，其基本线路在明朝学者的著作中尚有明确标志，即涪陵—垫江—梁平—达县—通川—宣汉—魏家—通江—长石—镇巴—西乡—宁陕—长安。荔枝道全程约1000公里，其里程与合江到长安相差无几，费时也是4～5天。20世纪50年代修建的210国道，就沿着古老的荔枝道行进在秦巴山地的崇山峻岭之间。在万源县所属的长石乡境内，有一棵高达10余米的古松。这棵挺立在荔枝道旁的大树，据说已有1000多年历史，松树附近，曾是荔枝道上的一个古老驿站。许多年前，也许当这棵松树还是幼苗时，那些剽悍的驿卒们，就骑在急如电光石火的驿马上，背负着一个君王给予他的美人的恩宠之物，急急忙忙地从古道上飞奔而过。这些驿马和驿卒，在进行一场与保质期争分夺秒的接力赛。为了这色泽鲜红的小果实，这个叫大唐的帝国留下了它深刻而生动的背影。

洋浦盐田：阳光与海水的千古传奇

月光下的制盐工地

又逢农历十五。下午7点，中国南方的天还很亮，虽然太阳已经下山了，但落日的余晖纠集在又高又蓝的天空。与夕晖相对的海那边，一轮月亮正从海面浮起。十五的月亮又白又胖，像一个老成持重的世袭侯爵。明月，海潮，海湾里茂密的树林，其情其景，让人一下子就联想起唐代诗人张若虚那首名垂千古的《春江花月夜》描述过的情景：春江潮水连海平，海上明月共潮生。

但距离风浪乍起的海面不过几十米远的谭老汉对眼前的景致视若无睹。对这个在中国南方的海南省洋浦区盐田村生活了七十多年的农民来说，这些足以令游人骚动不安的美景，都不过是司空见惯的寻常物什。他当然不知道张若虚，也不知道《春江花月夜》，他只知道，得抓紧时间，以便在今夜的大潮涨起之前，完成必须完成的工作。此刻，他正弯着腰，站在一小块被当地人称为盐田的黑褐色的地里，用力挥舞手中的钉耙，一下接一下地向地面挖去。钉耙类似于电视剧里猪八戒的武器，上面布满尖利的铁齿，能够把脚下那些叫作盐泥的泥土耙得更加松软，细碎。

等到海面的月亮有一根竹竿那么高的时候，谭老汉的工作终于画上了句号。他扛着钉耙，满意地走到我们身边，用一块打了许多补丁的毛巾擦了擦额头的汗，双手接住我递过去的烟，就着我的火，重重吸了几口。然后，他轻轻吐出烟雾，用含混不清的当地方言说：“洋浦盐田，朝潮夕钱哪。”原来，他刚才所进行的劳作，就是沿袭千年的日晒制盐。

对我这样的冒昧闯入者，谭老汉已经见惯不惊。这说明，在我不远千里来到这个苏轼曾流放过的被称为儋州的地方之前，已经有许多好奇的异乡人来过。因此，谭老汉才能从容地讲述他所知道的关于洋浦千年古盐田的故事。只是，他的方言实在艰涩难懂，只能依靠一个久居海南的朋友做翻译，我们才能得以沟通。

在我们抽烟说话的时候，刚才还小风小浪的大海突然汹涌澎湃，高高直立的浪头以排山倒海之势扑向海岸，一会儿就把谭老汉刚才劳作过的那几块盐田全部淹没在黑暗的海水下面——让预期的每月初一和十五的大潮淹没疏松的盐田，这只是谭老汉制盐工程的第一步。

谭老汉和整个盐田村大多数的村民都知道的一个故事是，早在1200多年前，也就是大约40多代人之前，他们的祖先就已经用同样的方法在这片小小的海湾里为获取餐桌上的滋味而艰辛劳作了。谭老汉的记忆里，当他还是个小孩子，就跟随爷爷一起耙过盐泥。他说爷爷和他一样，也有一张被海风吹皱了的脸，皱得像一朵被人弄得奄奄一息的酱紫色的野菊花。

“要不了两天，盐田里的海水就会全部蒸发，那时候，就该进入第二道工序了。”随行的朋友“翻译”了谭老汉的方言。谭老汉介绍说，含盐量颇高的盐泥被太阳晒干之后，他就把它们搬运到旁边的盐池里。盐池是经过特殊加工的，底部铺有细密的竹制席子，这种席子既能保证含有盐分的水流到下面，同时又能把泥巴和其他杂质留在席子上方。也就是说，这是一个土法制作的过滤器。当盐泥铺到一定的厚度——大约15厘米到20厘米时，谭老汉就得用被海水侵蚀得有些变形的手把盐泥扒出横竖两三道沟槽，紧接着，再挑来一担担海水浇下去。随着海水的徐徐注入，盐泥里的盐分就会和着海水渗下去，经过下面的竹席的过滤，再流进旁边的储卤槽。

“是不是接下来就可以把卤水搬运到太阳下暴晒了呢？”随行的朋友问。谭老汉摇头：“不行，浓度不够，还不行的。”谭老汉一边说，一边向旁边的灌木丛走去。一会儿工夫，他手里拿着一小段树枝走了过来。“这种东西叫黄鱼茨，用它就可以检验卤水的浓度够不够，可不可以晒盐。”谭老汉说，把这种叫黄鱼茨的树枝扔进卤水池，如果黄鱼茨漂浮在水面上，说明卤水的浓度够了，可以进入下一道工序：晒盐。

“晒盐就得靠那些东西了。”谭老汉信手往盐田那边的海滩比画了一下，虽然月光皎洁，但我们睁大眼睛，也只能看到海边上有一些黑糊糊的石头，乱七八糟地呆立着。一条条弯弯曲曲，仅可容一两人行走的小路，如同一条条绳索，把那些大大小小的石头绑在一起——我自然知道，那就是洋浦千年古盐田制盐工程最重要的工具：盐槽。

夜风很凉，谭老汉要忙着回家吃晚饭了。一个辛苦了大半天的劳动者，的确应该在这习习海风的吹拂下，享用一顿几乎可以肯定不会太丰盛的晚餐。临行前，我们和谭老汉约定，明天再来看那些据说已经薪火相传了几十代人的被盐田村人视为传家宝的神奇之物：盐槽。

“那时候，有个国家叫唐朝”

临行前查阅了相当多的资料，结果大多数资料都说，人类为何要吃盐，一直还是一个没有标准答案的疑难问题。有人说，这种行为既可能是生理的，也可能是心理的——也就是说，它是一种由来已久的习惯。我以为，那最初把盐加入食物之中的人很可能是偶然间的好奇之举，久而久之，等到吃盐成了一种习惯，盐便成为古代人类社会比黄金更强势的硬通货。

一般来说，根据盐的存在形态，古人获取食盐的方式有三种。一种是井盐，也就是把储存在地下的卤水抽取出来熬制成盐，如我的老家自贡，就是举世闻名的井盐基地；一种是湖盐，像青海地区的许多盐湖，由于含盐成分高得惊人，只要揭开十几厘米的盐盖，即可捞取天然结晶盐；一种是海盐，也就是人们通常所说的煮海为盐：相当漫长的时间和相当广阔的地区，人们把海水直接倒进大号铁锅。铁锅下，木柴重叠，猛火长烧，直到把锅里的水分全部蒸发掉，锅底就会结晶出一些含有杂质的粗盐。

在盐田村采访，我们还见到一位姓詹的村民。据他讲，小时候曾见过奶奶制盐：每年春节过后，海南儋州一带天气开始变得干热。这时候，他的奶奶就要从海边捡拾一种被称为盐皮的泥块。这些泥块和普通泥块不同，只分布在离海比较近的滩涂上，错落有致，有些像干裂后的土地。詹奶奶把这些捡拾回来的盐皮打散，敲碎，细致地放在铺有稻草的箩筐里，再舀来清水，缓缓浇入箩筐。清水从细碎的盐皮缝隙间流过，慢慢钻出箩筐，流进箩筐下面的木盆。如此反复几次，詹奶奶再把木盆里的水倒进大锅，放到灶上煎熬。等到锅里的水都化为一缕缕湿润的热气，锅底就会粘附着一些灰白色的盐粒。据詹某回忆，30年前，在他老家海南乐东地区，当地的农民和渔民就是用这种方法解决食盐问题的。他还说，有时候盐熬得多，自己家里吃不完，就等着雅加大岭深处的黎族人背着各种山货出来以物易物。

看上去詹奶奶的制盐法似乎和前面所述的三种制盐法不同，但究其实质，仍然属于煮海为盐的范畴。只不过，大多数地方的人煮的是直接从海里盛来的水，而詹奶奶煮的则是清洗过盐皮的水。

谭老汉几十年来一直生活在以盐田村为中心的半径不到20公里的小地方，一生中去过的最远的地方是儋县县城，也就是苏东坡时代的儋州。他既对这种日出而作日落而息的盐农生活感到满足，同时也对祖先当年如何来到这个远在天涯海角的地方感到好奇——如同盐田村很多上了年纪的老人一样，谭老汉对盐田村的历史了如指掌。一旦回顾历史，他们常挂在嘴边的是一个祖先的名讳，这个祖先的名讳给他们带来了无边的景仰、骄傲和想象。祖先名叫谭正德。谭老汉说，整个盐田村里姓谭的男女老少，都是老祖宗谭正德的血脉。通过谭老汉的讲述和当地的方志，我们大致可以还原出当年的情景：那是1200年前，用谭老汉的话说："那时候，有个国家叫唐朝。"的确也正是李唐王朝时期，与洋浦相隔千山万水的福建莆田，有一个叫谭正德的青年。有一种说法是，谭正德曾经看到过一次海市蜃楼，他看到在家乡的西南边，有一片更肥美的土地。这个青年坚信他看到的就是真实的景象，于是他带着一群不甘寂寞的年轻人远涉重洋，来到孤悬海外的海南岛，来到当时还布满烟瘴疠气的儋州。在今天的洋浦盐田村外的海湾，他们惊奇地看到一些高高低低的坚硬岩石伫立在海滩上。每当大潮涌来，岩石就隐身于潮水中。大潮退去，随着太阳的暴晒，岩石上竟然结晶出灰白的盐粒。至此，我们可以推断的是，欣喜若狂的谭正德相信他真正找到了曾经看到过的那片海市蜃楼中的福地。从此，当中国的其他地方都还在用烧煮方式熬制海盐时，在偏居一隅、差不多被中原人视为蛮荒之地的海南洋浦，更为先进的日晒制盐却落地生根。

谭老汉们津津乐道的故事还没完。明朝永乐年间——自称一辈子吃了没文化的亏的谭老汉自然不知道永乐是什么，只记得是姓朱的人当皇帝那阵子，中国的制盐工艺发生了前所未有的巨变：从那时起，沿海中国人告别了猛火长燃的盐灶，改为修建盐田，变蒸煮为日晒。当日晒制盐作为一种先进技术在全国推广，洋浦盐田村的日晒制盐已悄无声息地运作了6个多世纪。据说，为了褒奖开创日晒制盐法的盐田村人，清朝乾隆皇帝曾御笔书写了“正德乡”三个字赐给盐田村。鉴于这一缘故，在1949年以前的漫长纪年里，盐田村一直叫正德村。

正在落幕的古老技艺

第二天，阳光和海南夏季里的其他日子一样灿烂，挂在椰子树上的太阳如同一张喜出望外的大红脸。一大早，我们再次来到盐田村外的海滩，在那里，终于看到了昨夜在月光下遥遥晃过一眼的盐槽，也就是当年还风华正茂的谭正德跨海而来看到过的那些岩石。原来，所谓盐槽其实都是一种火山岩。这些石头散布在海滩上，像是一队刚刚被登陆舰运送而来，正在抢攻滩头阵地的重装士兵。时光回溯到唐朝，福建青年谭正德当初就是在看到这些火山岩被潮汐淹没、日光暴晒之后，上面留下了白生生的盐粒，从而顺理成章地发明了日晒制盐。谭正德的天才在于，对原始的石头进行了加工：他削掉了石头的上半部，在石头顶部除四周留出凸边外，再把中间打磨平滑，做成石槽形状，这些槽的深度以一天能晒干槽里的水为宜。于是，多年以后，在洋浦半岛的海边，便留下了一个个石磨盘一样的盐槽。据统计，这片盐田占地750亩，盐槽多达7300多个。

那些经过第一二道工序粗加工后的浓度达到了一定程度的卤水，接下来就被盛进一个挨一个的盐槽。中国最南方的太阳是靠近赤道的太阳，是很具热量的太阳，在极为强烈的日光暴晒下，盐槽里的水不疾不徐地蒸发了。当水分完全消失，盐槽里就剩下灰白色的盐巴。傍晚时分，盐田村的盐农们开始收获：用一种叫刮盐板的工具把盐槽里的盐细心地刮下来，放进随身携带的竹筐。如此周而复始地重复三五次，当家里的盐积累到一定数量，除留下自家食用的，其他的就可以运到集市上出售了。

在相当长的时间里，日晒制盐乃是先进技术，依靠永不枯竭的阳光和海水，再加上盐工们强壮的身体和不知疲倦的耐力，大量食盐就从这潮涨潮落的海滩上生产出来。盐的生产显然也给谭氏家族带来了丰厚的利润，附近那些依靠出海或是耕地为生的渔民和农民，无不对他们抱有一份艳羡。北宋时期，谭氏家族在盐田村里修建了一座富丽堂皇的宗祠——在流淌着谭正德血脉的谭氏家族，祖先们甚至定下了盐田盐槽只能租不能卖和晒盐技术传男不传女的家训。从这些举措足以看出，洋浦盐田曾有过它如鱼得水的锦瑟年华。

海滩上林立的火山岩质的盐槽和附近的盐田，分属于不同的家庭。历史上，有的家庭多一些，有的家庭相对少一些。也就是说，盐田盐槽是世袭的，是祖辈留下的产业，一代接一代地继承。20世纪50年代土改后，盐田盐槽一度收为集体所有，30年后，中国农村实行土地责任制，盐田盐槽又平均分给原来的盐农。因为是平均分配，盐田村有盐田盐槽的40多户村民，每家拥有盐槽140个左右。像我们采访的谭老汉，他家有144口盐槽。夏季是产盐的黄金季节，一天能出产食盐150斤。如果满打满算的话，每户每年盐业收入可以达到1.3万元左右。但事实上，这只是一个理论数据，因为晒盐不仅要靠天吃饭，还需要超强度的劳动，而这种日复一日的超强度劳动，常常令更年轻的一代盐田村人望而生畏。以谭老汉一家为例，他的儿子们对晒盐的辛劳早就苦不堪言——他们宁肯到海口或三亚打工，也绝不愿再像祖辈那样守着这些源自中古时代的盐槽含辛茹苦。因此，在盐田村，除了几家晒盐大户，一般人家更倚重土地和外出打工，盐业收入只是副业之一。

此外，盐田村的日晒制盐还面临另一种尴尬，那就是当全国都在强行推广加碘食盐时，盐田村出产的食盐却是无碘盐。再加上产量小（年总产量在500吨左右），因此既没有也无法纳入国家的统购统销计划，属于“私盐”性质。据谭老汉回忆，1949年以前，村里有50多户人家依靠晒盐为生，在邻近的马井镇还设有盐庄。那时候，盐田村的食盐除了满足本地所需，还被盐贩们跨海远销到广东廉江一带。而今天，当交通变得四通八达，正规厂家生产的食盐无处不在，作为我国最早采用日晒制盐方式生产了1200年的古盐场，盐田村食盐的生产量和销量都在急剧减少。一句话，它对人们日常生活的影响，越来越限制在一个极其狭小的范围之内。

谭老汉承认盐田村日晒制盐的没落，但这个倔强的老汉颇有几分不服气，他说：“那些工厂里生产的盐，哪有我们这里晒出来的盐好？”谭老汉如数家珍，一一举例说明盐田村的盐如何优秀：其一，用盐田村的盐制作的盐焗食品，味道最正宗；其二，贮藏一两年的老盐，具有清热退火、清毒散淤的药用功效；谭老汉甚至言之凿凿地说，苏东坡当年贬到儋州，就是用盐田村的老盐治好了脚气。

但不管谭老汉情愿还是不情愿，盐田村的日晒制盐无疑正在面临最大的困境。或许我们可以推断，它存续了1200多年的历史，很可能就会在不远的将来画上休止符——纵然还有所保留，也不过是为了吸引游客眼球的民俗表演。

万事万物一旦落入时空的经纬，就决定了它的生存时限，不管曾经多么辉煌，多么惹人怜爱。据说，当地政府已经有把盐田村的日晒制盐申报非物质文化遗产的打算，这倒不失为一个良好想法。至少，它可以让那些已经使用了1200多年的火山岩，继续盛满南中国的海水，在南中国骄阳的炙烤下，生产出曾经被耶稣引喻过的那种神奇而普通的物质：盐。

就像不知道张若虚一样，谭老汉也不知道非遗。他只知道，趁着还有零星的游人到访，趁着偶尔还有游人买走几袋盐，他就得在每一个初一和十五，在最大的潮汐到来之前，一如既往地完成必须完成的工作。越过谭老汉躬下身子挥舞钉耙的剪影，我似乎看到了一群来自唐朝的汉子，虽然相隔了1200年，但他们彼此的姿势和汗水，依然如此酷似。

构皮纸：唐朝工艺的时尚再生

李晓勇（化名）决定参加比赛。他相信凭自己祖传的手艺一定能夺冠。这是一次由贵州省丹寨县有关方面举办的民间工艺大赛，大赛几乎涵盖了自古以来丹寨县民间工艺的方方面面：从制作鸟笼到雕刻，从制作木梳到制作门神。来自全县的艺人们将各显神通，在由县领导和各界民众组成的评委面前，展示自己的看家本领。李晓勇对能拿到名次深信不疑，因为他明白，自己参赛的项目既有着悠久的历史，也有着广泛的现实基础。

李晓勇将要参赛的项目是手工制作构皮纸。在丹寨县，构皮纸的制作并非什么独家秘籍，甚至，可以说得上是家喻户晓的大路货。李晓勇说，他们家族在丹寨县石桥村已经居住了好几代，而制作构皮纸的手艺，也如同接力棒一样，一代又一代地薪火相传。石桥村是一个有200多户居民的苗族村落，其中像李晓勇一样从事构皮纸制作的，就有将近50家。在村外一个叫大岩角的地方，每年春节，村民们都要举行一个隆重的祭祀仪式。被祭祀的对象在中国家喻户晓，那就是发明造纸术的东汉人蔡伦。石桥人口耳相传的一个说法是，他们制作构皮纸的手艺就源自这位将近2000年前的古人。历史事实与石桥人的传说略有出入：构皮纸的确是一种由来已久的纸张制作方法。据可靠记载表明，在唐朝，构皮纸的制作就已经成型。因此，如果我们把构皮纸称作唐朝飘来的暗香，并不是一种夸张，而是活生生的现实。

构皮纸得名于制作这种纸的原料：构皮麻。构皮麻是当地的俗名，它的学名叫楮树。在权威的《古代汉语辞典》里，对“楮”的解释有以下几层：其一，树名，树皮可造纸。其二，纸的代称。其三，纸币的代称。可见无论哪层意思，都和这种丹寨一带漫山遍野生长的植物能够用作造纸原料的特点密切相关。

李晓勇十多岁时跟着父亲学习造纸，从打下手帮忙开始，到几年后独立操作，经他之手制作出的构皮纸，早就不可计数。对于构皮纸的整个制作过程，他自然烂熟于胸。因此，在接受我的采访时，李晓勇侃侃而谈，一边谈，一边不时指点着家里和造纸有关的工具和实物。从山岭之上郁郁葱葱的楮树，到一张张充满民族风情的构皮纸，得经过相当繁复的10多道工序，择其要，可以分为以下几个步骤：

第一步是备料。从山上砍回构皮麻之后，把树干放在火上来回烤1十来分钟，树干受热后，从根部用力拉扯，构皮麻的树皮就会完整地脱落下来，这就是制作构皮纸必不可少的原料。以前，李晓勇都是自己到山上去砍树并取料，但这几年基本都是到镇上去买。在石桥一带，一些住在山上的村民会利用农闲时间砍伐构皮麻后向李晓勇这样的造纸户出售。他们是构皮纸这道产业链上的上游环节。树皮取下来后，捆绑成几公斤一扎，浸泡在河水里，以便让原料脱去胶质。浸泡的时间根据时令而有所不同，一般来说，夏季泡两三天，冬季要长一些，七八天左右。树皮泡净取出，先滤干水分，再把它们一层一层地整齐码放在甑子里，每码一层，都要加入适量的石灰并压紧。整个甑子全部放满后，上面要用塑料布密封。

第二步是煮料。煮料一般都是在村子外面的空地上进行。煮料之前，先用石头砌一个巨大的石灶，石灶上安置一口直径半米以上的大锅，锅上安放木桶。每只木桶能容纳几百公斤树皮。从甑子里取出来的树皮放进木桶后，石灶下面架起柴火，要蒸煮一天一夜。因此每到煮料时节，石桥村外的河滩上，一人高的木桶此起彼伏，石灶里烟火弥漫，空气中游动着构皮麻被蒸煮后散发出来的青涩味儿。蒸煮之后，用铁钩把热气腾腾的树皮从木桶里捞出来放进河水，让河水冲掉上面的石灰；之后，再摊放在空地上。黔南的阳光炽热明亮，可以起到天然的漂白作用。需要说明的是，煮料这一环节一般要进行两次，其目的就是使构皮麻的颜色尽量白皙，所含杂质尽量减少。

第三步是舂料。制纸的前夜，把选中的树皮放进河水里浸泡一夜。早晨，再把它从河里搬回家，放进家家必备的脚碓。通过脚碓，把树皮舂打成浆。石桥村的河边有一间水碓房，里面安放着一台木制水碓，据说与《天工开物》一书中的水碓绘制图基本相同。但现在，大多数人打浆都不再用水碓或脚碓，而是用电动的机械打浆机。这样既能提高效率，也使整个制纸过程中最艰苦的劳作变得轻松一些。构皮麻舂打成浆后，放进两米长的布袋里，用一根特制的木棒在里面来回搅动，并用水不停地冲洗，以便除去里面的杂质。这一步完成后，就可以把过滤后的纸浆倒进抄纸槽，用打槽棍将其打匀。打槽时间的长短将决定成品纸张纤维的粗细。每打满一槽，大约能制作1000张纸。在往抄纸槽里铺料时，还得往里面加入一种由岩山根或猕猴桃藤制成的滑药，其目的是为了使制作出来的纸张均匀光滑。

第四步是抄纸。抄纸是所有手工造纸术里最重要的一步。李晓勇要参加的民间工艺大赛，事实上，因为手工制作构皮纸是一个漫长的过程，不可能真正把每一个环节都在参赛现场当堂再现，因此比赛的项目只是其中最关键的环节：抄纸。抄纸得由两个人来完成，所用的工具是一种极为细密的竹帘。一人抬帘，一人帮帘。两个人娴熟地运动手里的竹帘，在抄纸槽里反复抄动两三次，倒掉多余的原浆后起帘，就能得到一张湿漉漉的纸。抄纸是一件极费体力也磨人耐力的苦差事。从早上到晚上，十几个小时站在抄纸槽旁，手里的竹帘在抄了纸浆之后，重量可达二三十公斤，这样机械地忙碌一天，两个人大约可以抄1000张纸。

第五步是收纸。抄出来的湿纸，要用木榨压好放置一夜，以便让上面的水分流走。经过木榨挤压后的湿纸，水分基本消失，但还要把它贴在一种叫纸焙的工具上，每排贴10张，一个纸焙一次可以贴100张。贴好后，放在太阳下暴晒两个小时即可得到成纸。成纸每50张为一刀，每10刀打包成一捆。至此，构皮纸的制作算是功德圆满。下一步，就是等到赶集时运送到丹寨县城或周边的其他镇子卖个好价钱。

按行业内的划分，用草本植物制成的纸叫竹纸，用木本植物制成的纸叫皮纸，显然，构皮纸属于皮纸。一般来说，皮纸比较粗糙、结实，不适合印刷和书写。因此，构皮纸在以前最主要的用途，是由鞭炮厂收购去作为制作鞭炮的原料；或是零星地卖给有亲人去世的家庭，做纸钱之用；此外还有一种用途，就是银行做捆钞纸。但这3种用途的数量，其实都十分有限，因此在10多年前，构皮纸的制作几乎就走到了绝路。然而，不经意间的一些变故，又使这种源自唐朝、已有1000多年历史的古老造纸法得到了新生。

近些年，到丹寨来旅游的外地人日益增多，其中有不少人来自海外。对这些外来者而言，石桥村手工制作构皮纸的工艺，无疑就是古代造纸术的活化石，而买几张构皮纸回家作纪念便成为一种必然。在这种背景下，当地的造纸户们也抓住时机，对造纸术进行改良：比如往纸浆里加入蚕丝，可以制成一种韧性非常好的特种纸；往纸浆里加入鲜花，制成的纸张就不仅能保留鲜花的形状，而且长时间也不会变色。这些改良后生产出的构皮纸，在成为旅游纪念品之余，也被一些卡片和手袋生产商看中，纷纷选择来自石桥的构皮纸作为他们的原材料。

石桥之行半个月后，我接到了李晓勇的电话，他说他在手工艺大赛中如愿以偿地夺冠。他抄出的是一张彩色的构皮纸。加入纸浆里的鲜花，是他花了小半天时间，爬到村子后面的山上采摘回来的。在石桥村后的青山上，到处都是绚丽的、不知名的野花，它们生机勃勃的样子，总是让人想起那些生长在民间的古老技艺——比如手工制作构皮纸。

干窑：京砖是这样炼成的

一两黄金一块砖

我曾有过近20年的乡村生活，因而对烧制砖块的土窑相当熟悉。它们常常以看上去和一座堡垒差不多的模样，悄无声息地出现在村庄周围的空地上。这样的土窑在我老家川南司空见惯，几乎每一两个村庄就有一座。究其原因，在于砖块属于低价值商品，一旦远程运输，成本必然一路飙升，乃至于运价超过造价。每一两个村庄就建一座土窑，为的是能够就近满足乡人需要。

我一直以为，全天下的窑——至少烧制砖块的窑——应该都和我老家的土窑相似，都是农耕时代小农经济自给自足的产物。但没想到，在浙江嘉善县的干窑镇，窑还有完全不同的另一种存在形式：这是一些已有上百年乃至几百年历史的古窑。漫长的岁月里，在一代代窑工的操劳下，这些窑几乎从来没有间断过生产。更为重要的是，通过这些古窑烧制出来的砖，不再是我老家那种粗糙的、廉价的、只能用来修建农舍的红砖，而是一种人称京砖的、曾经从江南一路运送到北京、装饰过紫禁城的砖中极品。如果说我老家的红砖是平头百姓的话，那么干窑的京砖就是不折不扣的世袭贵族。

千里迢迢赶到干窑镇那天，恰好遇上镇上历史最悠久的沈家窑的出窑日。与其他砖窑相比，沈家窑有些特殊：一是它有着上百年的生产历史，被誉为京砖活遗址；二是在这座窑里，曾发现过刻有“道光二十二年”字样和刻有“明富京砖”字样的城砖，表明这座窑的岁数其实远不止目前人们口耳相传的一个半世纪；三是沈家窑还有一个特殊之处，那就是其他窑都是单体的，它却是双体复合式，一左一右两座窑并排挺立，如同双子星座。沈家窑的主人沈师傅告诉我们：当初，他的祖先之所以要建双体复合式土窑，首先是取“和合”之意，即希望子孙后代永远和睦相处。其次，两窑合用一张砖梯，合用一个窑屋，建筑时，省了土地，省了材料；烧窑时，一窑的余温可以被另一窑利用，省了预热的燃料。

在沈师傅的带领下，我亲眼见到了堪称中国第一砖的干窑京砖的出窑过程：当我好奇地跟在沈师傅身后，随他走进砖窑圆形的门洞时，逼仄的门洞只能容得下一个人进出，一条砖梯几乎垂直地立在门洞入口处。登上砖梯，眼前一片昏黑，小心翼翼走了几步后，眼前又有了微弱的光明。定睛四望，我已置身于这座百年古窑的腹心。这是一个近似于圆锥体的空间，上窄下宽，最顶部，也就是相当于圆锥体的正上方，有一扇方形的窗户，唯一的光源就是从那里射进来的。窗户太小，窑体太深，我只能看见眼前是一个灰黑的世界：在我的四周，一块接一块的京砖整齐地码放着。虽然已经停止烧窑好几天了，但这些马上就要出窑的砖似乎还在向外散发热量。几个工人开始动手搬砖，我扭亮随身带来的电筒，照射在面前的一块京砖上：看上去，这就是一块青灰的、表面非常粗糙的砖板，与我老家的红砖相比，颜色甚至更难看，只不过体积更大罢了。难道这种其貌不扬的东西就是几百年来被皇室和王公贵族所追捧的京砖？一旁的一个工人似乎看出了我的疑虑，笑着说，你不要看它现在不好看，那是它还没有经过打磨。打磨之后，你就知道它为什么叫京砖了。果然，接下来在参观沈家的园林建筑材料厂时，我看到了经过打磨的成品：摆放在我面前的京砖，呈现出一种纯正的黛青色，其面积大约相当于普通红砖的好几倍。沈师傅介绍说，他们所烧制的京砖，其尺寸一般为一尺七、二尺或二尺二。之前在窑腹所见到的京砖上那些粗糙的疙瘩，现在全都没有了；砖面平整，甚至能隐约从砖面看到自己的影子，以手敲击，京砖发出清脆的类似金石的声响。

在民间，人们津津乐道于自己想象的皇帝处理政务的金銮殿，说那里的地面都是用金砖铺成的。从字面意思和绝大多数人的理解来讲，显然，这金砖就是用金子制成的砖。其实，此金砖并非金子制成的砖，而是来自干窑的京砖。在《金砖墁地》中，对此有专门记载："京砖，是专为皇宫烧制的细料方砖，颗粒细腻，质地密实，敲之作金石之声，称'金砖'。又因砖运北京的京仓，供皇宫专用，被称之'京砖'……后逐渐走向民间富户。"关于金砖名称的由来，还另有一种说法：在明代，京砖的价格非常昂贵，一块砖要卖50两银子，远远不是一般富庶家庭能够消费得起的，因而人们用"金砖"来代指它，是想说明它的贵重和寻常不可得。当时，民间有所谓"一两黄金一块砖"的说法，"金砖"即由此而得名。

从泥土到京砖有多远

干窑一带的泥土湿润而有黏性，哪怕我这种外行也能看出来，这里的泥土天然地适合烧制陶器或砖瓦。那么，从杏花春雨滋润的泥土到一块块光彩照人、价格令人咋舌的京砖，到底还有多远？到底还需要些什么样的操劳，才能使泥土卖出金子的好价钱？简单地说，与我老家那种烧制红砖的传统方法相比，京砖制作的复杂和烦琐，几近于令人目瞪口呆。沈家窑的一位老师傅介绍说，京砖的制作需要经过取土、制坯、烧制、出窑、打磨和浸泡等几道工序。几道工序，听上去似乎也并不特别复杂，但其实每一道大的工序下面，还包含了好多道小工序，这些大大小小的工序加在一起，使得京砖的制作成为一件奢侈的事情。

第一步是取土。单是取土这一步，就能看出京砖生产程序之复杂和要求之严格。取土之先要选土，尽管干窑所在地的泥土都具有不错的黏性，但并不是所有的干窑土都能烧制京砖。必须是那些有经验的师傅，才能看出哪里的土不仅具有黏性，而且土中含铝量较高，可以磨成粉末。选好土之后，还要经过掘、运、晒、椎、浆、磨、筛等七道工序，取土才算完成，而要完成这万里长征第一步，耗时将长达八个月之久。

第二步是制坯。这个好理解，就是把备好的泥土，用半手工半机械的方式制成砖坯。普通的京砖，只要按照需要的尺寸和厚度把泥土制成坯块即可。比较复杂的是那些有特殊工艺要求的花砖，比如有的砖上需要绘制图案，为了让烧制出来的图案生动逼真，就要求在制坯时对图案的刻画把握得恰到好处。

第三步是烧制。把制好的砖坯搬进窑墩，这是一件累人的体力活；而怎样码放这些砖坯才能使它们在烧制时获得均匀而充分的热量，以及怎样码放才能让有限的窑墩容纳更多的砖坯，这就不仅需要体力，还需要智力——智力来源于丰富的实践。砖坯入窑后，就可以点燃窑火了。烧制的过程复杂之极：以糠草熏一个月，片柴烧一个月，棵柴烧一个月，松枝柴烧40天。经过这四种不同燃料的燃烧，在耗时130天之后，方可窨水出窑。所谓窨水，指的是一窑砖烧好后，必须往窑里浇水降温。这些浇向窑里的水，得由窑工们沿着窑墩外那条又陡又高的砖梯挑到窑顶，再从窑顶浇入窑中。

第四步是出窑。出窑的日子，小小的窑腹里灰尘弥漫，异常呛人。在出窑之前，虽然已往窑中浇水降温了四五天，但窑中温度仍然很高，长时间烧制过的京砖更是炙热难当。一块块又烫又重的京砖，在工人们手里飞快地传递着。为了督促同伴加快速度，同时，也为了给自己鼓劲，工人们在搬卸京砖时，嘴里会发出一种奇怪的嗞嗞声。“货船泊岸夕阳斜，女伴搬砖笑语哗。一脸窑煤粘汗黑，阿侬貌本艳于花。”这首《竹枝词》，描述的就是出窑时的场景——在炎热的窑中劳作，女窑工很快就满脸汗水，飞扬的尘土扑到脸上，原本“艳于花”的女子，刹那间也乌黑如煤灰。

第五步是打磨。刚从窑里搬出来的京砖还只能算是“璞”一样的半成品，要让它成为光彩照人的“玉”，还得花一番心血进行细致的打磨。京砖的打磨是运用极其简单的工具，在一个圆形的水槽里进行，一边磨，一边冲水，不仅要让京砖表面变得平滑，还要让它使用时间愈长，反而愈加光亮，甚至可以当镜子用。不过，遗憾的是，让京砖变得像镜面一样的打磨技术，如今已失传。

第六步是泡油。打磨之后的京砖，要一块块地浸泡在桐油里。桐油不仅能使京砖光泽鲜亮，还能够延长它的使用寿命。

至此，从泥土到京砖的全部工序才算大功告成。以上几个工序耗费的时间加在一起，没有一年多根本完不成。而每座窑一次能够生产的京砖，至多不超过7000块——其中还得有一定比例的次品和废品。几十个技术工人辛辛苦苦地干上一年多，所得不过五六千块砖，每块砖卖上50两银子，虽然有点夸张，但也绝非不可能。在今天，由于对京砖的要求不再像皇室那样苛刻——皇室选用京砖时，官员们需拿起沉重的京砖，一块一块地检查——再加上机械设备的进步，烧制一窑京砖的时间已经缩短到一个多月。

干窑，千年窑乡的起承转合

干窑镇位于浙江、上海和江苏三省市交界的嘉善县境内。像大多数江南小镇一样，这里也是河汉纵横，土地平畴，商贸发达，人民富庶。不同者乃是，在干窑，那些有着上百年乃至数百年历史的古窑和它们漫长的生产历史，赋予了这座小镇“窑乡”的美誉，乃至于江南地区的人在说到砖的时候，往往会条件反射地想到干窑。在干窑采访时，镇上的一位工作人员告诉我，干窑镇又叫千窑镇，或者说，千窑镇又叫干窑镇。历史上，“干窑”与“千窑”这两个名字一直纠缠不清，从另一个侧面反映了这座江南小镇的兴起和闻名都和窑有关。叫“千窑”的原因，是这里曾有过多达700多座冒着青烟、烧着烈火的砖窑，从事砖瓦生产与交易的人员多达上万人；叫“干窑”的原因，是这里最早从事烧窑业的，乃晋代文学家、《搜神记》作者干宝的后人。据《续修干氏宗谱》记载，干宝家族“至三十一世”迁居到干窑一带生活。自从干宝的后裔来到干窑烧窑制陶，这些窑被统称为干家窑，他们聚居的地方被称为干窑镇。

其实，干窑京砖的生产始于唐代，在宋代一跃为著名窑乡。其中，南宋建都临安时，宫城所用的砖瓦均来自干窑及周边地区。明清两朝是干窑京砖的黄金时代，北京故宫中的太和殿、中和殿、保和殿，以及天安门城楼和明十三陵之一的定陵内，铺设的都是干窑京砖。当京砖渐渐进入民间，江南各地建筑都以采用干窑砖瓦为荣。清朝初年，干窑所产之砖主要供京、苏、杭官府所用。《武塘野史》载，清顺治七年（1650年）“干窑解砖瓦至省筑满洲城”。 清代中期，干窑成为中国建筑材料专业市镇和江南窑业中心。据新编《嘉善县志》记载：“嘉善砖瓦烧制业，自明清以来，其窑域之广，窑墩之多，窑货之丰，从业人员之众，在江南罕见。”清末民初，干窑京砖迎来了又一个鼎盛时期。不仅其生产的京砖和建材机械享誉大江南北，而且，从干窑出来的烧窑师傅也成为各地窑业的抢手货。据1890年3月3日出版的《申报》报道：“浙江嘉善县境砖瓦等窑有1000余处，每当三四月旺销之际，自浙境入松江府属之黄浦，或往浦东，或往上海，每日总有五六十船，其借此以谋生者，不下十数万人。”明清两代，干窑京砖还形成了许多著名品牌，如明代时有江泾村吕家的“明货”字号京砖和邵家、陆家的“定超”字号京砖，清代治本村沈家的“沈永茂”号京砖。在今天的上海豫园内，保存有一块长达122厘米、重达400多公斤的被称为“砖王”的京砖，就是邵家窑出品。

在江南，像干窑这种小镇密如繁星，那么，为什么是干窑而不是别的地方，有幸成为兴盛千年的窑乡呢?

首先当然是当地特有的黏性泥土。如前所述，这里的泥土不仅黏性好，而且含铝量较高。这种泥土能够在经过筛选晒干后，被打碎成粉末状，只有用这种粉末状的泥土为原料，京砖的质量才有保障。

其次是得天独厚的交通条件。干窑距上海和杭州都只有几十公里，再加上地处水乡，河流交错，可以利用邻近的大运河作为运输线。事实上，在明清两代，大运河几乎就是维系远在北京的中央政府的生命供给线，凡是南方的粮食、丝绸和布匹，都是通过大运河上繁忙的船只运往北京的。在竞相争发的万千舸帆中，有一些，运载的就是来自干窑的京砖。

第三是产业的形成和承续。在上千年的时间里，干窑京砖走过了一条由萌芽到兴盛再到衰落之路。可以说，跨越宋、明、清及民国的几百年里，京砖在干窑形成了一枝独秀的产业链。产业链的形成和承续，也造就了品牌效应。在江南的其他地方，也有类似于干窑这种生产京砖的地方，但它们的名声，完全无法与干窑相提并论。

漫步干窑，在这座四周遍布溪流的古镇里，我并没看到想象过的窑墩如林的景象。细问之后方才得知，在经过数十年的拆除之后，干窑的古窑已经只余下不到30座。近些年，才又有不多的几座古窑像再续香火的遗腹子，令人感慨万千地燃起了窑火。或许，一个时代自有一个时代的风尚与追求，对刚从遗忘和毁弃边缘被拉回来的干窑京砖而言，它的存在为我们见证了一个逝去时代的繁华如何烟消云散。

腌菜：弥漫中国的古老滋味

富足家庭的主要标志

每年秋冬之交，四川盆地的农活已经稀了，少了。但对绝大多数家庭来说，还有两桩至关重要，直接关系到来年全家人幸福生活的事情要做。这两桩事情看上去各不相同，但究其实质，都和同一个字有关，这个字就是：腌。在秋冬之际，做好足够来年食用的腌菜，是四川盆地的农家一年里最后登台的压轴戏。

一般是农历冬月初，薄纱般的轻雾散去后，阳光温暖而慈祥地洒满大地，肥沃的紫色丘陵上，生长了几个月的青菜又肥又嫩。这时候，母亲就会把青菜从地里砍回来，一棵一棵地挂在小院门前的桑树枝上，让太阳慢条斯理地晒上四五天。等青菜们都已经从一掐就会出水的鲜嫩，变得蔫不啦叽的时候，母亲把它们全都搬到屋檐下的那只大瓦缸前，同时，还要搬来一袋沉重的盐。她熟练地把青菜捏在手里，一棵接一棵地抹上盐，再细心地叠放进瓦缸。末了，还要在瓦缸上面仔细地盖上塑料薄膜和蓑衣。十来天后，从密封得很严实的瓦缸里，挤出一丝丝酸酸的滋味。母亲把蓑衣和塑料薄膜拿开，里面的青菜已经被盐腌熟了：原本像吹胀了似的蓬松青菜，此刻紧缩成一团。足够一年食用的腌青菜到此算是大功告成。现在就可以把它们捞出来，做汤或是直接切碎下饭了。

紧随腌青菜而来的是更加隆重的杀年猪。那头在圈里娇生惯养了一年的肥猪被胖胖的杀猪匠分割成三五斤不等的条状。接着，母亲把它们搬到屋子里的另一只瓦缸前。那里，同样有一袋白生生的食盐。母亲把盐一把一把地抹在还滴着血水的猪肉上，再交叉放进瓦缸里。四五天以后，她把猪肉从瓦缸里取出来，一块块地挂在灶台前的房梁上，让一日三餐的人间烟火不停地熏。要不了多久，猪肉都变成黄褐色——腌肉（更多的地方把它称作腊肉）同样也大功告成。

在四川盆地南部的农村，一个殷实家庭的主要标志，就是腌青菜和腌猪肉。足够吃上一年的腌青菜和腌猪肉，不仅表明了这个家庭的富足，还表明了这个家庭的女主人能干，会持家。邻居也许不知道你芳龄几何，但你家的腌青菜味道如何，他们却很清楚。

作为一种古老的贮藏方式，腌菜在中国有着极其悠久的历史。据学者们考证，腌菜最初的出现，和人们为了更长久地保存食物有关。在物质极其贫乏的年代，人们挖空心思，企图把有限的食物，相对均衡地分配到一定的时间段。偶然之间，他们发现，用盐腌过的食物，能够保存更长的时间而不变质；同时，人们还发现，用盐腌过的食物，别有一番新鲜食物所不具备的风味。

那么，用盐腌制过的食物，为什么能够长时间保存而不变质呢？原来，食物变质，一般都是由细菌侵入食物里繁殖发酵而造成的。当食物浸泡在浓盐水当中，食盐的分子就会穿过细胞膜，进入细菌的细胞。浸渍的时间越长，盐水的浓度就越高，细菌细胞中的水分便不断渗到食盐中，细菌细胞就会因失水而干死。也就是说，细菌在浓盐水里，不但不容易繁殖，有的还会被杀死，从而使得用盐腌过的食品不易变质。

不同的盐，一样的腌

从全中国范围看，腌制的食品五花八门，起码也有上百种之多，但其中唱主角的显然是盐。各地不同的腌菜品种，既是由于各地物产的差异，也是各地用于腌制食品的盐的不同形成的。

我老家在四川南部的自贡，这里是闻名世界的中国井盐之都，早在1000多年前的西晋年间，这里的土著就开始了井盐开采，历史上还创造过“川盐济楚”的辉煌。与海盐和湖盐相比，井盐的开采成本更高，但盐的质量也较好。我注意到，母亲在腌青菜和腌猪肉时，分别使用的是两种不同的盐——它们都属于井盐，但腌青菜用的盐颗粒更大，看上去颜色不是特别洁白，那是因为其中含有比较多的杂质；与此相反，腌猪肉时用的盐颗粒更为细小，颜色洁白，杂质少。究其原因，腌青菜用粗盐，既是为了节约成本，同时还因为青菜在瓦缸里浸渍的时间较长，即便是颗粒较大的粗盐，也能完全溶解并进入青菜体内；而腌猪肉用精盐，则是因为猪肉在瓦缸里的时间较短，如果用粗盐的话，就有可能造成猪肉的某些部位不入味而腌制失败。井盐除了这种粗盐精盐之分外，近些年来，当地盐厂还生产了一种调味盐。看上去，这种调味盐比精盐还要细小，呈洁白的粉末状。它的主要用处是制作泡菜——泡菜也是腌菜家族的一个分支。这种调味盐能够比其他盐更快地浸入食物，因此四川著名的跳水泡菜，一般都用这种调味盐来泡制。所谓跳水泡菜，是指前一天晚上将萝卜、青菜、豇豆或是嫩姜之类的时鲜蔬菜，放进盛有高浓度盐水的泡菜坛，第二天早上便捞出来食用。倘若是用粗盐来泡的话，一者味道欠佳，二者根本不可能入味。

海盐的产量和覆盖面，如今早就超过了井盐和湖盐，成为食盐家族的老大。在海盐食用区，当地的各种腌制品，既充分利用了相对廉价的海盐，同时也非常直观地反映了当地的物产。

在濒临东海的杭州湾畔，有一个叫海盐县的地方，从这个名字就不难看出，它乃是星罗棋布于我国东部沿海的众多出产海盐的地区之一。海盐县不仅盛产海盐，还盛产一种当地人称为大头菜的芥菜。与井盐相比，海盐具有质地较粗、结晶颗粒大和颜色微黄的特点，非常适合用于腌制。正是充分利用了当地丰富而廉价的海盐和芥菜，海盐县早在700多年前的宋代，就以海盐大头菜而闻名。

我国东南沿海各地区，不仅是产量丰富的海盐生产基地，同时也是海洋鱼类的主要出产地。对出海作业的渔民来说，他们捕获的鱼虾，除了极少一部分以鲜活产品的方式运输到外地销售外，绝大多数都得通过腌制的方式制成鱼干。极其廉价而又适合用于腌制的海盐，便锦上添花般地满足了沿海渔民的需求。可以说，海盐和海鱼一样，都是上苍对沿海居民的厚爱。在福建采访时，我曾在一条近海作业的渔船上看到，几个渔民把刚刚从海里打捞上来的大黄鱼在甲板上杀死，去掉内脏后，顺手抓起一把把泛黄的粗盐抹进鱼腹。在靠海的几乎所有渔村，都能看到的景象之一是，渔民们的房前屋后，总是毫无例外地晾晒着剖开的鱼干。咸湿的海风吹过，你能闻到浓烈的鱼腥味中，还夹杂着一种若有若无的咸味。渔民在腌制作为商品销售的鱼干之外，也会制作一些自家食用的腌制品。比如在靠近渤海的锦州地区，渔民和其他沿海居民有制作生糟螃蟹的习俗。所谓生糟螃蟹，就是把刚从海里捕获的螃蟹切成小块，用盐等简单的调料腌一下放进缸里，几天后就可以捞出来吃。这种腌法不能久放，最多只能保存几天。当地人认为这是非常鲜美的佳肴，但外地人却往往吃不惯。

海盐适合腌制海产品，但纯粹用于腌制的海盐，其味道却不敢恭维，带有一种微微的苦味。因此，许多地方的人在食用腌制的海鱼前，一般都得把海鱼放进清水里浸泡多时，以便稀释掉海盐的浓重滋味。

和福建以及辽宁的渔民们在腌制海产品时，通常都是使用现代化制盐工厂批量生产的粗大海盐不同，海南儋州半岛的马井镇渔民，自许多年以来，一直保持着一个习惯：倘若要腌制较为名贵的红鱼，一定要用邻近的洋浦盐田村出产的手工晒盐。他们认为，只有用这种手工晒盐，才能使红鱼的味道淋漓尽致地发挥出来。这种手工晒盐，同样属于海盐，但和大批量生产的海盐不同，它因提纯的粗糙而保留了更多其他物质成分。事实上，与调味盐和精盐相比，粗盐的成分除氯化钠外，还含有氯化钾、氯化镁、硫酸钙、硫酸钠等多种成分，而这些成分，都有助于它迅速地使被腌的食品入味。

在我国，湖盐主要出产并行销于西北地区。湖盐比一般食盐更咸，在烹调时，使用量也就比一般食盐更少。加上大多数湖盐都直接从盐湖表面撷取、过滤和烘干制成，其间没有更多的加工环节，因此质地纯净，可以让食物保有原味。若论成本，则井盐、海盐和湖盐三种食盐中，最高的是井盐，其次是海盐，最低的就是湖盐。

在甘肃天水的一些地区，当地人把海盐称为大盐，把湖盐称为小盐。这种由小作坊生产出来的小盐，特别适合腌制使用。小盐的制作方式很简单，可分为四步：第一，西北地区分布着广泛的白花花的盐碱地，制作小盐的第一步就是刮回一些盐土；第二，把盐土置于一个底部有裂缝、能够漏过水却不能漏过盐土的铁锅，铁锅下面再放一个可以盛水的容器。然后，用清水一遍遍地浇在盐土上，那些透过盐土流到容器里的水，就是富含盐分的卤了；第三，把卤倒进铁锅，熬干水，锅底就会结晶出一层含有杂质的粗盐；第四，把熬好的小盐装入细布口袋，反复用清水冲洗，洗掉其中的杂质后，盐面越来越白，最后吊起来风干，就是可食用的小盐了。这种方法制作出来的湖盐，味道相当纯正，以至于当地有“咸香咸香，无盐不香”“油香不如盐香”“能说会道离不了钱，五味调和离不了盐”的民间谚语，足见人们对小盐的依赖和重视。当地人用这种小盐制作腌菜，举凡黄瓜、青菜、大蒜、胡萝卜、白菜，常见的蔬菜几乎无一不可用来腌制，且其滋味之独特，令人一食难忘。在当地人的餐桌上，每餐总是有一两样腌菜，其中酸菜尤其受追捧，乃至于四五个人吃饭，哪怕已经有相当多的肉食，酸菜仍然得端上一大盆。更有甚者，在甘肃的某些地方，甚至把腌菜和饭合而为一，做成半是菜半是饭的特色食品。

在海盐大面积进入以前，山西许多地方食用的也是湖盐（当地人又把它称为池盐）。山西地处黄土高原，干旱少雨，历来农业以旱作为主，蔬菜种植数量少，品种也很单一，因此到了冬天，人们很难吃到新鲜蔬菜，腌菜便成为餐桌上的主力军。当地人常常在自家田里或院中种上一畦萝卜或芥菜，秋收时，再把拉蔓后口感较差的茄子、西红柿存放起来，入冬之前，家家户户的主妇们都动手把这些东西制作成各种腌菜，以供全家此后几个月食用。这种风行民间的腌菜习惯，使得山西的腌菜风味独特，花样繁多。“冬腌萝卜夏腌椿”，这是流行于山西河津一带的说法，在当地，腌萝卜采用的是发酵制法，腌香椿则必须用河东所产的粗颗粒池盐。据一位山西作家回忆，20世纪70年代和80年代，在外求学的河津学子，上学时除了带上干粮外，还必须带的就是腌萝卜或腌香椿了。北京有名的六必居酱园，同样是由擅长腌制的山西人创办的，如今已有将近500年历史，它所腌制的酱菜，酱味浓郁，色泽鲜亮，脆嫩馨香，咸甜适口，早在明清时期即十分热销。

北方的素，南方的肉

如果说南方的腌制品更多偏向肉类的话，那么北方的腌制品则更多的偏向蔬菜。

生活于北宋末年的词人朱敦儒在遭逢“靖康之变”后，不得不离开家乡河南洛阳逃往南方。晚年，在回忆故乡的生活时，最让他难忘，以至于引发了他的馋病的，就是北方最常见的腌白菜。为此，他在一首词里说：“先生馋病老难医。赤米委晨炊。自种畦中白菜，腌成瓮里黄齑。肥葱细点，香油慢炒，汤饼如丝。早晚一杯无害，神仙九转休痴。”他认为，人生最大的幸福，莫过于就着故乡的腌白菜，喝一碗糙米稀饭。

每年秋天，全体人民都忙着买白菜，把白菜买回家后再由主妇们辛勤地把它腌成酸菜，这是中国北方无论城市还是乡村，都司空见惯的生活细节。以东北为例，秋末，天气渐冷，繁盛了一个夏天的菜园子开始罢园——黄瓜、豆角之类需要搭架子的蔬菜，最后一批果实摘完后，就得把架子连根拔起，把菜秧也全部拔掉。罢园时节，没有种菜的城里人，开始忙着买最后一拨上市的小黄瓜、小茄子和小豆角，实在买不到的，就只能买那些不中看的大黄瓜、老黄瓜、大茄子、老茄子，其目的只有一个：做腌菜。

腌罢罢园瓜果，又该腌酸菜了。腌酸菜用的是大白菜。在一些小城里，深秋时，总能看到这样的场景：一辆马车或一辆拖拉机满载着大白菜，在一家住户的大门口吱的一声停下来，这家的主人开始呼儿唤女，一齐动手把车上的大白菜搬卸进屋——这堆得跟小山似的大白菜，除了窖藏一部分外，其他的都得腌成酸菜。对北方生活不了解的南方人见了，很有可能小吃一惊，但想想这些酸菜要足够全家人天天吃顿顿吃地维持好几个月，就没有必要吃惊了。

如同我母亲腌青菜时使用的是粗盐一样，远在几千里之外的东北，当地的农民在腌制白菜时，使用的也是粗盐。这些天各一方的人不约而同地使用粗盐，说明了多少代人以来的生活经验，已经使他们对各种盐的功用熟稔于心。

归根结底，东北乃至整个北方，腌制食品是以蔬菜为主，很少有腌肉食的。好像是为了跟北方的辽远苍劲相匹配，北方的腌菜缸子都因硕大而显得霸气十足，一般的缸子，都能腌上一两百斤大白菜，哪怕是相对袖珍的用来腌黄瓜和茄子的小缸，也可以腌上二三十斤。量大，口味重，放盐多，这就是北方腌制的最大特点。

北方之所以更偏重于腌制蔬菜，和严寒的气候有关——长达几个月的冰天雪地，地里根本就没法生长出可供食用的蔬菜，因而只有用腌制的办法，才能把今年的蔬菜保存到明年。至于肉食，反倒不需要特别的气候条件。南方偏重于腌制肉食，是因为气候宜人，四季瓜果蔬菜接二连三地上市，根本就没有断炊之虞，因而用不着把蔬菜腌制起来。反倒是肉食，在以往的小农经济条件下，既没有冰箱可供长期保存，也很难随时就买到肉食，因此把自家杀的猪腌制起来，以备一年的不时之需，就成为首选。久而久之，习惯成自然，有的竟然基本不再吃新鲜猪肉，而是必须做成腌肉才觉得适合。比如著名的羌族老腊肉即是其中的代表。

一般人都认为，新鲜的东西总是更鲜美可口，但羌族人几乎没有吃鲜肉的习惯，而是保持了源远流长的腌制腊肉的习俗。每年农历年底，在羌族山寨，几乎每家每户都要宰杀一头肥猪，悉数腌制为腊肉。其腌制方法大同小异，大抵有两种：第一种，把猪肉分割成一块一块的，再用牙签在肉上戳许多小洞，以便让佐料入味。其调制的佐味，以盐为主，同时加入花椒粉、辣椒粉和料酒，在精盐细心地腌过之后，再把它挂在火塘上方，用香柏枝烟熏。据说熏的时间越长，做出来的肉就越好吃。第二种，猪肉不分割，而是在剖腹去除内脏后，把一头猪整体腌制，腌制方法和小块猪肉相同。在腌过之后，把整条猪挂在屋顶的通风之处，让凛冽的山风将其中的水分吹干。两种方法制作出来的腊肉，同样色泽红亮，咸鲜适度。只不过，前者更文雅，后者更粗犷。羌族腌肉有一个重要特点，那就是长期保存也不会变质。在边远的羌族山区，寻常人家都能拿得出保存了三五年乃至七八年的老腊肉。我的一个到山区支教的朋友，曾经在一个羌族朋友家里，吃过一次据说已经保存了20多年之久的老腊肉。先不说其味道如何，单是能够保存这么久而不变质，就已经是食盐创造出的奇迹。

冬虫夏草：一只昆虫创造的奇迹

自从对科举和仕途彻底失望后，山东淄川人蒲松龄的生活基本局限于教书、写作，以及为附近的乡邻把脉治病。那年冬天，他为镇上一位富户治好了多年未曾痊愈的肺病，兴奋之余，对药方中开出的一味至关重要的药材把玩良久，并为之赋诗：

冬虫夏草名符实，
变化生成一气通。
一物竟能兼动植，
世间物理信难穷。

几乎就在蒲松龄为这种神奇药材赋诗的同时，远在浙江的一个往来于日本和中国之间的大商人，把这种药材作为贵重礼品进献给日本东都幕府的将军。将军不知此为何物，于是请教了曾在中国游历多年的高僧河野，河野为将军一一解说，将军不由长叹：世间竟有如此神物。

令蒲松龄吟哦、幕府将军感慨的药材便是来自中国青藏高原的冬虫夏草。300年后，青海省西宁市一条名叫勤奋巷的小街因这种神奇的药材而成为全世界最大的冬虫夏草中转站。这条只有几百米长的小街，全都是经营冬虫夏草的商铺。20年时间里，冬虫夏草的价格像坐直升机一样，其上涨幅度竟高达1万倍。可以毫不夸张地断言，这乃是20年间价格上涨最快的商品。这些小小的、通体微黄的药材被人称为软黄金，其实，它的价格远在黄金之上。

蝙蝠蛾奇遇记

中国的青藏高原，地势高峻，气候严寒，对许多动植物来讲，这里是生命的禁区。但千万年来，一种叫作蝙蝠蛾的昆虫自由地生息在这里。这是一种体色褐黄、体表长有长毛的普通昆虫，如果不是后来的一系列遭遇改变了它们的生命轨迹，它们将永远在这远离人世的世外桃源自由飞翔。

就像许多蛾类生物一样，蝙蝠蛾在长出翅膀飞上天之前，也是一种蛹状昆虫。蝙蝠蛾的昆虫极喜低温环境，生活在青藏高原的地表下面，以植物根茎为食。当大雪飘飞的冬季到来，它们纷纷潜伏于冻土层中。春暖花开时节，气温不断上升，冻土解冻，蝙蝠蛾昆虫也来到土壤表层，并在四周筑起上下相连的隧道，以便活动取食。经过4年的生长，蝙蝠蛾昆虫长出双翅，成为蝙蝠蛾。由于雌性蝙蝠蛾较重，只能边跳边飞；雄性蝙蝠蛾则可迅速飞行。这些成熟后的蝙蝠蛾像它们的前辈一样，继续在高原上生息繁衍，作为生命链条上的一环，完成种群的世代更替。

但是，蝙蝠蛾昆虫一旦和一种真菌相遇，生命的运行方向将被强行拐弯。这种真菌就是虫草菌，和蝙蝠蛾一样，也喜欢低温和高海拔。虫草菌生活在地面，与出没在地表之下的蝙蝠蛾昆虫原本井水不犯河水，但是，当虫草菌的孢子随风散落在地并遇到雨水之后，自然渗入地下，如果机缘巧合，孢子恰好和蝙蝠蛾昆虫遭遇，便会如鱼得水地黏附在蝙蝠蛾昆虫身上。一旦有适宜的条件，孢子就会萌发出芽管，这些尖状的芽管通过蝙蝠蛾昆虫的口腔、气孔等一切有可能的通道侵入其体内，并形成真菌丝。真菌丝以蝙蝠蛾昆虫体内的有机物质为营养，如火如荼地迅速蔓延。一种异物无端侵入体内且不断蔓延，小小的蝙蝠蛾昆虫为此烦躁、痛苦，在人类看不见的地下苦苦挣扎。最终，一切挣扎都是徒劳。它死了。然后，风雪弥漫的冬天到来，一切又陷入无边无际的沉默与深睡。

但风雪之下的生命依然在顽强孕育，它们不会因外界的严寒而停止既定的进程。来年春天，当草原上又一次春暖花开，原本潜伏在蝙蝠蛾昆虫体内的真菌丝一点点冒出地面，渐渐长成一株紫红色的小草，顶端有一个菠萝状的囊壳。

现在，这场化蛹为蝶般的成长终于大功告成：原本普通之极的蝙蝠蛾昆虫在付出生命为代价之后，和同样普通之极的虫草真菌珠联璧合，生成了一种神奇的物种，那就是名声在外的冬虫夏草。

随着温暖的夏天到来，青藏高原各地先后进入冬虫夏草的采挖季节。那时候，凡是有可能发现虫草踪影的3000~5000米的草原和灌丛地带，到处都是弯腰慢走或是匍匐在地的虫草采挖者。

尼玛才让是个忠厚的藏族青年，多年来，他一直在医药公司从事冬虫夏草的收购工作。在他的记忆里，小时候——也就是20世纪80年代，每到虫草季，他就跟随父母到山上挖冬虫夏草。“那时候山上的虫草很多，一天能挖100多根，有时候，我就把衣服的袖子扎起来，把虫草放进袖子里，一天下来，能够把两只袖子装满。”尼玛才让说。那时，冬虫夏草已经比六七十年代贵了许多——据尼玛才让的父亲介绍，60年代1公斤虫草只能卖两三角钱，70年代则上升到20多元。由于量多易挖，煮面条的时候，人们也会顺手抓几根放进锅里。那时候，在尼玛才让看来，冬虫夏草虽然名贵，但名贵得还不离谱，还是一种可以正常消费的东西。

冬虫夏草价格的走高是从20世纪90年代开始的，尤其是2003年非典之后，冬虫夏草被认为是包治百病的神药，身价剧增。来自青海唐古拉药业有限公司的统计称，2003年，冬虫夏草的涨幅为15%以上；2006年，涨幅高达50%以上，也就是在那一年，冬虫夏草每公斤的价格第一次突破了10万元。到了2007年，冬虫夏草更是创下了每公斤3天涨价达1万元的神话。青藏高原是冬虫夏草的原产地，产地的价格已经如此之高；到了消费地，价格更令人咋舌：来自广州清平中药材市场的统计表明，每公斤800条的虫草王，曾经卖出过50多万元的天价。

人们不禁要问，到底是什么神奇的力量，使得市场对冬虫夏草如此趋之若鹜？或者说，到底是什么样的力量，缔造了蝙蝠蛾的奇迹？

传说中的极草

普通人常常把虫草和冬虫夏草混为一谈，以为两者之间可以画等号，其实这是个小小的错误。世界上拥有虫草发明专利最多的中国药学会冬虫夏草药用价值研究专业委员会主任、青海春天药用资源有限公司总工程师张雪峰介绍说，虫草其实是统称，是一个大类，全世界目前已经发现的虫草有400多种，分布于全球各地；而冬虫夏草则是我国青藏高原的特有之物，又称为中国冬虫夏草。从这个命名就可以看出，冬虫夏草是我国所独有的。虽然不少种类的虫草都有药用价值，但在中医药上得到确认的，只有冬虫夏草。

得地利之便，藏医是世界上最早发现和利用冬虫夏草的。事实上，现在我们使用的冬虫夏草这一称谓，就译自藏语“雅杂滚卜”。生活于明朝中叶的藏医大师、藏医药南派创始人宿喀·娘尼多吉就在他的重要著作《藏医千万舍利》中对冬虫夏草有明确记载，并指出它具有“祛风，利胆，益精”的功能；此后，清朝中叶的藏医大师松西·益西班觉也在《认药白晶镜》中认为冬虫夏草“益精壮阳”。几乎就在益西班觉的同 时代，中医也开始把冬虫夏草应用于临床，清代药学名著《药性考》称：“冬虫夏草味甘，性温，秘精益气，专补命门。”同样也是清代著作《本草纲目拾遗》则说：“冬虫夏草，功与人参同，能治诸虚百损，以得阴阳之气全也……功与人参、鹿茸同，但药性温和，老少病虚者皆宜使用。”

众所周知，中医向来有阴阳之说，世间万物，有的补阴，有的壮阳，但阴阳俱补的却只有一种，那就是冬虫夏草。现代医学已经证明，冬虫夏草虽不像民间传说的那样包治百病，但它的确具有补肾益肺、止血化痰之功，可以用于久咳虚劳、痨嗽咯血、阳痿遗精、腰膝酸痛等诸多疾病的治疗和作为各种恶性肿瘤手术或化疗后的辅助药物。非常神奇的是，随着现代医学的进步，每过一些时间，药学家们就能从冬虫夏草中提炼或分离出新的对人体有益的成分，这种神奇，不由得让人想起庄子所说的“一尺之棰，日取其半，万世不竭”的哲学论断。

冬虫夏草的主产区海拔在3800~5200米，那儿空气稀薄，气候寒冷，处于极端的自然条件。这种自然条件，决定了冬虫夏草的分布区域只能是以青藏高原为中心的高寒地带。从行政区域上说，青海产区面积最大，西藏次之，再次是云南和四川、甘肃。青藏高原周边的不丹和尼泊尔也有冬虫夏草，但产量极少，几乎可以忽略不计。

隐秘的生长历史、严峻的生存环境，以及身跨动物植物两界，这种先声夺人式的闪亮登场，已经赋予冬虫夏草先天的神秘力量；而历代医家对它的推崇，把它和人参、鹿茸相提并论，并隐然置之于前面二者之上，再加上民间对它的各种美化和添油加醋的神话，它的价格一路飙升也就是情理之中的事情。任何一种商品，只要有利可图，就会引来投机者，冬虫夏草亦然。近些年，不少民间资金进入冬虫夏草市场，为原本就已经高热不止的冬虫夏草再烧了一把火。

勤奋巷是青海省西宁市的一条寻常小街，就像西北城市的许多小街一样，街面大多是年久失修的楼房。但与一般小街的那种落寞不同，一年四季，这里最不缺的就是人气——从当年挖出的冬虫夏草开始上市的5月开始，这里总是回响着带有全国各地方言腔的普通话，一家挨一家的店铺全都经营冬虫夏草。据不完全统计，勤奋巷每年交易的冬虫夏草达40吨之多，占了青海省总产量2/3以上。以2006年为例，其市场价值高达40个亿。可以说，这条不起眼的小街，它的每个简陋的门市所产生的经济效益，与北京上海等大都市的商业街的门市相比，毫不逊色。

一般来说，草原上采挖冬虫夏草的牧民因为每家每户采挖的量都不大，加上交通不便，甚至语言不通，冬虫夏草大多卖给那些从西宁等地赶来产区的小贩。小贩们对青藏高原各地冬虫夏草的采挖季非常熟悉，他们带着现金，冲州撞府，在各个采挖地收购。收购到一定的数量后，再运到勤奋巷，转卖给勤奋巷里驻扎的大商贩或是来自全国各地的冬虫夏草商。在这些大商贩手里，往往会对刚刚采挖的冬虫夏草进行粗加工，如把它们按大小、光泽、形状等标准分级。不同级别的冬虫夏草，销售价格相差很大。最终，那些出没在全国各地的药店或是专营店铺里的冬虫夏草，其间已经被多次转手，自然，销售终端的价格和采挖地的收购价，已经不可同日而语了。

冬虫夏草带来新生活

在尼玛才让的记忆里，从高一开始，他和同学们都多了一个10天的假期。这个假期在全中国，也唯有青藏高原的冬虫夏草产区的孩子们才有，那就是虫草假。由于青藏高原各地自然条件迥异，各地冬虫夏草的采挖季也不同，因而各地的虫草假也不同。尼玛才让记得，虽然20世纪80年代他就跟随父母上山采挖冬虫夏草，但那时家里的主要经济来源还是依靠放牧的那几百头牛羊；但进入90年代，尤其是21世纪后，他家和周围的乡亲们的主要经济来源，已经在不知不觉之间由牛羊变成了冬虫夏草。据统计，青藏高原牧区至少每年有100亿元资金由冬虫夏草提供，而其他牛羊和矿产等产业全部加到一起，也不足100亿元。也就是说，冬虫夏草占有高原经济的大半壁江山，至少有30万以上的人口依靠它生活。

冬虫夏草的价格在短短10多年间急速走高，如同魔法师的神奇之手，给青藏高原世代放牧为生的牧民们带来了另一种全新的生活。

青海是冬虫夏草资源最丰富、出产量也最大的省份，其辖下的玉树州则又处于青海省的最前列。在玉树州州府所在地结古镇采访时，经人介绍，我们认识了来自草原的扎西次仁。扎西次仁30多岁，穿西装，打领带，如果不是脸膛上的高原红，你看不出他是一个世居青藏高原的原住民。他的手腕上，很显眼地戴着一只浪琴表。同行的朋友和他开玩笑："老乡，挺有品位的嘛。"扎西次仁腼腆一笑，回答说："我不懂什么品位，看这个贵点，就买了。"扎西次仁介绍，他家有5个人，每年大约能采挖到2~3公斤冬虫夏草，按当下的市场价格，可以卖到30~40万元。在扎西次仁所在的乡，这种人家比比皆是，而真正更有钱的还不是他这种只靠自己采挖的，而是另外一些除了自己采挖，还在产区收购后转卖勤奋巷的人，他们的收入至少有扎西次仁的一倍以上。

丰厚的收入彻底改变了传统的日出而牧、日落而息的古老生活，草原也因为冬虫夏草这神奇的软黄金而引发了持续的喧哗与骚动。结古镇虽然是玉树州州府，但其实只是一个只有几千人的弹丸小镇，可就在这个弹丸小镇上，居然建有3家四星级宾馆，而且家家生意兴隆。高原上的牧民和大都市市民不同，他们一般不需要买房，即使要买，价钱也很低，而传统的饮食，也花不了几个钱。他们因为冬虫夏草而挣到的大笔财富，几乎没有多少可以花出去的地方。因此，畸形消费便成为当地一景：大众出产的豪车辉腾，即便在北京和上海这样的大城市，也很少见到其身影，可在小小的结古镇，半天之内，我们居然就见到3辆，而且挂的都是当地牌照。至于其他中档车，镇里镇外随处可见。知情人说，玉树这几年买的车和西宁差不多，城小车多，只能开三四十码。在冬虫夏草采挖季节以外的其他日子里，许多无所事事的年轻人就开着他们的新车，在小镇的街上来来回回地闲逛。

扎西次仁的一个邻居小伙子，挖冬虫夏草挣到一些钱后，举家搬迁到西宁，买了辆汽车跑出租，可不到半年，又回到了高原，因为他无法适应西宁的生活。对他来讲，每年用一个月的时间采挖冬虫夏草，其余的日子则喝酒打牌，开车闲逛，这样的生活远比都市更有吸引力。

事实上，采挖冬虫夏草已经成为不少地方脱贫致富的捷径。玛多县因地处三江源头，前些年实行全县禁牧，牧区居民一律搬迁安置。当有关部门还在为这些移民的生计担忧，采挖冬虫夏草令他们又惊又喜地解决了后顾之忧。扎西次仁的一个表兄，既自己采挖，又邀约两个朋友在产区收购，然后转手卖到勤奋巷，一年下来，挣了将近100万元。表兄把这归结于佛祖的保佑，亲手把利润的一半，也就是50万元，捐献给了一座著名的寺庙。

当然，冬虫夏草带来的新生活并非皆大欢喜，其间也有不少令人头疼的事情。玉树的一位地方官员介绍说，由于冬虫夏草资源越来越稀缺，每到采挖季，为了防止外地人前来偷采，各地牧民严阵以待，外地人进不来，旅游止步，工程停建。更烦心的是，由于采挖冬虫夏草，不时还会发生村庄与村庄或是乡与乡之间的群体械斗。“金子识人心，冬虫夏草更识人心啊。”这位官员感叹着总结。

冬虫夏草的昂贵，令不少企图一夜暴富的人铤而走险。前年，在成都曾发生过一桩奇案：为了盗走钟氏虫草行的冬虫夏草，两个小偷租下虫草行对面的铺子，白天下棋，晚上掘土，最终，竟挖出一条几十米长的地道，进入虫草行内盗走了价值上千万元的冬虫夏草。如果说这种奇案是特例的话，那对冬虫夏草业内人士来说，做假草是他们很多人都熟知的。

做假草有几种方式，其中最简单的莫过于用面粉或是其他与冬虫夏草相似的东西经过加工后冒充，但这种方式太没技术含量，稍有经验的人就会识破，作假者便与时俱“新”——张雪峰介绍，有些不法商人，把冬虫夏草放在筛子里，下面放上一个酒精炉，炉子上的钢精锅里，盛上半锅水银，把水银烧沸后，水银的蒸汽就会弥漫到筛子里，里面的虫草相当于直接用水银熏蒸。水银是重金属，哪怕熏蒸得少，虫草的重量也会大大增加。只是，水银本身有毒，用这种方法熏蒸过的虫草，不要说滋补身体，不中毒就阿弥陀佛了。

一根冬虫夏草能够走多远

正如硬币的两面一样，冬虫夏草在给采挖者和经营者带来高额利润的同时，也遭受了部分人士的质疑。

质疑之一：采挖冬虫夏草严重破坏了原本就脆弱的青藏高原的生态平衡，如果放任自流，很可能引发生态灾难。

质疑之二：冬虫夏草的药用价值被严重夸大了，有炒作的嫌疑。

针对这两种质疑，笔者采访了张雪峰先生。张雪峰不是青海人，而是来自成都，曾经是一个优秀的律师，因为一个偶然的机缘接触到冬虫夏草，几年间，成为中国拥有冬虫夏草专利最多的专家。

针对质疑之一，张雪峰认为，采挖冬虫夏草的确破坏了环境，但究其实质，不是采挖冬虫夏草本身所致，而是采挖人员素质所致。原来，每年冬虫夏草采挖季，当地的和外地的采挖者——由于草原现在已划归各家各户承包，外来的采挖者必须交纳一定费用，才能获准。这支庞大的采挖大军要在野外生活二三十天。由于环保意识的缺失，这二三十天产生的生活垃圾都留在了草原上。因此，在一些采挖点，随处可见塑料袋、啤酒瓶、香烟盒之类的遗弃物。此外，正常采挖冬虫夏草，是用一把小铁锹轻轻挖去其周围泥土，小心地把它拔出来，再把泥土回填。但现在，由于采挖者的急功近利，不要说回填泥土，就是采挖时，也是下大包围，即大面积地挖掘。这样，原本采挖一根冬虫夏草只需开挖直径不到一尺的泥土，现在则往往要挖到直径一米，自然会给原本就脆弱的高寒草原留下后遗症。只是，与其把这归罪于冬虫夏草，不如加强对采挖者的环境教育。就好比有人用菜刀行凶，我们不能说这是菜刀的错，从而禁止使用菜刀。

针对质疑之二，张雪峰介绍说，冬虫夏草入药，藏医有上千年历史，中医也有几百年历史；而西方最早是把它作为一种奇特生物加以研究的，最近几十年才开始药用，研究得很晚，对冬虫夏草的认识还有待进一步提高。临床运用则表明，冬虫夏草对多种疾病的确有很大疗效。当然，它肯定不是包治百病的神药，世界上也不可能有包治百病的神药。冬虫夏草最大的魅力在于，它能够持续地提高人体免疫力。免疫力提高了，人体抵抗疾病的能力自然也跟着水涨船高。张雪峰认为，传统的服食方法有很多误区，即人体不能充分吸收冬虫夏草的有效成分。他和中科院西北高原研究所的专家们共同研发的冬虫夏草含片，已经通过临床试验，可望在这方面开辟出新的天地。

采访期间，我们来到了青海省果洛州。这里是冬虫夏草的重要产区，位于产区中心的雪山乡更是以出产质量高的虫草而闻名。这个地处青藏高原腹地的小地方，因为冬虫夏草而变得面目一新。小学校的孩子们，穿戴得竟然比西宁这样的省会城市的孩子都更干净、洋气。据介绍，这个乡的许多家庭，依靠神奇的冬虫夏草，年收入都在100万元以上。

夕阳西下，我们的车离开了雪山乡，冬虫夏草的采挖季已经过去，公路所穿行的草原牧草连天。就在牧草之间，有一只只蝙蝠蛾在飞舞，这些优哉游哉的小生灵，它们永远不知道，围绕它们的，有着怎样的梦想和传奇。

古迹重寻

在厦门港，

历史与现实就这么神奇地不期而遇了。

在昨天即将消失的地方，

未来的身影飘然而至，

就像鲜活的生命一样，

历史也遵循着新陈代谢的必然规律。

大中国的海上走廊

面朝大海，春暖花开。

三月的闽越大地，花朵鲜亮，细雨阴柔，总让人不由自主地想起海子这句著名的诗。

我是为了寻访福建四大港而来的，我的足迹遍布泉州、漳州、福州和厦门。由于濒临太平洋这一得天独厚的地理条件，福建以它3300多公里长的曲折海岸线，从遥远的唐宋时期，就一步步成为大中国的海上走廊，以至于自古就有所谓“闽在海中”的说法。泉漳福厦，四大港口，如同一篇锦绣文章的起承转合，它们接力赛般地在上千年的时光里，此起彼伏地成为中国的海上门户。梳理四大港的兴旺与衰落，变迁与蜕变，基本也相当于重温了一回中国海洋文明史。——说是四大港，其实是个概数，因为每个大港下面，无一例外地都有众多的支港：后渚、法石、安平、月港、石码、马尾、江阴、福清……这些听上去平淡无奇的名字，都曾是赫赫有名的商埠，是中国率先走向全球化的桥头堡。可以这么说，辽阔激荡的海洋给福建人带来的，既是闽商书写的辉煌旧事，更是浸入骨血的开拓、进取的海洋精神……

泉州：中国海上零公里

黄昏时分的九日山一派静穆，雀鸟归巢，游人星散，站在山顶的微风中，我能看到晋江水面上若有若无的轻雾。我知道，如果时光往后回溯，我所看到的轻雾中，将会出现为数众多的高大帆影。九日山多岩石，“但有岩石处，无一不刻字”，在这些风格迥异的摩崖里，我要寻找的是一种叫“祈风石刻”的遗物。

那是泉州这座繁荣了几百年的海上巨港的遗物。所谓“祈风石刻”，乃是两宋时期，每年商船出海前夕，太守和主管贸易与港口的市舶使就会来到九日山，为那些被称作“番舶”的远洋商船祈祷一路顺风。每次祈风，都要勒石纪念。一路浏览，我从其中一方石刻上读到了这样的文字：“车马之迹盈其庭，水陆之物充其俎。”这段文字描绘的是几百年前的祈风盛况，也是泉州作为海上丝绸之路起点的又一佐证。

泉州港的兴起源于一场旷日持久的战乱。它充分说明，他乡的灾难，很可能却是自身的机遇。那场战乱就是使唐王朝由盛转衰的“安史之乱”。“安史之乱”后，唐政府对西域失控，那条从长安出发经由西域再通向中亚和欧洲的“丝绸之路”也随之中断。当北方因战乱而经济凋敝时，南方却保持了相对稳定。南亚和中亚的商人们，为了高额利润，不畏艰险地从海上穿越了马六甲海峡后抵达中国。因此，当“丝绸之路”式微并退出历史舞台时，一条以泉州为起点的海上丝绸之路渐渐形成。

历史上的泉州港，由3湾12港组成，这些星罗棋布于晋江和洛阳江入海口的港口中，最重要的当数后渚港、法石港、安平港和蚶江港。

宋元时代的法石港今天不复存在——由于河床淤积，过去千帆竞发的港口已抬升为陆地，昔日泊舟的江面，如今是一条通向后渚港的街道。作为泉州港的主港，后渚港背山面海，港道深阔，不仅利于避风，也利于停泊和起航。20世纪，在后渚港出土的一条36米长、载重200余吨的宋代商船，再次证明了后渚港旧时的繁荣。这条宋代商船上，有13个水密隔仓。水密隔仓的作用在于，当商船某部分触礁进水，不会导致整条船只覆没。在中国，这种方法的运用始于唐代，比欧洲早了1100多年。1984年，前来参观的英国著名科学史家李约瑟博士称它为“中国自然科学最重要的发现之一”。

安平港位于泉州南围头湾内，港内有白沙、石井两澳夹峙，港内海面开阔，加上陆路交通发达，安平人自古就有出海经商的传统。得地利之便与风气之先，安平商人向来和徽商、晋商齐名，但和徽商、晋商不同的是，他们的经商是外向型的，是通过包括安平在内的港口面向海外的，正如《安海志》所说的那样："商则襟带江湖，足迹遍天下，南国明珠，越裳翡翠，无所不有；文身之地，雕题之国，无所不到。"

元明之交的兵乱使后渚港逐步衰落，安平由于离泉州城较远，所受影响相对较小，加之海岸曲折，有利于走私，从而慢慢演变为私商大本营，私商中的代表人物就是郑成功的父亲郑芝龙。在与明政府和外来的荷兰商人及日本商人的博弈中，拥有强大海上力量的郑芝龙与荷兰达成协议：郑的船队把生丝及中国特产运到台湾，再由荷兰人以相当价格收购后转贩日本。郑芝龙受招安后，安平成了半官方半私商性质的福建第一大港。顺治初年，郑芝龙已有部众3万，帆船千只，垄断了以安平为中心的漳、泉海上贸易。其中，一年内从安平至台湾的商船就达33船次，由台湾返安平的17船次。从安平运往台湾的是生丝、白砂糖、瓷器及各种纺织品，从台湾运回安平的是胡椒、鹿肉及日本白银。财源滚滚的安平港给郑成功留下了不可磨灭的印象——多年以后，当他打下台湾，还特意把荷兰人修筑的热兰遮城改名为安平。

在今天的安平，有一座石桥，这座横跨于海湾之上的连梁式大桥，乃是当年从港口通往安平镇的必经之路。如今，由于泥沙淤积，许多桥洞下已不再是碧蓝的波浪，而是沉积的陆地，但它那2000多米的长度依然气象恢弘。站立桥面，还能想象得出当年安平作为泉州南港的富庶与繁荣。

蚶江港位于泉州湾南岸。1784年，清政府开放蚶江港与台湾鹿港对渡，8年后，又开放蚶江港与淡水河口的八里岔对渡。其时，福建与台湾的对渡共3处，蚶江港是最重要的中心港。在蚶江，集中了众多泉州及台湾的"行郊"在此做中转贸易。所谓"行郊"，"行"是指商行，"郊"是指各种商行联合的商会。当时，从蚶江港运往台湾的多为陶瓷、药材、茶叶、烟叶及日用品，从台湾运回的则是大米、樟木、楠木、蔗糖、水果等。在蚶江镇保存下来的那条通往古码头的老街，我看到狭窄的街道全由青石板铺成，一块挨一块的石板几百年来已被行人踩得光滑发亮。起伏的房屋间，偶尔会有一两座用牡蛎壳筑墙的老房子。据说，这些牡蛎墙已经有几百年历史，它们经受了从郑芝龙时代到今天的风吹雨打，却依然像精力充沛的老人那样神采奕奕。

自唐朝开始，在不到3个世纪的时间里，泉州港经历了4次飞跃：北宋时，赶上并超过宁波，仅次于广州；南宋初，赶上广州，与之难分伯仲；南宋末，超过广州，成为全国最大港口；元代，成为世界最大港口之一。

宋元及明初出版的地理著作和史书，如赵汝适的《诸蕃志》，汪大渊的《岛夷志略》，周致中的《异域志》，以及官修的《元史》，凡记载我国与海外诸国的航线距离、方位和日程，几乎都以泉州港为基准。也就是说，在那个时代，泉州是中国的圆点和海上“零公里”。据统计，北宋时与泉州有贸易关系的国家有30多个，南宋时增至50多个，到元代则增至90多个。众多操着不同语言的外国人来到泉州，既有传教的，也有游历的，当然更多是经商的。那时候，泉州是一座五方混处、华夷杂呈的国际大都市。如果说海上丝绸之路是联系东西方的纽带，使整个世界文明得以互相渗透和交融，那么泉州就是这种渗透和交融的中心。

在当时的旅行家眼里，泉州无疑是一座伟大的城市。马可·波罗曾奉蒙古大汗之命护送公主远嫁波斯，他的远涉重洋之旅，就是从泉州开始的。对这座东方巨港，多年以后，他回忆说：“刺桐城的沿海有一个港口，船舶往来如织，装载着各种商品，驶往蛮子省的各地出售。这里的胡椒出口量非常大，但其中运往亚历山大港以供应西方各地所需的数量却微乎其微，恐怕还不到百分之一。刺桐是世界最大的港口之一，大批商人云集于此，货物堆积如山，买卖的盛况令人难以想象。”

马可·波罗所谓的刺桐城，乃是泉州的古称。刺桐是一种原产马来西亚的热带植物，五代时，留从效扩建泉州城，下令遍植刺桐，从此，泉州城便开满了红色的刺桐花，泉州被称为刺桐，泉州港被称为刺桐港。来自海外的刺桐成为泉州的市树，这是一个象征，它象征着泉州既是中国的，也是世界的。事实上，多年来，除了在这里大量进口来自大食、渤泥、三佛齐、门者婆、真腊、占城等地的龙涎香、丁香、沉香、降真香和胡椒外，波斯的菠菜，日本的瓮菜，暹罗的茄子，南亚的南瓜，荷兰的荷兰豆和葱，它们无一不由泉州登陆，踪迹渐遍中国。作为回报，泉州输出的是丝绸、茶叶、蔗糖，以及泉州生产的深为西方王公贵族喜爱的瓷器和刺桐缎——15世纪，当商人们把精美的泉州瓷器运到欧洲时，虽然贵重得与黄金相当，却仍然供不应求。

伊本·白图泰把泉州港和亚历山大港相提并论，认为二者是并驾齐驱的国际大港。亚历山大港在埃及，由于得地中海之便而在1000年的时间里稳坐世界第一大港交椅。当泉州港在东方兴起时，亚历山港已然走向没落。从某种意义上讲，泉州港正好取代了亚历山大港，成为当时全球的航运中心和世界第一大港。

在蚶江港附近的一个村庄，我意外地看到了番木瓜、番石榴和火鸡，在当地农民眼里，这是几种普通之极的东西。但事实上，它们全都是不远万里而来的舶来品。有趣的是，在这里，火鸡也入乡随俗了：农民们食用时，不像西方人那样烧烤，而是清炖或红烧。

月港：一个政策型港口的兴衰

其实，我的关于福建四大港的寻访，早在距离大海还有上百公里的华安山区时就开始了。在福建最大的土楼——二宜楼，我惊奇地发现，这座建于清代的土楼，竟然画有半裸的西洋美女，还照猫画虎地描着几行无法拼读的英文，墙壁上，糊着20世纪初的《纽约时报》。土楼所在的地方是典型的福建山区，在一般人想象中，它往往和阻隔、闭塞之类的词语纠缠不清。但西洋美女和《纽约时报》使我顿悟：这个丘陵起伏的山区，一定有一条和外界交流的秘密通道；这片群山围困的大地，其实和世界并不遥远。后来，当我从华安前往漳州时，我看到了那条秘密通道——那就是水量丰盈、江面宽阔的九龙江和九龙江入海口的月港。

到达漳州后，我先后向几个出租车司机打听月港，他们有的告诉我在龙海，有的告诉我在石码，还有的告诉我在海澄，总之，说法各不相同。后来，当我真的来到码头，我才明白，他们说的其实都不错。因为，位于九龙江下游的月港，原本就是一个沿江布局的内河港，它曲折蜿蜒，形同月亮，因而得名。

九龙江是福建第二大河，这条从闽南山区流出的河，水量大，落差小，自古就是沟通漳州和闽南山区的要道。至于月港，它的港道从海澄镇起，顺流而东，经过海门岛后到达九龙江口的圭屿，并经厦门岛入海。据记载，从月港到厦门，无动力时代的船只需要航行差不多一个晚上。属于内河港的月港，港道不深，出海也不方便。当地人介绍，以前，由于九龙江水浅，大船装满货物后从月港出发时，必须得用几条小舟拖曳，大船才能航行。如此说来，月港并不是一个适合建立港口——至少并不是一个适合建立出海大港的地方。考察历史，不难发现，月港是一个政策型的港口，它的崛起和繁荣，纯属阴差阳错。

元末，泉州因饱受战乱而衰落，但对内对外贸易的需求并不会因泉州港的衰落而终止，这种需求必然会刺激人们在另一个地方建设一个“泉州港”，于是，距离泉州只有几十公里的月港闪亮登场了。

月港的出现，同时也和明代海禁政策密切相关。朱元璋建立明朝后，为了防止张士诚和方国珍残部与倭寇勾结，危害国家安全——当然，更主要的内在原因，在于小农意识对于开放的海洋的恐惧——从而实行了严厉的海禁。但是，福建沿海不仅有多年的海外贸易传统，而且由于地少人多，农耕不足生计，必须以舟为田，才能生存。这种情况下，即便有被抓获后充军乃至斩首的风险，海上走私仍不绝如缕。对此，福建学者郑有国先生在接受我的采访时总结说：“明朝扼杀了一切民间海外贸易活动，把一切海外活动视为洪水猛兽，无视中国经济的发展和世界大环境的急剧变化，在所谓片板不许下海的禁令下，民间商人可以选择的就是海盗式商人活动，以背叛的形式反抗这种制度。”

15世纪，葡萄牙人打通新航道，并在占据马六甲后，与中国沿海接触。但是，葡萄牙人面对的乃是闭关锁国的海禁；1522年，当葡萄牙人被驱逐出广州后，他们开始寻找沿海的偏僻小岛为基地。其中，最主要的基地是宁波附近的双屿和厦门南边的浯屿以及漳州的梅岭。在双屿和浯屿，不到一年的时间，葡萄牙人就设立了行政机构，修建了1000多间房屋，常住人口达3000多，其中葡萄牙人就有1200多，俨然事实上的国际贸易网点。

如火如荼的走私招来了政府讨伐。朱纨就任浙江巡抚兼管福建海道、提督军务后，派兵围剿了双屿、浯屿和梅岭。在浯屿，一次就逮捕并处死葡商数名，闽商90余名。他还采纳俞大猷的建议，用上万根修长的松木钉入航道，封闭了3个港口。

朱纨的严厉打击，使从事海上贸易的闽商损失惨重，面临破产，福建的一些官宦世家，此前也大多在闽商的贸易活动中参股，或是充当他们的保护伞而获利，因而，他们的利益也蒙受巨大损失。于是，福建当地官员和福建在京官员，纷纷上疏弹劾朱纨，指斥他滥杀无辜。在钩心斗角之中，朱纨被撤职，于狱中自尽。自此，官员们对海上私商噤若寒蝉。

双屿、浯屿和梅岭被废弃，明政府的海禁也随之松弛，这样，四大走私港中硕果仅存的月港一枝独秀。此后，明政府为了管理月港，在月港设立了海澄县，这个县名寄托了明政府的幻想：海疆澄清。但设县次年，就不得不开放海禁，准许往贩东西二洋。不过，这些出洋的商船，必须从月港出发，并在从月港到厦门的九龙江水道上，接受层层关卡的盘验。

如前所述，月港并不是一个合适的海外贸易港口，或者说，福建有更多的地方，比月港更适合开发为通洋港，但方便朝廷管理才是一锤定音的终极标准，至于商人们是否方便，港口是否优良，不在政府考虑之中。

这种半开放政策，给偏僻落后、原本只是芦荻丛中一二聚落的月港带来了史无前例的巨变。短时间里，月港就因“居民数万家，方物之珍，家贮户藏，而东连日本，西接暹球，南通佛郎、彭亨诸国，其民无不曳绣摄珠者”，从而被称为小苏杭。尤其值得一提的是，烟草就是通过月港传入中国的。据载，当年月港的商人们在遥远的吕宋学会了种植烟草，并带回来在月港附近的石码种植。但直到收获，也没人知道这种舶来作物的名字，就学着吕宋发音称它“淡巴菰”，后来，吸烟的人多了，称呼也随之多了起来，如吕宋熏、金丝熏、烟草等等。

和烟草一样，随着远航的商船来到中国，并从月港登陆的农作物还有甘薯。甘薯又名红薯、番薯、山芋、红苕，现今我国大多数地区都有种植。究其根源，甘薯的野生种起源于美洲，由印第安人培植成功，哥伦布航海时带回欧洲，后来，西班牙人把它带到了南洋。万历年间，一个叫陈振龙的福建人在吕宋经商时，把它带回福建。试种后，获得成功。由于甘薯易栽培，产量高，对解决吃饭问题能起到立竿见影的效果，福建巡抚大力推广，农学家徐光启也专门撰文推介。很快，这种舶来物就由福建扩展到大江南北。

月港的繁荣持续了上百年，明末清初，郑成功、郑经父子与清军在闽南沿海对峙，拉锯战几近40年，月港惨遭池鱼之祸：清廷为了扼制郑氏，实行迁界政策，海澄沿海30里划为弃土，人民被迫迁往内地，繁华的月港从此一蹶不振。

豆巷是当年从海澄镇通往月港码头的一条百余米长的小街，当年进出月港的货物，统统由这条不起眼的小街上船下船。街上的石板路和两边的民居仍然保留着旧时模样——当地人说，明朝时就是这个样子了。穿过豆巷，便来到月港码头，春汛之际，划出一道圆弧的九龙江大有“潮平两岸阔，风正一帆悬”的气象。只是，港口已看不到那些远去的商船了，只有几叶小舟泊在无边的风雨里。当我举起相机拍摄时，从旁边一间房子里蹿出一个穿保安服的男子，他神情严肃地告诉我，这是港口，是重要地方，不许随便拍摄。他的严肃中带着几许兴奋，很可能，这个无所事事的保安，庆幸终于找到了一件可以体现自己价值的事情。

福州：海上枢纽的千年往事

在福建四大港中，福州港至少要拿三个第一：其一，海岸线长度第一。北起罗源湾，南至兴化湾北岸，东到平潭岛，福州港海岸线总长1137公里，拥有福建全省海岸线的1/3。按通常的划分，福州港可分为闽江口内、松下、江阴、罗源湾等港区。其二，自然条件第一。闽江是福建第一大河，它从武夷山一路东来，支流众多，水量充足—— 一个数据很能说明问题：黄河的流域面积是闽江的12倍，流量却只有闽江的9成。闽江及其众多支流，形成了扇形交通网络，使福州拥有广阔的经济腹地。出闽江口，则是东海航线和南海航线的交汇处。其三，建港历史第一。正是基于以上两个第一，早在西汉年间，政府设立东冶县，县治就在福州。《后汉书》载，东汉初叶，东冶就与中南半岛开辟了定期航线。三国时，福州属于擅长造船和航海的东吴，此时，最著名的事件莫过于卫温到达台湾。唐代，当泉州发展成全国最大港口时，福州也有了进一步发展，除了与中南半岛和马来半岛诸国的传统航线外，还开辟了包括新罗、日本、三佛齐、印度、大食等国在内的新航线。五代，王氏据闽，一个规模空前的港口横空出世，那就是著名的甘棠港。

甘棠港的具体地址在哪里，目前学界尚无定论，但不管哪一种说法，甘棠港都在福州境内。史载，这个空谷足音般的港口，它“人烟繁盛，舟船凑集”，为政府提供了大笔商税收入。它不仅是沿海贸易商业港，也是五代北宋时的一个重要对外贸易中转港。此时的福州城，因海上交通枢纽的显赫地位而“悉通海舟，朝夕盈缩之波，底泽鳞介，岸泊艓舶”。也就是说，当时海船乘着潮汐进入福州城，闽江两岸都停满了大小船只，至于当时的福州城里，则是“人烟绣错，舟楫云排，两岸酒市歌楼，箫管从柳阴榕叶中出”。

郑有国先生告诉我，同为海洋省份的广东和福建，它们都有悠久的海外贸易史，一大重要区别是，广东往往是坐商，坐等海外商船到来，福建往往是行商，在致富精神鼓舞下，闽商不惜与风浪做伴，扬帆海外。如元末的林氏家族，重金制成大型商船，远走南洋诸国，后来形成了几百人之众的大海商集团。明朝成化年间，市舶司由泉州移至福州，福州港再次成为福建港口的龙头老大。在福州市区，有一座万寿桥，这座不起眼的桥建于明代，原名尚公桥。尚公，就是朝廷派驻福建的市舶太监尚春，由他负责管理海外朝贡和贸易事务。尚公桥附近，有一座柔远驿，是当年接待海外商人的地方，相当于福州的迎宾馆。

我曾经看过19世纪40年代来华的英国画家笔下的福州港。画面上，一条长桥连接城市和闽江上的岛屿，城市和岛上，都耸立着充当航海标志的高塔。港湾里，帆樯云集，岸边，一些中国人在悠闲观望。事实上，近代欧洲人不远万里来到福州港时，从他们留下的文字看，说是惊艳，毫不夸张："福州城中有建筑物覆盖的面积大约为宁波的2倍，上海的3倍，厦门的5倍。我所听到的最低估计是，福州的人口有50多万，本人倾向于把这个数字增加到60万。这个数字应该不会过大，因为只要想一下城墙有二三十里长，城内面积都为建筑物覆盖。"——如果我们知道，当时欧洲的著名城市如阿姆斯特丹，以及欧洲排名第二的大港巴塞罗那的人口，也远未达到60万时，就会清楚，19世纪中叶的福州如何因地当要道而兴盛如斯。

最早到福州通商的西方国家是葡萄牙，紧接着是西班牙、英国和美国。1847年前后，在一个传教士眼里，福州沿着江岸都是商人住宅和货栈，南台一侧建成了英国及其他国家的公使馆、海关，以及外商的住宅和商馆。1855年，三家从事贸易的英国公司和两家美国公司共输出茶叶15739700磅，此后3年，平均每年有35476900磅输出。

进入19世纪60年代，福州茶叶贸易更加蒸蒸日上，"各国船只驶闽运茶者遽呈争先恐后之状，福州由是遂成驰名世界之茶叶集中地"。斯时，茶叶出口占了福州出口总值一半乃至2/3以上，自1866年以后的20年间，从福州港出口的茶叶超过了广州和上海，福州港一举成为全国最大茶叶出口地，每年的出口量竟占全国1/3以上。这些茶叶几乎都由闽江上游水运而来，在福州港转手后，送上远洋商船，福建茶叶的清香随之弥漫了大半个地球：从英国到美国，从新西兰到意大利，从南非到澳大利亚，从俄罗斯到新加坡，福建茶叶都是驰名一时的名优产品。由于对外贸易扩大，各国纷纷在福州设立商业机构。1867年，据闽海关统计，福州已有15家英国洋行，3家美国洋行，2家德国洋行，1家布津吉商行，3家银行，2家货栈和1家印刷局。可以说，在当时，福州乃是远东地区最为国际化的城市之一。与海外的诸多联系必然使这座城市处于西风东渐的潮头，这里的知识分子也就比内地同行更早睁开眼睛看世界，从林则徐到严复，从沈葆桢到林觉民，莫不如此。

闽江即将流入大海的马尾港，有一座江心洲，洲上有一座高耸的石塔，那些远道而来的外国商船把它亲切地称作中国塔，看见这座塔，就意味着"烟柳繁盛之地，温柔富贵之乡"的福州城快到了。这座中国塔的正式名称是罗星塔，直到今天，它仍然高高耸立于闽江之畔，只不过，几百年沧海桑田的巨变，原本的江心洲已与大陆联结在一起。在明初，罗星塔就被绘入了《郑和航海图》，以后又被收入《航海针经图》，是国际公认的海上重要航标。马尾与福州的关系，恰如吴淞口与上海一样。

就在福州港以茶叶为龙头走向全面繁盛的19世纪60年代，一个饱含了近代中国人希望与屈辱的机构在马尾港"应运而生"，那就是声名昭著的福建船政。

19世纪中叶，那是一个中国遭遇2000年未有之变局的大动荡时代，一些有识之士渐渐从对洋人的恐惧与诅咒中走出来，于是，守旧与启蒙俱在，封闭与开放同行，而师夷长技以制夷，则是当时的时代最强音。福建船政就是这种精神的产物。今天的马尾是一个远离市区的小镇，但在140年前，这里却是全中国最具国际性和全球意识的地方，在这里，诞生了若干个中国第一：第一家现代造船厂，第一座现代海军学堂，第一艘千吨级舰船，第一只铁甲船，第一架飞机，第一台实用蒸汽机，第一条海底电缆，第一架探照灯……当东邻日本来到马尾港时，对马尾造船厂的宏大规模艳羡不已。至于从这里出发的由中国人自己制造的扬威号史无前例地前往南洋各国访问时，当地华商面对来自祖国的军舰，激动得潸然泪下。

福州港的衰落和中法马尾之战以及新航线的开辟密不可分。前者是谁都能看得出的表象，后者则是需要深入分析才能洞悉的内因。

1884年8月23日下午，中法两支舰队在罗星塔下的闽江交战，仅仅7分钟，由著名作家张爱玲的祖父张佩纶指挥的中国舰队就丧失了还手之力，半个小时后，这场近乎屠杀的战斗以福建水师的全军覆没告终。此后，法军在罗星塔下登陆，并在接下来的两天里炮击马尾造船厂、水师学堂和福州市区，曾寄托了大清国中兴希望的福建船政变成一片耻辱的瓦砾。

对福州港来说，比这场失败的战争影响更大之处还在于，随着西方列强进一步渗透，长江航线和北洋航线相继开辟，汉口、九江、天津、营口等沿江沿海城市接连开放，外国商人可以通过长江直入中国腹地，也可从天津和营口进入华北，于是，福州作为中国重要贸易口岸的地位动摇了。1921年，福州人口仅为32万，也就是说，经过大半个世纪，这座城市的人口竟然减少了一半。至于贸易额，福州曾高居各个开放口岸之首，但这时已不到比它后开埠的天津的1/10。

在全面来临的大萧条中，福州商人及时地选择了向海外发展。海外发展的初衷是不得已的离开，没想到却开拓出了另一片新天地。这些信守“三分靠注定，七分靠打拼”的闽商下南洋，走欧美，如同生命力旺盛的种子，被命运抛撒到哪里，就在哪里发芽生根。据清末外交家薛福成统计，当时的吕宋、马来西亚、新加坡等南洋国家的工矿、商贸和种植园，6成以上为华人控制，而其中福建人占一半左右。如今，遍布全球的5000多万海外华人华侨中，闽籍占1/5，分布在170多个国家和地区。世界华商500强中，闽商占了1/10多。

厦门：通往未来的航程

从漳州到达厦门时，天色已晚，匆匆放下行李，我直奔当地人所说的轮渡码头而去。眼前，有一线蔚蓝色的水，风乍起，水波荡漾。在我正对面，是一座修长的岛屿，岛上起伏着热带植物和红色的屋顶，那就是著名的鼓浪屿了。海风越来越劲，刮得脸发痛。路灯下，巨大的厦门港霓虹闪烁。林立的高楼，操着各地语言的游人，漫长的海湾，来来往往的游艇，这一切都说明，厦门是一座美丽的港口城市。次日，当我坐上快艇，绕过鼓浪屿和海沧大桥，来到真正的大海之上时，以我这个外行的眼光也能看出，如此优越的自然条件，注定了厦门是不可多得的天然良港。古人说过，有才华的人就像锥子放在布袋里，早晚要露出锋芒的。同理，优秀的港口也早晚会显露它的价值和意义。

四大港中，厦门港的历史最短。当月港这个偏远之地也因半开放的海禁政策成为小苏杭时，厦门还不叫厦门，还是一个叫中卫所的类似于边防检查站的地方。它的责任，就是对那些从月港出来准备进入大海的商船做最后一次盘查。此消彼长是永恒的定律，当月港的商船尽数驶离，繁华事散，历史把机遇的接力棒顺手递给了厦门。从此，厦门一步步迎来了它风姿绰约的锦瑟年华。

与月港以及泉州港和福州港相比，厦门港的优势一目了然：它位于九龙江真正的出海口，江海相连，水深达20米，港口有鼓浪屿等一系列小岛做屏障，因此这里不仅航道不会淤积，而且避风条件良好。此外，由于九龙江的存在，厦门港所联系的经济腹地十分广阔。至于地理位置，按古人的说法，它“据海疆扼要，北连二浙，南按百粤，东望澎湖、台湾，外通九夷八蛮”。如此得天独厚的自然条件，宿命式地前定了厦门是不可多得的海上巨港，通往未来的航程，注定要从这样的港口起程。

四大港中，厦门港是名副其实的小弟弟。当其他三个兄长都已各擅繁华几百甚至上千年，厦门港才迈出第一步：如前所说，最初，它是作为月港的外港和关卡而存在的。清初，郑成功还没攻克台湾时，曾以厦门为基地，改名思明洲，厦门港于是跃升为与日本、吕宋、暹罗、交趾等国通商的重要对外贸易港。

康熙二十三年，即公元1684年，清政府开放海禁，在厦门设立闽海关，厦门从此成为我国对外交通贸易的四大港之一。同时，在1684年至1784年共100年的时间里，厦门是与台湾对渡的唯一港口，两岸贸易必须通过厦门来实现，这种难得的机遇，使厦门独领风骚。

厦门与台湾虽然只有一水之隔，但两地的物产和生活生产需求品却有很大程度的互补，当时，厦门来往于台湾的商船有1000多艘，每日穿梭于台湾海峡。当时的记载是："开洋市镇如厦门、广州等处，所积货物不下数百万。"到18世纪末，厦门港有洋行8家，大小商行30余家，洋船和商船上千只。五口通商开埠之际，厦门已有人口20万，和当时的上海不相上下。航运的发展也促进了造船业的发展，"土、木、金、铜、铁诸工率自外来，船工大盛，安其业者，多移居焉"，厦门港"大小帆樯之集凑，远近贸易之都会也""据十闽之要会，通九译之番邦"。历史记载表明，在厦门200多年的兴盛期间，商船从台湾运来的是大米、食糖、食油和花生；从上海和宁波运来的是棉布、粉丝、皮毛和毡帽；从福州运来的是圆材和柑橘；从广州运来的是布料、羽纱、鞋和精工制品；从更远的南洋各地运来的则是海参、巴西杂木和一种用来制作桅杆与锚的硬木。厦门出口的是茶叶、砖头、伞、陶器、铁质厨房用具，以及精美的神像。厦门港的地理优势和郑氏家族与日本、中国台湾及东南亚各国的渊源，都加速了厦门港的贸易量跃居福建首位，其地位在全国范围内则略低于广州，排名第二。在远东地区，厦门港的经济辐射能力远居于同时期的东京港、大阪港和马尼拉港之上，是名副其实的远东地区航运中心。成书于康熙年间的《海道针经》和《指南正法》，在记载中国沿海与海外各港口的航路时，已经不再像宋元时那样以泉州为圆点，而是以厦门或厦门港内的望山为起始。这个细节说明，厦门港的崛起已是不争的事实，它继泉州港之后，成为又一个中国海上"零公里"。

1841年，当伯纳德乘坐"复仇女神号"来到厦门时，他对厦门的印象是："海湾内及厦门城的景色十分美丽，当地多山，几条大河流入海湾，与内地交往便利。港口之优良超过了英国官兵的想象……其居民勤奋聪明，他们以移民和殖民倾向以及喜欢做生意而知名，他们是台湾岛的主要移民，该岛与厦门隔海相望，沿岸绵延近200英里，同时他们大量移民到更远的海岛，甚至外国，例如爪哇、新加坡、马尼拉。"另一个叫阿隆的英国画家则惊叹："从鼓浪屿高处看，简直不能想象还有比这个港口更宜人更美丽和更生动的景色了。深深的海峡，云集的船只，就在我们的脚下，狭窄的岬角，形成了一个重要的郊区，除了一个大岛鼓浪屿阻截风浪，并在两侧各留下一条进入幽静海湾的通道外，还有几个岩石小岛点缀着从海上通往河流的水路。"

但是，和福州几乎如出一辙，在200多年的兴盛后，厦门也有过一段上百年的没落。其原因，也和海上航线的变迁有关。只不过，与福州相比，厦门的没落要缓一些，慢一些。1881年，厦门对外贸易总值仍有5063762海关两，但当初处于同一起跑线上，甚至还要落后一些的上海，早在12年前就已达到了48856574海关两。19世纪末20世纪初，随着茶叶出口主要港口这一地位的逐步丧失，厦门更加衰落。此时，厦门的进口货物几乎全是为了满足本地需求，对外贸易功能基本丧失，沦为了一个典型的消费城市。1936年，厦门人口25万，与80年前相比，几乎没有增长。

厦门港迎来又一次黄金时代，是在改革开放以后的20年。厦门港是大陆与台湾之间最近的大港，两岸交流的活跃，为厦门港提供了华丽转身的大舞台。2006年1月，原分属厦门、漳州、招商局漳州开发区管辖的厦门湾内的 8 个港区实现合并，整合成新的厦门港。在2006年和2007年中国港口综合实力排名中，厦门港都雄踞前十强；在国际港口综合实力排名中，则由2004年的26位上升到22位。

凡到过厦门的人，无不被这座海滨城市的美丽所倾倒，而乘坐游船的游人都会看到一个叫作厦门国际邮轮中心的码头。它既是厦门港的一部分，也是厦门港的华彩段落：停靠在这里的是美轮美奂的国际邮轮。作为中国内地最早接待国际邮轮的港口，厦门是第一个拥有定期国际邮轮航班的城市。世界邮轮经济从20世纪80年代兴起后，以每年8%的平均速度快速增长，统计数据表明，它能以1：40以上的高比例带动其他相关产业共同发展。自20世纪末期以降，厦门港接待国际邮轮游客量连续几年居中国内地首位。为此，厦门建设了一个能接待目前世界最大邮轮的码头：厦金客运码头，并提出了打造世界邮轮母港的目标。

快艇渐渐驶向大海深处，从厦门湾外回望厦门港，一侧，是清朝时厦门与台湾对渡的老码头，一些小渔船正在作业；另一侧，是停泊着巨轮的集装箱码头，高大的龙门吊伸出长长的巨臂，下面是堆放得一望无际的集装箱；稍远处的海面上，一艘艘大型商船往来如梭。在厦门港，历史与现实就这么神奇地不期而遇了。在昨天即将消失的地方，未来的身影飘然而至，就像鲜活的生命一样，历史也遵循着新陈代谢的必然规律。

郪江，生者对死者的访问

深秋时节，四川盆地依然绿肥红瘦，青碧得与夏天没多大的区别。只是太阳已经变得高远而温和，像逢年过节时古镇屋檐下高挂的红灯笼。夕晖匝地时，三台县郪江镇农民赵火贵还在自家地里忙碌。农历十月是收获红苕的农忙时节，赵火贵带着妻儿老小已经劳作好几天了。从赵火贵所在的位置望过去，郪江和锦江两条虽不宽阔却水量丰沛的小河在前面不远处合汇，从风水的角度说，这种两水合抱之地都是上风上水，宜于人居——事实正是如此，在两水的怀抱中，安卧着赵火贵再熟悉不过的郪江镇。赵火贵幽默地把郪江镇叫作农民街，意思是街上的居民里，有不少是像他这样需要日出而作，日落而息，从一亩三分地里刨食的农民。赵火贵停下来歇气抽烟时，夕阳已经下山了，一天的劳动就要结束了，赵火贵的妻子把收割的红苕藤往苕地尽头的一个洞穴搬去——在距赵火贵二十来米远的山崖上，十来个洞穴像十来张用力撑开的大嘴，他家的红苕藤就摆放在其中一座洞穴门口——它们需要放在这个向阳的山坡，让秋天的太阳仔细地晒，以便去掉水分，作为家里那几头猪过冬的饲料。

对这些暂时充当了饲料加工场的洞穴，赵火贵熟视无睹。他童年时，那些洞穴——除了自家地里这几个外，周围其他山上，到处都有这样的洞穴密如蜂房——曾经是他和伙伴们捉迷藏的好去处。他还记得，以前住房紧张时，父亲还把一座相对干燥的洞穴半封了门，用做自家储藏红苕的库房。赵火贵还知道，早在他的爷爷乃至爷爷的爷爷童年时，这些洞穴就已经存在很久了。赵火贵听人讲过，这些洞穴叫作汉墓，是汉朝人留下来的，只是，汉朝到底有多遥远，赵火贵弄不清楚，也不想弄清楚，对他来说，赶在秋雨之前尽早把红苕收回家才是最要紧的事。更何况，这些汉朝人的墓穴，还可物尽其用地充当他的饲料加工场呢。

有关郪江古镇和郪江汉墓，更为遥远的历史其实还不是从令赵火贵迷茫的汉朝开始的，更为遥远的历史早在汉朝以前好几百年就拉开了幕布。那是春秋晚期，地方史志和私家笔记的只言片语为我们还原了一个生动而记忆深刻的场景：那是一个霜风吹拂的早晨，一支拖儿带女的队伍在远古时代的四川盆地腹心踽踽前行，这支队伍的成员面有菜色，在日渐寒冷的秋风中瑟瑟发抖，他们像这样风餐露宿已经有好几个月了。史料说，他们是从云南迁徙而来的，至于为什么要做如此长途的迁徙，最大的可能是为了躲避战乱或仇家的灭绝性屠杀。总而言之，当他们走到今天的郪江境内时，他们眼前为之一亮：清澈的郪江和锦江缓缓流过，几座拔地而起的山峰虽然不高，但因地处丘陵之中，倒也算得壁立千仞，更为重要的是，肥美的土地再不是他们在云南时所见到的那种贫瘠的红土。就是这里了吧——多年以后，我们还可以想象得出，那位走在队伍最前面的部落首领一定这么如释重负地嘀咕了一句。

这群面目模糊的来自云南的古人从此成了郪江下游的原住民，经过多年的繁衍生息——托物产丰饶的紫色土之福，这里高产量的土地和浅表下就可采集到的盐卤为他们提供了生生不息的物质保证——他们建立了一个国家，那就是业已消失于古书中的郪国。

关于郪国的情况，记述古代西南地区地理和历史最为权威的《华阳国志》说："郪县有山原田，富国盐井，濮出好枣，特好入贡。"这几句简单的记载说明了两个史实：其一，郪国物产丰富，是一个富庶之地；其二，由于地处蜀国和巴国两大强邻之间，弱小的郪国只能以不间断的入贡来换取和平。但这样的入贡并没能长久地保证这个蕞尔小国的安全，它最终仍然被蜀国吞并，而蜀国，也被比它更强势的秦国吞并。

在今天的古镇上，像赵火贵这样稍微上了点年纪的人都会背诵当地流传了不知多少代人的几句诗，道是："天台鼓楼镇双龙，二狮抬头望金钟。九龙上水朝汉阙，烛影摇红五庙宫。"所谓天台、鼓楼、双龙、二狮和金钟，都是古镇周边的几座山，据说，这几座山中的那座叫天台的小山，就是曾经的鄞国王城。

作为一个辖地不过几百平方公里的上古时代的弹丸小国，所谓王城不过就是部落的酋长及其他首领们的居所罢了。成书于宋代的《太平寰宇记》记载，到宋代，这座王城的遗址依然存在，“临江，鄞王城基址见存”，然而从宋代至今，又是1000年过去了，现在的王城遗址已漫不可考，传说中的王城所在地，现在是一座10年前就废弃了的橘子罐头加工厂的破旧厂房。

其实，对当代鄞江至今还在产生影响的，并不是传说与史实参半的古代鄞王国，而是比之更晚近一些的汉代。对鄞江这个至今人口不超过2000的小镇来说，汉代才是它曾经的花样年华，而这段短暂幸福的花样年华悄然离去后，汉代的祖先用他们特有的方式把属于他们的悲欣人生传递给了络绎不绝的来者，那就是遍布古镇周边的汉墓。

科学家曾做过一项有趣而又令人深思的工作，据他们估算，古往今来，地球上已经死去的人口累计超过了200亿，而现在，地球上活着的人口总数不过60亿。也就是说，在我们生息的淡蓝色星球上，死去的同类远远超过活着的同类。对于这一统计数据，或许，当你来到鄞江古镇时，才会有真正深刻的感同身受：如前所述，鄞江镇人口不超过2000——不包括由该镇管辖的乡村人口——而汉墓的数量，据当地文物部门统计，业已发现的就超过了1万座，其中暴露于外的则有1600多座。即使以每座墓穴只埋葬一个祖先计算——事实上，汉墓大多是夫妻合葬甚至家族合葬——这个镇四郊的山崖上，就有超过万计的汉代灵魂在游荡。

在汉朝人看来，死并不是一件可怕的事情。整个汉代，从帝王将相到士农工商，对生死都相当达观，达观的原因并不是他们参透了生死，而是他们形成了一种叫作向死而生，或者说叫视死如归的理念。在他们眼里，死亡并不是生命的终结，而是回家，而是另一种形式的生命的开始，与冗长而永恒的死亡相比，生存反而不过是偶然，正如《古诗十九首》指称的那样：“人生寄一世，奄忽若飙尘。”

向死而生理念的影响下，汉朝人的一大特点就是厚葬，尽管在不同时期，政府也看到了厚葬的诸种弊端并下令施行薄葬，但厚葬仍然是汉朝的主旋律，星罗棋布于郪江镇四周的汉墓，则是厚葬习俗的直接产物。

郪江汉墓群与河南商丘芒砀山汉墓群、河北献县汉墓群和广西合浦县汉墓群一道被认为是中国的四大汉墓群，大致来说，它们具有的最大共同点就是“斩山为廊，穿石为藏”，也是说，这些汉墓大多建设在坚硬的山石之间。具体说到郪江汉墓，它们全都是在没有任何现代工具的农耕时代，通过人类的耐力、毅力、体力、财力，以日复一日、年复一年的艰辛劳作，匪夷所思地在原本坚硬如铁的石壁上活生生凿出来的。

郪江所在的三台县属于四川盆地的川东丘陵区，大多是紫红色的沙土丘陵，这种地貌宜于生长稻麦，却缺少建造汉墓的必要条件。但就像上天的特别垂爱，在以郪江镇为圆心的方圆几公里的丘陵间，“隔三岔五”地挺拔着一些与丘陵迥然不同的山峰，这些山峰几乎清一色由坚硬的岩石构成，而那些向阳的山崖，便成为汉朝先人建设自己死后灵魂栖息之地的首选。

汉朝人是按照自己的现实生活来设想死后的天国情状的，这一点，从著名的马王堆汉墓和徐州龟山汉墓的陈设和浮雕就可以得出结论。尽管偏处巴蜀一隅，汉代郪江人不可能考察过马王堆和龟山这样的皇室墓藏，但他们在设计自己死后的居所时，也英雄所见略同地贯穿了同样的理念——这些汉墓其实就是它们的主人在尘世生活的翻版。金钟山是郪江镇镇后的一座相对高差不超过200米的小山，半山腰，就是著名的金钟山汉墓。这些汉墓大者上百平方米，小者也有几十平方米，让人很难相信，它们居然都是古人仅仅依靠铁锤和铁钎，在整座山上硬敲出来的。那些已经有两千年历史的铁钎在岩石上留下的痕迹不容置疑地告诉我们：它们的确是手工的产物。要敲出这样一座墓室，乐观地估算，至少也得10个农夫耗上几年乃至十几年的工夫。至于那些面积超大，“装修”超豪华的家族墓室，没有三五十年的工夫恐怕没法完成，而这三五十年的运作，还需要大量的财富作支撑。可以想象，为了建造这样一座墓室，一个地连阡陌、牛羊成群的地主，很可能最后只能走向破落甚至破产，但在汉朝人看来，尽管如此，他的人生仍然是成功的，他的生命仍然是幸福的。

走进这排汉墓，差不多也就走进了汉代四川的田园生活：进门一般有一条拾级而上的通道，左侧是厨房，依着山石雕刻的灶台、水缸和储物柜看上去与今天川中农家并无二致，时光仿佛在此凝固了两千年；右边往往有高大的粮仓，显示着主人对于丰收的渴望或夸耀，只不过，这些粮仓都具体而微，乃是用象征手法表达的。进去是客厅，宽大的客厅空无一物。汉朝时，桌椅之类的东西还没有进入我们祖先的生活，祖先们都是席地而坐，面前仅设一张小几；也许这里原本设置有席子和小几，但年代久远，竹制的席子和木制的小几不可能抵挡住两千多年的腐朽与侵蚀，它们早已荡然无存，只留下了石质的器物在诉说一个真理：唯有坚硬的事物，才能在与时间的拔河中获得更为长久的胜利。客厅往前，右边的偏房估计是先人设想过的卧室，它具有和现代人的卧室同样完好的私密性；与卧室相对的则是墓室正厅，一副石棺已经有些残破了，但显然不是漫长的时间给它打上的烙印，而是不知哪个时代的盗墓者所为。残破的石棺显眼地摆放在石室里，墓穴顶上只挂着一盏极其昏黄的白炽灯，它那微弱的光芒被悄无人声的四壁所吞没，风从邻近的墓穴吹过来，风吹影动，让人极其疑心，只要转过墓室的过道，就会有一位峨冠博带的汉代先人满面微笑地走过来打拱问安……

汉代画像砖是常见的文物，这些曾在两千年前承载了先人居所的物质，它们厚重牢固，砖面的图画，不论人物还是草木虫鱼，造型均大气质朴，反映了汉民族少年时期那种执着的天真与烂漫。在郪江汉墓，这种天真烂漫再一次呈现在眼前，但这一次不是画像砖，而是墓室里精美的浮雕。

从目前已发掘的郪江汉墓来看，每一座汉墓都无一例外地刻画着浮雕，或者说，浮雕原本就是郪江汉墓的一道重要标志——一个相映成趣的佐证是，金钟山一号墓室中的一幅狗咬耗子图，已被选为郪江汉墓的标志。这些出自20个世纪前当地工匠的作品，与全国其他汉墓，哪怕是王公贵族墓室中的浮雕相比，不仅毫不逊色，甚至更有它的独特之处，那就是它们几乎都以当时郪江的农村生活为题材。举凡与人类关系密切的狗、马、牛、羊、猪、鸡、猫等，都可以在石壁上找到它们生动亲切的影子，至于人类的各种劳作或是娱乐的场景，则表现得更为淋漓——腾空的舞蹈者、托腮的思想者、执板的说唱者、舂米的劳动者，全都是那些不知名的工匠们的取材对象。

所有浮雕中，最有趣或者说最引人注目的有两处，一处是前面说及的金钟山一号墓室的狗咬耗子图。狗咬耗子本是川人的一句俚语，意谓多管闲事，但据当地老者讲，狗咬耗子并不是多管闲事，汉人把它作为浮雕内容刻画于墓室，也不是随意之举，而是别有深意藏焉：原来，十二生肖中，狗属土，耗子属水，狗拿了耗子，相当于土镇住了水，而墓室的主人最怕的就是百年之后自己的“家”被水浸漫，有土狗镇住水鼠，“家”不就安然无恙了吗！另一处是紫荆湾汉墓中的波斯人像。在紫荆湾的一处墓室石壁上，一个人曲着身子在使劲地舂米，舂米的图案其他汉墓也有，但这个舂米人的长相、打扮却与众不同，显然非我族类，仔细辨别，只见他长发披肩，高鼻阔嘴，隐约有西方人的迹象，当地人便把它叫作波斯人。至于它到底是否真是波斯人，还需要专家的权威论断。不过，这样一个显非本地人的形象出现在墓室里，它说明，尽管郪江深藏于四川盆地的万千座丘陵和低山中，交通至今依然不便，但历史上它曾有过相当的辉煌，它与外界之间的联系，要比我们想象的密切得多。

郪江汉墓建设的时间早晚不一，大体绵延于两汉400年间。作为一个偏远小镇，当地人如何能有如此雄厚的经济实力，建设起如此数量众多、规模宏大的墓穴呢？打开史书，答案似乎就在眼前：与今天的郪江只是三台县一个无足轻重的落后小乡镇不同，历史上的郪江有过自己的显赫与光荣。

郪国灭亡后，公元前201年，汉高祖刘邦分置郡县，在今天的三台和中江一带设置郪县，郪江即为县治所在地；三国时，蜀汉建兴二年（224年）分广汉郡建立东广汉郡，郪江升级为东广汉郡郡治所在地；一直到清朝雍正年间，做了1000多年县城和郡城的郪江才结束了它历代的辉煌，由于县治迁往今天的三台县城，郪江从此成为一个不起眼的边远小镇。

作为县城固然给郪江带来了繁荣和兴旺，但更为重要的是，也是在两汉时期，郪江一带埋藏于地下的井盐开始了大面积的开采，在古代中国，盐业的开采和经营是富可敌国的暴利行业。可以想象，正是郪江地下源源不断的井盐，给这座镇子带来了巨额财富，那些经营盐业的商人，也才有了雄厚的财力为自己或者自己的家族修建一座超豪华的墓穴。两汉以后，川中井盐开采中心由郪江往南边的今天大英县一带迁移，郪江风光不再，多年以后，当井盐开采完全退出郪江的经济舞台，这座小镇除了汉代留下的上万座古墓，它和周边的其他乡镇已经没有任何区别了……

今天的郪江古风犹存，一条盲肠似的小街宽不过3米，两边都是努力伸向街心的明清风格的小青瓦民居，宽阔的屋檐形成了两条长长的走廊，每逢赶集，走廊就是最好的集市，其他的日子，街坊邻居们便在走廊里做家务，打长牌，说闲话。镇上曾经有过10多座寺庙，如今残存的还有王爷庙、黑神庙和土地庙，王爷庙是祭祀江神的场所，它表明在不远的时代，如今已长满水葫芦的郪江和锦江还是繁忙的运输通道。王爷庙里有一座戏台，精美的木雕上布满铁丝般的蛛网，戏台下，一株黄桷树遮天盖日，一群中老年妇女在黄桷树和戏台的阴影里，就着一台吱吱作响的录音机播出的老歌在一板一眼地练习健美操。

走在老街上，回想起漫山遍野的汉墓，脑海里突然想起几句戏文，那是几句秦腔，要声嘶力竭地吼，才能道出其中的苍凉和抑郁：

王彦章打马上北坡，
新坟更比老坟多。
新坟里躺的是唐高祖，
老坟里睡的是汉萧何。
青龙背上埋韩信，
五丈原上葬诸葛……

湖州：丝绸之路零公里

4700 年前的丝绸

江南地区习惯把湖泊称为荡、浜、漾。在水网密布、河汊交织的江南，仅有两三平方公里的钱山漾是其中一个毫不起眼的小角色——如果不是20世纪50年代那场考古发现的话。

透过玻璃，我看到面前的展示柜里，静静地放着3个小盘子。盘子里的东西，全都黑黑的，其中两个像一团乱麻，另一个则像被风吹干吹皱了的树皮。假如不是事先被告知，我绝对不会想到这看上去其貌不扬，甚至有点脏兮兮的东西，竟然是丝线、丝带和丝绸。根据我的日常经验，丝线总是和洁白联系在一起，丝绸总是和绚丽联系在一起，它们什么时候变得如此粗糙不堪呢？然而，要是告诉你，这些丝线和丝绸来自新石器晚期，已经足足在地下埋葬了4700载的光阴才重见天日，你也许就能理解，为什么它们不像现实生活中的丝绸那样美轮美奂。

这些穿越时光而来的人类文明早期的丝绸，它的发掘地就是我行走浙江寻访蚕桑的第一站——那个叫钱山漾的小地方，坐落在浙江省湖州市东南约七公里处。仿佛是为展示柜里的远古丝绸做证，4700年后的钱山漾一带依旧桑园密布，桑树成林。时间已是农历十月初，一年里的最后一季蚕儿基本都在两三天前上簇吐丝，微波荡漾的钱山漾四周的桑树上，还残留着稀稀拉拉的没有采尽的桑叶，甚至就在刻画有“钱山漾遗址”字样的石碑后面几步远的地方，都是桑树们经秋犹绿的身影。仔细辨认，这些桑树应该是一种叫作湖桑的优良品种——在我老家四川南部，也有栽桑养蚕的传统。我记得小时候，那里就曾引进过这种湖桑。

其实，不仅钱山漾周遭举目就能看到桑树们低矮壮实的身影，在我后来的采访途中，整个湖州乃至杭嘉湖平原，到处都是纵横交错的河流和湖泊，而河流和湖泊分割的原野上，总会有成片的桑园固执地点缀其间。

钱山漾出土的那些看上去很不起眼的远古丝绸，是一份无言的证词，证明了丝绸这种最中国的东西，发源地就在浙江，就在湖州——至少截至目前，还没有考古实证能够推翻这一结论。在湖州市区一个叫骆驼桥堍的地方，非常显眼地挺立着一组金属铸成的骆驼雕像。湖州乃水乡泽国，似乎与骆驼八竿子打不着，为什么要把沙漠之舟的形象作为自己的标志？对此，湖州人给出的说法是，湖州是中国丝绸的发祥地，那么它也理所当然是丝绸之路的零公里。

天赐的好礼

“苏湖熟，天下足”这句人所皆知的谚语，据考证起源于南宋。也就是说，作为中国精耕细作农业的高产区，苏州和湖州是当之无愧的鱼米之乡。穿行在湖州所在的杭嘉湖平原，有一种极为强烈的视觉冲击，那就是与北方的平原相比，杭嘉湖平原色彩温润而丰富。北方的平原一望无际，多半是单一的灰色和单一的地表，而杭嘉湖平原却有着众多碧绿青翠的植被，以及大大小小的河流和湖泊，弥漫着一种丰沛的泽国气息。即便是对农业生产完全没有经验的人，也能得出一个结论：这是一片肥沃的、插根筷子也会发芽的土地。

栽桑养蚕是传统农业的重要分支，也是历朝历代颇为重视的大事。在古老的象形文字里，“蚕”字由“天”字和“虫”字组成，造字的先贤意在通过这种方式告诉我们：“蚕”是从天而降的虫，蚕吐出的丝，无疑是天赐的好礼。在宜于农桑的杭嘉湖平原，对蚕桑的重视更是无以复加：春秋时期，吴越争霸，战败后的越国励精图治，其中的一个重大举措就是“示民以耕桑”。越王勾践率先垂范，“身自耕作，夫人自织”，并以生产出的大量优质丝绸和诸侯结好，以达到绝地图存的目的。人所共知的美女西施，就曾“采桑育蚕，浣纱织锦，浴帛于溪”。三国时期，吴主孙权为了保护农桑，特别下命令，凡是农桑繁忙时节，政府官员一律不得“役事扰民”，否则“举正以闻”。到了南北朝，杭嘉湖平原的农民在地边塘角种植桑树已蔚然成风，所产桑苗，因产叶量高而远销长江以北地区。也是从这一时期开始，湖州一带的农民掌握了选择蚕房，调控养蚕温度湿度、给桑、蚕座和产簇等技术，并知道蚕种的优劣对蚕的生长状况及成茧水平有着重要影响，从而摸索出了用盐水为蚕种消毒的新方法。

当时，欧洲正值查士丁尼统治下的东罗马帝国。由于中国政府只许丝绸出口而严禁蚕种输出，欧洲人一度以为丝绸是从树上长出来的。那时，商人们经由波斯，将丝绸万里迢迢地运到东罗马帝国和西欧。这些费尽周折才到达目的地的丝绸，其价格远超黄金，是当时欧洲最惹人垂涎的奢侈品。王室成员结婚，贵族们要是能送上一方丝绸手绢，就已是令人咋舌的厚礼了。此后，查士丁尼一世派出两位印度籍僧侣前往中国，在江南一带虚心向农民学习养蚕和缫丝，并在掌握技术后，将一些蚕种藏在竹制的手杖里带回欧洲。从此，欧洲人也学会了养蚕缫丝。这是公元552年的事情，其时，距钱山漾的先民熟练地制作丝绸，已经晚了整整3000多年。

南宋时期，由于政府迁都临安（今杭州），江南地区得到了前所未有的重视和开发，而湖州的蚕桑，也迈入一个前所未有的水平。就是在这时候，蚕桑从农业中分离出来，成为相对独立的分支，一部分农民完全以养蚕缫丝为生。南宋初年的一本《农书》，其作者为专门经营蚕桑的民户算了一笔账：“（湖州安吉人）唯藉蚕办生事，十口之家养蚕十箔，每箔得茧一二十斤，每斤取丝一两三分，每五两丝织小绢一匹，每一匹易米一硕四斗，绢与米价常相侔也。以此岁计衣食之给，极有准的也。”同时期的另一部志书则称：“（吴兴）山乡以蚕桑为岁计，富室育蚕有数百箔，兼工机织。”从这些记载不难看出，栽桑养蚕和缫丝织绢，已成为相当一部分农户的生存方式，并且，与种植粮食的农民相比，蚕农收入更高，生活也更有保障。

湖州乃至杭嘉湖平原的蚕桑，常常和一个词语分不开，那就是桑基鱼塘。在湖州下辖的菱湖，我看到了这一据说已有上千年历史的古老传统。站在公路边的一栋楼房的平台上，举目眺望，在我面前出现的是一片壮观景象：无数个大大小小的池塘被一排排整齐的桑树分割，桑树青翠的影子投进鱼塘里，微风吹过，水波荡漾，水底的影子便像一张张被拉扯着的纸，慢慢地皱了。稍远些的地方，两条水量丰沛的河流静静交汇，流向天际。简单地说，桑基鱼塘是水乡农民因地制宜的天才创造——江南水乡除了河流众多外，还密如繁星地分布着难以计数的湖泊池沼，这些湖泊池沼是养鱼的理想之地。将湖泊池沼分割开的塘基，虽然无法用来种植水稻或小麦，却适宜桑树生长。这样，很多年以来，水乡地区便形成了塘基栽桑、塘内养鱼的独特生态形式。“塘基种桑—桑叶养蚕—蚕沙喂鱼—鱼粪肥桑”，这是一种周而复始的良性循环。

和孚漾是一个比钱山漾更大的湖。荻港这个典型的水乡古村，就坐落在和孚漾畔。大运河及其支流从村边流过，将这个有1000多户人家的村落分割成不同的区域。大运河一边是村落，另一边是属于这个村庄的桑基鱼塘。60多岁的章大伯祖祖辈辈都生活在这里，据他介绍，他们家养蚕的历史，至少可以追溯到他爷爷的爷爷那辈。他告诉我，村里的每一户人家，都分有一块鱼塘。鱼塘养鱼，塘基栽桑，养鱼和养蚕就是这个村庄最主要的，甚至也是唯一的生产方式。在章大伯家门前的小河湾里，泊着几条小船。章大伯指着小船说，采桑的时候，他就会划着小船到距家大约有两三里地的塘基上采桑。据章大伯回忆，他们村里栽桑养蚕最红火的时期应该是20世纪80年代。而现在，年轻一代都进城打工了，只有像他这种“进城没人要，自己也不想进城”的老年人还留守村里，从事着养鱼养蚕兼养老的工作。与西部农村的繁重体力劳动相比，江南的养鱼养蚕确实是一种相对轻松的劳作。在安吉采访时，当地人告诉我今年的最后一季蚕已经上茧，但在章大伯家里，我意外地看到了还没有吐丝的秋蚕。这些蚕马上就要上簇了，章大伯的小院摆放着洗刷干净的草编蚕簇。章大伯说，只要这两天忙过，再把这最后一季蚕茧卖掉，今年的劳动就算结束了。一直要等上好几个月，直到河对岸的桑树在春雨里长出又宽又肥的桑叶，那时，就该养春蚕了。

辑里丝创造的奇迹

瓷器和丝绸被国际上公认为是最能代表中国的物产，在栽桑养蚕进入西方世界之前，丝绸是极其贵重的奢侈品，但在中国，家境稍微好些的人家，都能置办一身丝绸衣物，或是一床丝绸被子。这种对丝绸的普遍需求，即使有着养蚕缫丝传统的湖州成为近代中国最兴盛繁荣的富庶之地，也使产自湖州的湖丝名播天下，成为中国丝绸的最高水准的代表。

湖丝中名气最大，或者说堪为湖丝乃至整个浙江丝代表的，当推辑里丝。辑里丝这个名字，源自一个叫辑里村的小地方。辑里村属于湖州南浔镇，因它距南浔和马腰都是七里路，因而得名七里村，后来改名辑里村。明朝文献记载："湖丝唯七里尤佳，较常价每两必多一分，苏人入手即识，用织帽缎，紫光可鉴。"辑里村看上去和江南水乡的村落并没什么两样，一条叫雪荡河的小河缠绕着小村流过，村落之外，到处都是湖州随处可见的鱼塘和桑园。

辑里丝之所以在众多蚕丝中一枝独秀，和当地的自然环境，以及当地人的苦苦摸索密不可分：首先，辑里村坐落在水乡深处，缫丝的自然条件得天独厚。众所周知，缫丝过程中需要用大量的水，"用清水，勤换水"是缫出上等生丝的不二法门，而雪荡河在穿珠湾附近分流到七里村时，曲曲折折的河道有如天然的澄清过程，河水清澈如镜，透明度在90%以上。清朝道光二十年（1840 年）编撰的《南浔镇志》对此明确指出："雪荡、穿珠湾，俱在镇南近辑里村，水甚清，取以缫丝，光泽可爱。"其次，早在明朝时期，辑里村人就率先培育出优良的蚕种——莲心种，该蚕种因其所产蚕茧小如莲实而得名，用这种蚕茧缫出的丝韧性好，光洁度高。第三，仍然是在明朝，辑里村人改进了缫丝工艺和操作技术，将缫丝车由单绪手摇改为三绪脚摇，在缫丝工艺上注重细和匀，从而使辑里丝以“细、圆、匀、坚、白、净、柔、韧”的特点而声名远播。在南浔镇史馆，我看到一个将辑里丝和其他丝作对比的有趣场景：一个木制支架两端，系着一根细如头发的蚕丝，蚕丝中间，穿有一串铜钱。旁边的解说文字是：辑里丝可比其他地区丝多挂两枚铜钱。一根蚕丝就可多挂两枚铜钱，那么由千万根丝织成的绸缎，其韧性的出类拔萃，也就不言而喻了。在南浔镇史馆，我还看到一件被称为镇馆之宝的东西，那是清末民初产自南浔的一束辑里丝。100年的光阴过去了，可看上去它就像刚从缫丝作坊里拿出来一样，光滑，洁白，在淡淡的灯光下闪烁着一种优雅的微光。

辑里所在的南浔镇，明朝初年还居民甚稀，到明末已是“市廛云屯栉比，周遭四讫自东栅至西栅，三里而遥”。推动这个水乡古镇发展得如此迅猛的原动力，就是声名远播的辑里丝。明朝末年，南浔出了温体仁等三个位极人臣的大学士，他们都向当朝权贵极力推荐辑里丝，于是，辑里丝进入宫廷，被指定为龙袍用料。到了清朝雍正年间，皇室所用的龙袍凤衣，明文规定必须以辑里丝为原料。当时，处于工业革命中的欧洲，纺织业大盛，对中国的蚕丝——尤其是优质的辑里丝——需求十分旺盛，但闭关锁国的清朝却对蚕丝的出口有着严格控制。为了巨额利润，一些商人不惜冒险走私，从湖州驶往外海的走私船，货舱上面堆放着咸菜之类的土产品，下面却是洁白如雪的辑里丝。五口通商后，外商在上海设立丝栈收购辑里丝，在19世纪中叶的20年间，上海的出口商品90%是蚕丝，而蚕丝的90%是辑里丝。

19世纪60年代，华洋杂处的上海是全中国最西化的城市。一家叫《上海新报》的媒体，忠实地记录了那个时代的新鲜事物。那时，报纸上每天都有辑里丝的报价。辑里丝的价格如同今天的股票一样随着市场行情不断变化，而那些靠辑里丝吃饭的大大小小的商人，每天早晨的第一件事就是迫不及待地花两个铜板买一份《上海新报》，为辑里丝的价格波动或喜或忧。就连万里之外的伦敦，也有一个湖丝交易所。在电报没有开通前，欧洲对湖丝的需求信息都是通过邮轮送到上海。可以说，19世纪中后期的几十年里，辑里丝就是一根牵动全世界神经的神奇丝线。在1915年的巴拿马国际博览会上，来自南浔的辑里丝获得金奖。南浔镇史馆展厅里，有当年参展的实景还原：一束束光洁可鉴的生丝被挽成麻花状，盛放在用黄绸包装的盒子里，与其说它们是生产资料，不如说更像美丽可观的艺术品。

辑里丝走红世界，给它的经营者们带来了可观的经济效益——在农村，几乎家家户户都栽桑养蚕，虽然大多数百姓不至于一夜暴富，但在“无不桑之地，无不蚕之家”的盛况下，那里的农民更容易地解决了温饱。早在南宋时，李心传就曾经说：“南林（南浔原名—引者注）一聚落耳，而耕桑之富，甲于浙右。”至于那些开设茧行、缫丝厂或绸厂的老板，一个个都赚得盆满钵满。民国时刘大均的《吴兴农村经济》中指称：“湖州一带，蚕丝贸易既为南浔人士所专营，于是各地财富，几尽集于南浔”“南浔以丝商起家者，其家财之大小，一随资本之多寡及经手人关系之亲疏以为断。所谓四象、八牛、七十二狗者，皆资本较雄厚，或自为丝通事，或有近亲为丝通事者也。财产达百万以上者称之曰象，五十万以上，不过百万者称之曰牛，其在三十万以上，不过五十万者则譬之曰狗”。在这些巨富中，号称江南首富的刘家，其资产竟高达白银两千万两以上。一个没有经过确认的说法是，清朝末年，南浔丝商们的财富总和，相当于政府年财政收入的一半。当我徜徉在一百年前那些富可敌国的丝商们留下的豪宅里，那份至今尚存的气派和优雅，传递出的正是一个消失了的黄金时代，我似乎能从游动的空气中，慢慢嗅出当年的奢华、富足和自信。

中国有栽桑养蚕传统的地区很多，浙江或湖州都只是其中的一个，但像湖州的辑里丝那样将这一产业做到了极致的，却难寻觅到第二个。更为可贵的是，蚕桑带来的经济发展，也反过来促进了文化发展。章大伯家所在的那个叫荻港的古村，一个不过几平方公里的弹丸之地，明清以降，竟然出过2个状元和50个进士。表面看，桑基鱼塘或纺织工厂，都只是经济欣欣向荣的表征；殊不知，就在这种表征之下，却是一种文化的强势崛起。

在南浔西南的善琏镇，平畴之中突然矗立出一座孤山。这座山叫含山，虽然相对高度不过百来米，但在湖州名气极大。很多年以来，当地人都有在清明节那天到含山轧蚕花的习俗——当地人相信，在这个细雨飘飞的季节，掌管蚕事的蚕花娘娘会化身蚕妇走遍含山，并留下蚕花喜气，每一个上含山的人都能把喜气带回家。而带回了喜气的人将在这一年里，蚕事顺利，蚕茧丰收。这个起源于数百年前的古老习俗，至今依旧人脉不减。尽管时至今日，不论湖州蚕桑还是辑里湖丝，都已风光不再，但作为一种深深根植于南浔人、湖州人、浙江人血脉中的古老传统，对蚕桑和丝绸的尊崇，其实也是对那些逝去时光的敬畏。

蜀道：那条深入四川血脉的路

埋伏于历史深处的隐秘之路

在全中国的省级行政区中，曾经出现地方割据政权次数最多的，无疑当数偏处西南的四川。从先秦时代的古蜀国开始，2000年间，这里先后以成都为首都建立过公孙述的成家，刘备的蜀汉，李雄的成汉，王建的前蜀和孟知祥的后蜀等几个小王国。这些小王国之所以能与中原的中央王朝或其他更为强大的政权平起平坐，偏安一方，是由四川独特的地理环境所决定的：四川盆地将近20万平方公里，且是沃野千里，物产富饶的天府之国，它为先后存在的那些小王国提供了丰厚的物质基础。其次，更重要者则在于，四川盆地四面均是如同铁壁合围的山地，使得四川犹如一个巨型的、可以自给自足的城堡：四川西部是人迹罕至的青藏高原东南缘，北部是大巴山、米苍山，外围则是横断中国南北的秦岭，东部是巫山，东南部是大娄山，南部是大小凉山以及云贵高原。可以说，在全中国的所有省级行政区中，从地缘政治上讲，四川是一个最为特立独行的存在。

但是，无论群山的阻隔有多么闭塞，交流始终才是人间正道。因此，千百年来，四川与中原地区的联系，除了通过三峡再从湖北境内转向陆路外——其实，在只有帆船的古代，放舟三峡是充满危险与变数的旅行；更多的，是那些如同草蛇灰线一样穿越了横亘于四川和陕西之间的千山万壑的古道。人们把这些古道统称为蜀道。

蜀道有狭义和广义之分。狭义的蜀道，一般是指从成都出发，经过广汉、德阳、梓潼，翻越大小剑山，经广元棋盘关出川，在陕西勉县境内跨过褒河并沿褒河过石门，越秦岭，出斜谷，此后直通西安的全长约1000公里的古道。目前尚通行的108国道的许多路段，正是沿着狭义的蜀道在四川北部和陕西南部的崇山峻岭之间不屈不挠地延伸。广义的蜀道则包括了名称各不相同的几条古道,它们其实是沟通四川与陕西的不同区域的古道，其中穿越秦岭的有4条：即子午道、傥骆道、褒斜道、陈仓道；穿越大巴山的有3条：即荔枝道、米仓道、金牛道。

今天的子午道全线均在陕西境内。它是几条蜀道中修建时间较早的一条，早在先秦时期就初具雏形。秦末，刘邦被项羽封为汉王时，就是沿着这条路从咸阳到达封地汉中。三国时，魏国和蜀国之间的战争，大多就发生在这条路周边。子午道因穿行于长安县的子午谷而得名。它北起长安（即西安），翻越秦岭主脊抵宁陕县，此后再经石泉县，过子午河入洋县，越城固后到达终点汉中。历史上，汉中曾长时期属于四川。

荔枝道的得名是因为唐朝时“一骑红尘妃子笑”的荔枝，就是通过这条古道由四川运往长安的。荔枝道的主要经行线路由四川通江一带翻越米仓山后进入陕西镇巴，经西乡和宁陕后抵达长安。显然，这条古蜀道连接的不是长安和成都，而是长安和川东地区。

米仓道起于陕西南郑，翻越大巴山后，再过米仓山进入四川南江，在南江境内经由不同道路，可分别抵达成都和重庆。蜀汉时期，蜀国名将张飞曾在米仓道隘口驻兵，并大败曹军，至今还有称为张飞碑的石碑立于境内。

傥骆道得名于其南界位于洋县傥水河口，北界位于周至县西骆峪。它途经太白、佛坪，经汉中后连接米仓道入川。傥骆道开通较晚，是秦岭中最短的通道。三国时魏将曹爽与蜀将姜维曾多次在此交锋。

褒斜道南起汉中褒城境内的褒谷口，北至陕西眉县境内的斜谷口，并因之而得名。这条古道沿褒斜二水斗折蛇行，约250公里，然后再经米仓道穿巴山入四川。在褒斜道和子午道、傥骆道3条道中，子午道和傥骆道必须翻越海拔两三千米的秦岭，道路艰险难行，而褒斜道却几乎不翻山，只需从五里坡一个小山梁中穿过，就从褒水进入到了斜水，不仅里程短，而且较易通行。从战国时起，就有人在谷中凿石架木，修筑栈道，以后历代相继，不断维护、增修。其中，汉武帝时曾对全线进行过大修，从而出现了“栈道千里，无所不通”的盛况。在所有古蜀道中，褒斜道修建时间最早，持续使用时间最长，经过行人最多，因而也是古代进出四川最重要的通道。许多有名的历史故事，就发生在这条古道上。诸如刘邦在进入汉中做汉王时，曾听从张良的建议，为了消除项羽对他的猜忌，便将褒斜道上的栈道全部烧毁，以示无意北返。“萧何月下追韩信”“诸葛亮造木牛流马”，这些中国家喻户晓的故事，全都发生在褒斜道上。

陈仓道留下了一个著名的典故，即“明修栈道，暗度陈仓”。刘邦出汉中与项羽争天下时，故意大张旗鼓地修复被他此前烧毁的栈道，暗中却将精锐绕道奔袭陈仓，并取得胜利。这个典故既成为一个成语，也成为三十六计之一。陈仓道又名故道、堂光道，它北起宝鸡大散关，经凤县陈仓沟口和留坝火烧关，过勉县入汉中，再由金牛道过大巴山入四川。

金牛道乃古蜀道的主干线，又名石牛道、五丁道、剑阁道、蜀栈、南栈。得名源自“石牛粪金、五丁开道”的古老故事。相传，与蜀国相邻的秦国一向对富庶的蜀国垂涎三尺，早就想进军，却苦无通道。为此，秦王将一条据说能拉金子的石牛送给蜀王，蜀王不知是计，派出5位大力士（也就是李白《蜀道难》中所说的五丁）负责将石牛运回蜀国。石牛运回蜀国后，蜀王发现它们根本就不会拉金子。生气之余，又命5位大力士把石牛给秦王运回去，并责备秦王骗他。由于巨大的石牛两番在秦蜀之间的山地通行，原本茂密的森林也被踏出了一条大路，这就是金牛道。用五只粗笨的石牛，秦王顺利地打开了通向蜀国的门户。早就虎视眈眈的秦军，趁机从金牛道入侵，灭掉了蜀国。

这自然只是一个民间传说，不可能是真实的历史。不过，它却曲折地说明，当初开凿金牛道是何等艰难。金牛道的具体线路是：从汉中经勉县西南金牛驿，南折入五丁峡至宁强县，再转西南经牢固关和黄坝驿，进入四川广元的棋盘关，此后再经明月峡、五里峡和石柜驿，以及嘉陵江绝壁上的飞阁栈道后渡嘉陵江至要塞昭化，经牛头山，过剑门关，再经翠云廊和梓潼大庙，入绵阳后到达成都金牛坝。此路全程共约600公里。这既是古蜀道的主体，也是后来修建的川陕公路的基础，同时，它还是狭义蜀道的最核心部分。

从上述几条名称、位置各不相同的古蜀道可以看出，自古以来，因为沟通与交流的需要，在把四川和陕西分割开的秦岭、米仓山和大巴山的群峰之间，我们的先人在没有炸药，没有钻机，甚至连钢钎和铁锤也没有的条件下，以血肉之躯，修建了若干条今天已然隐没于历史长河的隐秘通道。通过这些隐秘通道，僻安西南的四川与中原也就有了连绵不绝的联系，那些割据的小王国，也就不可能长期地分裂，而是印证了古人“合久必分，分久必合”的预言。而这些隐秘通道，在战争时期，是险要的兵家必争之地，在和平年代，则是文化和经济的交通走廊。

蜀道串联的雄奇大地

今天，成都和西安之间的高速公路已全线贯通，在古代即便快马也需要10天左右的路程，现在只需区区数小时了。不过，谢天谢地，今天的高速公路本着“裁弯取直少绕道”的原则，它的行进路线，基本没有与古蜀道重合。这样，古蜀道的大多数地段，才得以保存了它曾经的古老面貌。作为一个热爱行走的四川人，我曾在古蜀道的主干线，即上面说过的金牛道上行走过多次。可以说，从成都往北，直到四川和陕西的交界地带，古老的蜀道像一条深入四川血脉的线索，它贯穿起了这个文化大省的历史与现实。蜀道所经行之地，留下了极为丰富的文化遗存。行走蜀道，犹如古人所说的“人在山阴道中，风景目不暇接”。

驱车由成都沿今天的108国道，也就是古金牛道北上，车过德阳以后，原本一马平川的平原已经到了北部边缘，远处次第出现了高丘和低山。在罗江县境内，一个叫白马关的地方，记载了发生在古蜀道上的一段著名故事——事实上，由于历史上外部势力进入四川，基本都是无一例外地沿古蜀道南下，因而与古蜀道有关的故事中，最多的就是关于战争的，尤以三国时代为最。

白马关北望涪城（绵阳），南窥成都，称得上是成都北面的最后一道屏障。白马关的得名，缘于刘备进川时，其重要谋士庞统乘白马在此被乱箭射死。《三国志》中载，庞统“进围雒县，统率众攻战，为流矢所中，卒，时年三十六”。雒县即今天的广汉，在白马关以南，要想攻取雒县，必须从白马关这座成都平原的最后一道屏障中穿过。白马关关城早已不存，如今新修了一座关楼。在关楼不远处，就是庞统当年中箭身死的落凤坡，以及后人为纪念他而修建的庞统祠。白马关前的蜀道，是如今距成都最近的一段保存相对完好的古道。

绵竹关是三国时代的另一座重要关隘。很多人错误地以为绵竹关在今天的绵竹境内，其实非也。绵竹关不在绵竹，而是在德阳市旌阳区下辖的黄许镇。绵竹关和白马关一样，它们所倚托的山，同为鹿头山，这也是蜀道从成都北上之后，穿越的第一座山。虽然与北面将要经行的秦巴山相比，鹿头山实在低矮得不值一提，但因它位于成都平原尽头，因而也显得相当高峻挺拔。三国末年，魏将邓艾入蜀，就是在绵竹关前斩杀了守卫此关的诸葛亮之子诸葛瞻、之孙诸葛尚。至此，蜀汉再无险要可守，尽管姜维还有精锐部队布防于剑阁与钟会周旋，但远在成都的刘禅也只能选择投降。

梓潼这个名字，听上去有一种不食人间烟火的优雅，其实它不仅优雅，而且古意盎然——查资料，这个地名竟然源于4000年前的初民时代。据说，先前，梓潼叫陈尼山，因大禹治水时，曾在这里堆过泥土。后来，大禹听说陈尼山上有梓木，打算砍来造船，哪知道那棵梓木已成精，当大禹去砍伐时，那厮竟然化成一个童子想逃跑。后来，人们就把陈尼山改为梓童，鉴于山下有一条河，就在“童”旁加了“三点水”，成了梓潼。

不过，梓潼最著名的不是大禹或陈尼山，而是文昌帝君和他的王宫七曲山。七曲山就在蜀道之畔，或者说，蜀道正是穿七曲山而过。山不算高，一字长蛇的几座山上，覆盖着郁郁葱葱的柏树。在庄严的柏树映衬下，一些飞檐托举的红墙黄瓦隐隐在望，这就是文昌宫，也就是民间所说的七曲山大庙了。

文昌宫和关帝庙一样，遍迹中国。文昌宫祭祀的神，是文昌帝君。这个据说掌管文运的领导，乃梓潼人张亚子。全国的其他文昌宫，只能算张亚子的行宫，而七曲山大庙，才是张亚子的正殿。所以，尽可以想象，七曲山大庙的历史该有多么辉煌。比较有意思的是，鉴于张亚子掌管的是文运，到七曲山烧香的人，有不少就是即将参加高考或中考的学生。

由于年代久远，蜀道的许多地段都已荒废，成了一个历史名词。但在剑阁境内，还有保存最为完好的一段，那就是翠云廓。这个诗意的名字，源于那绵延300里的柏树。

以剑阁为中心，西南至梓潼，东北到昭化，东南接阆中，蜿蜒300余里的3条古道上，两旁全都是年代久远的柏树。这不仅是四川的奇迹，即便走遍天下，也难以找到第二处。经过历朝历代兵火战乱，刀砍斧锯，翠云廓上的柏树至今还有8000多株。这些柏树，大的需要8个人才能合抱。在蜀道旁，有一个叫古柏王的景点，那株被称为古柏王的柏树，几乎就是独木成林的样子。不少驱车经过者，都要停车观看。夕阳西下，倦鸟归林，一阵阵晚来的微风掠过了翠云廓，千百棵无言的柏树发出了轻微的声响，昔人已去，古柏常青，天地依旧是一片苍茫。

关于翠云廊的由来，或者说是在这条古道上种植柏树究竟始于何时，民间流传较广的说法是张飞任巴西太守时所为，因此，翠云廓上的柏树又被人叫作“张飞柏”。但经过考证，现存翠云廓上的柏树，大多是16世纪初期，由剑州知州李壁所植。李壁在任期间，对已经显出破败迹象的古蜀道进行了大规模维修，并在道旁大量种树。为了纪念李壁，后人在古道旁为他修建了一座寺庙，而更广泛的纪念则是无言的历史和大道周行的人心。

穿过了翠云廊，离剑阁的普安镇不远了。普安是一座很不幸的镇子，很多年来，它一直就是剑阁的县城，也是蜀道穿行的诸多县城中的一座。但就在几年前，县城忽然搬迁到了下寺镇，那是因为新的蜀道——京昆高速的广元至成都段——正好穿镇而过。于是，普安镇一下就从县城跌落成一般乡镇，虽然它还有远比一般乡镇更多的楼房，更密的人烟，但县治不在这里了，它只有独自郁闷的分儿。

就在这座废弃的县城所倚的鹤鸣山上，深藏着著名的鹤鸣山摩崖造像。鹤鸣山这个名字，在四川有好几处，而且都和道教以及道教创始人张道陵有关，剑阁的鹤鸣山也不例外。沿着鹤鸣山的石阶拾级而上，林木参天，空山欲滴。就在山与林之间，古人以石壁为创作场地，在上面刻画了大量宗教人物。其中的一些唐代道教造像，是我国最大最完好的道教摩崖造像，《世界美术史》《中国美术史》均把它们列入章节加以重点介绍。在鹤鸣山，还能见到著名诗人李商隐在梓潼当地方官时应剑州刺史蒋郁所邀而写的《剑州重阳亭铭》碑。

大约是失却了县城的身份，普安除了楼房多些，人多些，垃圾也相应比一般乡镇多些，所以，鹤鸣山石刻，大约就是这座可怜的废弃县城唯一的亮色了。不过，这唯一的亮色，当地人不屑一顾，外地人又多半不知道。这样，我们的游览就是专场——除了我们一行3人，再没有别的游客了。

剑阁县最著名的或者说可以作为这个县的Logo的，不是鹤鸣山，而是剑门关。广元至剑阁一带的山峰，由于流水长年侵蚀切割，形成了峰脊高耸的山岭，其中最著名的是剑门山，又称大剑山，它有72座如同利剑般插向蓝天的险峰。峭壁中间断裂的地方，两山相峙如门，故称“剑门”。三国时，诸葛亮在剑门依崖砌石建关，也就是今天剑门关的由来。同时，诸葛亮还在大小剑山之间架筑起一条险要的阁道，剑阁也因此得名。

剑门关历来有天下雄关的称誉。这座关城仿佛上苍的杰作：一座座绵延起伏的砾岩山峰寸草不生，故有剑门无寸土之说。这些寸草不生的坚硬砾岩排列在一起，独独中间留了一条狭窄的通道，看上去就像一座天然的城池。这胜似于铜墙铁壁的山峰，它把自秦岭而来的群山万壑都一一斩断了，也让那些企图南下成都平原的外来势力望而生畏。那条弯弯曲曲的蜀道，就从剑门群山的缝隙里曲折迂回。

剑门关关口的岩壁间，“第一关”和“天下雄关”的石碑昭示着这座关隘的不同寻常。自古以来，它就是出入四川的咽喉，也是兵家必争之地。俗语说："打下剑门关，犹如得四川。"纵观历史，所有打算割据四川的军事力量，没有一个不先攻下这个天险，然后以此为江山的北界，将四川与中原地区分割。从三国时诸葛亮建关驻军伊始，剑门关就是一个异常雄险的古战场。

据记载，历史上，没有任何一次从北面也就是正面攻打剑门关的战争取得过胜利。三国末期，魏军伐蜀时，姜维以只相当于钟会等人五分之一的人马扼守此关，就将几十万魏军挡在了关城之外。邓艾只得冒险另辟蹊径，迂回摩天岭，从平武一线通过阴平小道，绕过了剑门关，才得以进入成都平原。1935年，红四方面军从大巴山长征路经此地时，在李先念的指挥下，曾以奇袭的方式从后门攻克剑门关。

与剑门关的雄壮相映成趣的，是剑门豆腐的绵软。从剑门关镇里到下山的镇外公路两旁，举目就能看到一家接一家的饭店，这些饭店，几乎都以剑门关豆腐相引诱，以使像我这样经不起考验的行者停车做客。剑门关豆腐不仅味道好，而且还能做出许多花样。四川以豆腐闻名的地方有3个，一个是剑门关，一个是乐山西坝，一个是我的老家富顺。公正地说，三者之中，排第一的当数剑门关。

如果普安听说与它相距不远的另一个地方，在2000多年的时间里，由王城降为州治，由州治降为县治，由县治降为人民公社，再成为今天的普通小镇，它肯定会在同病相怜之余，暗自庆幸自己的命运还是要稍微好一点，至少，落差没有大到这种简直可以用来发电的地步吧。这个落差巨大的地方，就是古蜀道上另一个著名的咽喉锁钥之地：昭化。

昭化古称葭萌，公元前400年左右，古蜀国王开明武力征服广元、昭化一带的苴人，把这里作为他弟弟的封地，称为苴国，这个小国家的首都，就在葭萌。公元前316年，秦国大将司马错率大军沿褒斜道南下，在拿下白水关后，顺白龙江而下，与蜀国展开的最大的一场战争就发生在这里。是时，蜀军大败，蜀国的覆亡也就成了时间问题。秦灭蜀后，在新拓展的蜀国实施郡县制，原来的苴国一带，设为葭萌县——这是巴蜀最早设置的一个县，比文昌帝君的老家梓潼县还早，史称巴蜀第一县。

三国时，蜀汉割据四川，葭萌成为边地最重要的关隘之一。当时的形势是“金牛古道，穿城而过；剑门雄关，巍峨傍立；桔柏古渡，扼江拒守”，虽属弹丸之城，却有金汤之固。诸葛亮六出祁山时，这里是重要的后勤基地。蜀汉后期，诸葛亮的继承者费祎开府昭化，长年驻扎在此。不过，比较郁闷的是，费先生在一次大宴宾客的酒后，竟然被魏国降将刺死。这位死得很窝囊的蜀汉重臣，被安葬在昭化城外的一块小平原上。几年前，昭化离旅游还有很远距离时，我曾在竹林中找到费先生的墓，墓旁一米开外就是一个巨大的露天粪坑，一户农民猪圈里的两头肥猪与费先生比邻而居，费先生的墓碑则当作了粪坑上的踏板。后来再去时，昭化已是士别三日，刮目相看，费先生的坟重修了，墓碑也重刻了，却叫人再也找不到那种“古墓犁为田，松柏摧为薪”的沧海桑田之感。

昭化古城始建于苴国时期，蜀汉又重建，宋代大修，以后各朝各代修葺不绝，但如今还算原汁原味的古建筑，只有3道城门了，那就是东门迎凤门，西门登龙门和北门拱极门。幽暗的城门洞里，曾经用来安放门闩的地方磨出了深深的坑，能够直观地感觉到似水流年如何暗中偷换。站在城楼上，脚下的昭化城是一片起伏的青瓦。

虽然既做过首都——可能是全世界最小的首都了，也曾做过州府，但2000多年里，昭化更多的时候是作为一个县城而存在的。就像许多历史悠久的县城一样，昭化也有文庙、考棚和书院。这三者，在古代，乃是文风传续的重要标志。这说明，昭化不仅是兵家必争的战略要地，也是香火鼎盛的人文渊薮之城。

20世纪50年代，由于宝成铁路和川陕公路的建成，昭化沦为一个无足轻重的偏僻小镇。几年前未开发时，我看到的昭化是几条宽不盈丈的小街，到处是破落的院子，屋檐上倒挂着拂动的野草，入目都是寂寞。现在，昭化成了旅游胜地，修整一新的小镇似乎还有一股挥之不去的油漆味儿。显然，它从一个极端走向了另一个极端。不过，行走在这样的小镇，联想到它曾经有过的辉煌岁月，或许会从心里生出一些感慨：一座城市的命运，差不多也类似于一个人的命运，有着它注定了的起承转合。

明月峡位于有2300多年历史，素有“蜀北重镇”“川北门户”之称的广元市。明月峡原名朝天峡，“朝天”，即“朝拜天子”之意，据说当年唐玄宗避“安史之乱”南迁成都时，当地官员曾在此接待并朝拜而得名。朝天峡在广元以北约30公里处的朝天镇外的嘉陵江上，峡谷全长约4公里，宽约100米，两岸石崖壁立，其东就是有名的朝天岭，谷深约2000米，是嘉陵江冲破山脉而形成的峡谷。

朝天峡可谓蜀道咽喉中的咽喉，它是连接蜀道南北的唯一通道，2000多年来，人们为了保证蜀道的畅通，在这里留下了古今6条道路，所以人们又把这里称为“中国交通史博物馆”，这6条道路是：远古时山民们走出的羊肠小道，先秦时官府在峡壁建立的栈道（即金牛道），峡中嘉陵江边船工们修建的纤夫道，嘉陵江上的航道，民国时期修建的川陕公路（至今仍在使用），川陕公路对面的20世纪50年代修建的宝成铁路隧道。

于是，这个壁立千仞的峡谷，竟然集先民小道、嘉陵水道、纤夫鸟道、金牛驿道、108国道、宝成复线等古今6道于一隅，即使走遍世界，恐怕也难以找到第二个相似的地方。因而，有人把它称为“中国道路交通发展的活化石”。

出川与入川：蜀道上的千秋往事

几千年来，在飞机发明之前，出川与入川不外乎水路与陆路二途。水路即通过长江三峡后进入湖北，而陆路则只有蜀道。在非机动的帆船时代，三峡的险滩急流，使得穿越三峡的水上之旅被人视为畏途。相比之下，人们更愿意选择虽然同样艰难，但还不至于有生命之虞的陆路。因此，许多涉及出川与入川的重大历史事件，都和蜀道有关。而这些以蜀道为依托的出川与入川事件，有时候关乎四川或西南，有时候则关乎全国。时光流逝的记忆里，这样几次出川与入川永远难忘：

公元前4世纪末，秦国朝野进行了一场激烈的辩论：秦国到底该以何种方式统一天下？诸多不同意见中，大将司马错的主张得到了秦惠文王的首肯。司马错的主张就是先攻占蜀国，利用蜀国占据长江上游的地利，再顺江而下消灭强敌楚国，最终完成消灭诸侯的大业。

与自然环境相对恶劣的秦国相比，蜀国肥沃的土地和殷实的财富令秦国君臣动心。公元前316年，秦灭蜀的战争拉开序幕，被称为虎狼之师的秦军在大将司马错的率领下，由陕西南下，沿着崇山峻岭中一条几乎只能算是毛坯的小道进入四川并直逼成都。这条毛坯小道就是金牛道。正是通过金牛道，秦军拿下了成都并搞定蜀国。此后，秦国以富庶的成都平原为后方基地和讨伐楚国的跳板，最终完成了统一大业。可以说，秦国统一大业浓墨重彩的第一笔，就是由蜀道来书写的。

公元207年，46岁的刘备三顾茅庐之后见到了27岁的诸葛亮，诸葛亮在给刘备提出的远景规划中，要求刘备以荆州为立足之地后，立即着手夺取四川，因为有着沃野千里，高祖因之以成帝业的四川，是当时唯一可能与曹操的北方和孙氏的江东鼎足而立的宝地。刘备听取了诸葛亮的意见，3年后，当他应刘璋之邀入川时，其经行路线，也是沿着古蜀道入川。暗弱的刘璋仅仅因刘备是同宗而对这个急于想找到根据地的野心家寄予了空前信任。两人在富乐山上饮酒高歌，长达数十日。此后，在得到刘璋的大批补给后，刘备以讨伐张鲁为名，前往葭萌关屯驻。富乐山与葭萌关均位于古蜀道上，其中，富乐山在今天的绵阳城郊，古蜀道就从山脚经过，历来是当地士人游玩的好去处。葭萌关是前面已说及的昭化。后来，刘璋给刘备增加了军队并补充了粮草之后，刘备却迟迟不肯北伐张鲁。不久，又借口刘璋杀死了建议迎他入蜀的张松，引军南下，攻取涪城后又与事后赶到益州的诸葛亮合围成都。刘璋在极度追悔中出城投降，刘备从此据有益州。刘备果然如诸葛亮策划的那样以天府之国为班底，创立了他偏安几十年的蜀汉王国。刘备去世之后，诸葛亮执掌蜀汉军政大权期间，他所进行的北伐战争，无一不由蜀道出川。只是，有时候是由金牛道而出，有时候是由米仓道而出，有时候则由陈仓道而出。曾经商旅不绝于途的蜀道，因为战争而成为风萧萧兮战马鸣的征战杀伐之地。

“渔阳鼙鼓动地来，惊破霓裳羽衣曲。九重城阙烟尘生，千乘万骑西南行。”白居易在他的《长恨歌》里这样描写唐玄宗的仓皇幸蜀。756年农历六月，在获悉安禄山叛军马上就要攻打长安的消息后，盛唐的缔造者唐玄宗决定弃都而逃。逃跑的目的地是陕西以南的四川，逃跑的路线，是由褒斜道而入金牛道。

“蜀土丰稔，甲兵全盛”，这就是当时的四川，也是唐玄宗为什么要选择逃向四川的最充足的理由。当年十月，秋风渐起时，唐玄宗在经过两个多月的辗转反侧之后，终于走进了成都平坦宽阔的大街。唐玄宗自公元756年十月到达成都，次年年底离开成都返回长安，一共在成都生活了一年又两个月。此前已在灵武继位为帝的唐肃宗，下令把庇护过唐玄宗的成都升格为府，号为南京。亲历过“安史之乱”的大诗人李白写了一组关于唐玄宗入蜀的诗，其中对这位狼狈之中的君王在蜀道上行走的情景写道：“秦天蜀道置金牛，汉水元通星汉流。天子一行遗圣迹，锦城长作帝王州。”

历史往往惊人地相似。当年唐玄宗逃往四川时，他恐怕不会想到，再过124年，到了他的后裔唐僖宗当政时，这位在历史上总是给人以轻浮之感的晚唐皇帝，还会重复他的祖先唐玄宗的逃亡之路。

与唐玄宗的逃亡之路一样，唐僖宗也是从长安逃向四川。不过，唐玄宗走的是金牛道，而唐僖宗走的是傥骆道。对唐王朝来说，四川的存在就像溺水的人在慌乱中抓住了一只救生圈。依靠这只救生圈，他才不至于被强大的波浪吞没，他才有凭借它重新上岸的可能。

唐僖宗入蜀是在公元881年，若依农历，则为880年。这一次兵逼长安的不再是拥兵自重的大军阀，而是一位农民起义领袖，那就是大名鼎鼎的黄巢。唐僖宗前脚刚走，黄巢后脚就进了长安。唐僖宗这支小队伍走走停停，停停走走，经过半年多的长途跋涉后，于881年六月抵达成都。

唐僖宗在四川的时间长达4年，比他的老祖宗唐玄宗长了一倍多。4年之后，他终于有机会再次踏上曾经行走过的蜀道回长安了，但此时的长安已经不是彼时的长安了，破败，萧条，战争的创伤使这座千古名城已经远远地落在了成都之后。

两位唐朝皇帝的两次仓皇逃往四川，蜀道功不可没。正是借由这条穿山越岭的古道，两位唐朝皇帝才能在大难临头时逃往相对宁静和富庶的四川，并以此为基地做一次咸鱼翻身般的艰难挣扎。唐朝两度走出历史瓶颈的危局，都由同一个省份和同一条古道来完成，与其说这是一种巧合，不如说是一种得天独厚的历史必然。

锡林郭勒，从皇家牧场到肉篮子

草原帝国的发祥地

那是农历五月下旬的一个早晨，一群疲惫不堪的漫游者终于惊喜地望见了草原深处那座雄伟的城。五月的草原，新长出的牧草已快没过人膝了，在牧草中间，点缀着星星点点的芍药花和山丹花，而就在牧草和花朵的簇拥中，一座有着箭楼、女墙和飞檐的城池如同花草海洋中挺立的孤岛，卓尔不群地背倚青山，面朝绿水。望着这座已近在咫尺的城，许多漫游者忍不住掉下了激动的泪水：为了寻找这座城，他们已经在路上行走了整整4年。4年来，他们的眼睛看惯了中亚细亚和中国西部的荒漠、黄土和戈壁。现在，终于看到了如茵的绿草和微风轻拂的城市。

这座城市叫上都。那时候，它不仅是统治了大半个欧亚大陆的大元帝国的首都，也是当时已知世界的中心。在这群漫游者中间，有一个20多岁的高鼻深目的青年，他将因这次漫游而永垂不朽。他的名字叫马可·波罗。就是在上都，马可·波罗见到了元世祖忽必烈。这座突然出现在草原上的首都，给马可·波罗留下了极为深刻的印象。后来，他在他的游记中写道：“上都是忽必烈大汗所建造的都城，他还用大理石和各种美丽的石头建造了一座宫殿。该宫殿设计精巧，装饰豪华，所有殿堂和房间里都镀了金。宫殿一面朝城内，一面朝城墙，四面都有围墙环绕，包围了一块整整有16英里的广场……大汗的御花园，里面有肥沃美丽的草场，并有许多小溪流经其间。鹿和山羊在这里放牧，它们是鹰与其他用来狩猎的猛禽的食物，这些动物也栖息在这个御花园中。除鹰外，其他各种鸟雀不下200余种。”

700多年过去了，又一个夏天的早晨，我来到了曾让马可·波罗震惊不已的上都。马可·波罗曾看见过的那周长达8公里的城池，那由外城、皇城和宫城相套组成的元帝国的首都，已经荡然无存。在那片生活过几十万人口的草原上，我能看到的除了残垣断壁，就是石头的雕像孤独地守望在草原的风中。人事有代谢，往来成古今。变幻的是草原曾经承载过的城池，而不变的却是一望无际的草原。我相信，我所看到的草原和马可·波罗所看到的草原，在千年的时光流转之后依然一样——一样的风吹草低，一样的牛羊满川。

上都位于锡林郭勒盟境内的正蓝旗。忽必烈之所以下令在这个位于中国正北方的地方修建这么一座规模宏大、气象万千的都城，原因有两个。其一，这里是蒙元帝国的发祥地。以草根身份一跃而为草原帝国的开创者，一代天骄成吉思汗的事业正是从锡林郭勒草原上起步的：成吉思汗在东乌珠穆沁旗的乌拉盖河畔打过有名的乌鲁辉之战，在西苏尼特旗境内的乌沙堡第一次突破金朝防线，开始了灭金之旅，在太子旗及其以南地区打了著名的野狐岭之战，一举歼灭了金朝30万精锐……直到今天，在锡林郭勒草原上流传着的众多关于成吉思汗的传说，都证明了他和他的子孙与这片面积达20多万平方公里的草原有着深厚的关系。其二，从上都城外流过的那条清澈的小河，它就是后来流经北京的滦河的上游。这个细节说明了一个深刻的因素：蒙元帝国属于草原游牧文明，当它把统治扩张到全中国时，必然要与中原农耕文明发生关系。北京一线乃是农耕文明的边疆地带，而如何让蒙元的游牧文明与中原的农耕文明更好融合，或者说，如何既让蒙古人保持自己的游牧传统，同时又能对广大农耕地区施行统治，选择一个最适合的地方做首都，是一件重要的事情。正蓝旗既是蒙元帝国的发祥地，其距北京的直线距离又不到200公里。这两大条件让它有机会胜出：建立首都的地址，就恰到好处地选在了正蓝旗境内。因此，有人认为，上都乃是中原农耕文明与草原游牧文明奇妙结合的产物。

有元一代，锡林郭勒草原在帝国版图中乃是重中之重。自从忽必烈建成上都，并下诏把它作为法定的、与北京平起平坐的两大首都之后，几十年时间里，每到农历四月，元朝皇帝就会率领整套中央政府人马来到上都，一直到草原上天气渐渐凉爽的九月，才结束长达半年的上都生活，重返北京——即元朝所称的大都。

那时候，我眼前这片废墟，无疑是全世界草原地带再也找不到第二座的雄伟之城：这座城市周长8公里，官署60余座，寺庙近200座。每年春夏秋3季，流动人口加上常住人口，其数目竟高达百万。从这里出发的笔直的驿道，如同遍布周身的神经，把草原帝国的心脏与各个部位紧密相连。

爱新觉罗的金牧场

1644年，清军入关，明朝灭亡。如同建立大元的蒙古人一样，建立大清的满族人同样崛起于北方，同样是一个马背上的民族。这个游牧民族在占领北京并将势力向南强势扩张之际，决策层里曾就未来的选择有过几种不同设计：一是在北京等大城市大捞一把之后，仍然退回东北，继续骑射为生的传统生活；二是用法律的形式，把势力所及的全部土地，统统改为牧场，强令全体中国人，一律以游牧为生；三是向汉族学习，建立一个统一的，遵从儒家文明的大帝国。在一番论争之后，第三种意见渐渐成为大多数决策者的共识。

众所周知，就像成吉思汗和他的子孙们在欧亚大陆所向披靡的秘密武器就是来去如风的骑兵和精制的弯刀一样，爱新觉罗家族统领的八旗兵之所以能以区区10万之众击败明朝军队和农民军，同样是依靠移动迅速、善于机动作战和长途奔袭的骑兵。因此，不论入关之前还是入关之后，清朝决策者都对骑兵十分重视，视之为保卫政权的国之干城。此外，与长城内农耕文明区域里以大米和小麦为主食不同，满族人的主食是牛羊肉和奶酪。但是，入主北京之后，这里既没有大片的优质牧场可以提供源源不断的战马，甚至，就连供应皇室及王公贵族的牛羊肉和奶酪也十分缺乏。

正是清朝上下对战马和牛羊产品的需求，决定了锡林郭勒草原将在沉寂200多年后再次变得引人瞩目。早在上都作为元朝夏都时期，锡林郭勒草原就是重要的军马产地和牛羊产品基地。而清朝的决策者们，在面对北京不能解决的这两个问题时，很自然地联想到了锡林郭勒草原。不过，200多年的发展，交通手段已经更为先进，由北京通往草原的路途更加通坦，因此，爱新觉罗家族不用再像勃儿只斤氏家族那样，为了解决运输问题而设立两个首都。

清朝200余年间，政府在长城以外设立的皇家牧场，除了锡林郭勒草原外，还包括位于今天辽宁阜新的养息牧牧场。不过，养息牧牧场所养的牛羊主要是供应盛京三陵祭祀之用，军马则作为八旗官马的补充，只有极少量产品才作为贡物运往北京。其主要原因，一则是这里离北京距离太远，二则是锡林郭勒草原已经足以提供皇家所需的牛羊产品和八旗官兵所需军马。

据有关文献记载，有清一代，锡林郭勒草原上的皇家牧场的范围有着明确的划定：其具体位置约为今天的锡林郭勒盟下辖的太仆寺旗与正蓝旗地区，以及张北草原的部分地区。锡林郭勒大草原的面积达20余万平方公里，清代充当皇家牧场的区域，只占整个草原的很少一部分；此外，由于考虑到离北京越近越好，皇家牧场还并非圈定大草原最肥美、载畜量最高的核心区；而仅仅以这么大的一方草原，就足以为皇家提供充足的优质牛羊产品，为军队提供永不枯竭的军马来源，由此可见，作为中国最重要的草原之一，锡林郭勒大草原可谓实至名归。

清政府对皇家牧场的重视程度非同小可，它不仅在锡林郭勒草原上安排有大量专业人员负责生产，同时还设有负责管理和协调的机构，如在今天的太仆寺旗境内设立的察哈尔左翼牧群。朝廷里也设置有专人负责对接。不仅皇室在锡林郭勒草原有专门的牧场，一些权力机构如礼部和兵部，以及一些王公大臣，也在这一地区拥有自己的专供牧场，只不过规模更小一些而已。另外，像宫中所需的牛羊肉，其宰杀、运输、保鲜，都有一套严格的规章制度，必须以此来确保，皇家所食用的牛羊产品，乃是最清洁的和最鲜美的。

在近身肉搏的冷兵器时代，移动疾速的战马相当于今天的坦克，因而优秀的和数量充足的战马，在国防上的意义可想而知。

在今天，马匹早已退出了战争舞台。但在锡林郭勒草原上，仍然不时可以看到它们的身影。那些悠闲吃草或是激昂奔向天边的骏马，它们有一个共同的名字：蒙古马。所有的蒙古马都具有相同的外形特征：头大额宽，胸廓深长，身躯粗壮，体质结实，能够在恶劣的自然条件下生存。历史上，锡林郭勒草原的蒙古马和呼伦贝尔的三河马、新疆的伊犁马，并称为中国三大名马。据统计，蒙古马约占中国马匹家族的1/2左右。不过，按更细的划分方式，蒙古马还可分为3个亚种：其一是百岔铁蹄马，产于内蒙古昭乌达盟的百岔沟，善走山路，步伐敏捷，因为蹄质坚硬，故有“铁蹄”之称。其二是乌审马，产于内蒙古乌审旗沙漠，体格较小，善于在沙漠中驰骋。其三是乌珠穆沁马，即我在锡林郭勒草原的组成部分——乌珠穆沁草原——看到的那些奔跑的家伙。它们体格高大，善于奔走，是蒙古马中最好的类群。这种曾经作为蒙古军队和八旗军队攻城略地利器的马匹，如果把它们和世界最著名的骏马如英国纯血马、中亚汗血马和阿拉伯马相比，它不是最漂亮的，也不是短跑最快的，但绝对是最具持久力的。假如让乌珠穆沁马与这些世界名马比赛，刚开始时领先的不会是乌珠穆沁马，但是两三个小时以后，领先的一定是乌珠穆沁马。至于每天奔走10多个小时，持续时间在十天半月以上的超长奔袭，则只有乌珠穆沁马才能胜任。

当代中国的肉篮子

我固执地认为，要想深入了解一个地方，有时候得从最具当地特色的美食开始。在锡林郭勒草原上的那些日子，即使仅仅从餐桌上鲜美的羊肉，也能判断得出大草原到底是何等的水草肥美，宜于牛羊生长。

最具草原特色的美食无疑是手抓羊肉，这种简洁的饮食方法，肯定是游牧民族在长期的游牧生活中因陋就简发明的。在全中国只要有草原的地方，你就能尝到它。锡林郭勒草原的做法和其他草原的做法也并没有什么两样，不外乎在杀死一头刚才还在低头吃草的羊后，剥去羊皮，不剔骨，把羊身砍成许多小段放进锅内。除了加少许盐外，不加其他任何佐料。冷水煮沸，捞起食用。此前，我曾在西北和四川的多处草原上吃过手抓羊肉，但我必须公正地承认，与锡林郭勒草原上的手抓羊肉相比，它们都要逊色三分。锡林郭勒草原的手抓羊肉，它的肥美和鲜嫩，很容易让人联想到，那种半人高的牧草喂大的羊，自然要比那些靠几株枯草吊命的羊更上乘。后来，主人告诉我，中午我们刚刚吃下肚的那只羊，是一个叫苏尼特羊的著名品种。

众所周知，内蒙古是全中国畜牧业最发达的地区，也是全中国最重要的牛羊肉、牛羊毛生产基地，而被一望无际的大草原占了96%的锡林郭勒盟，其支柱产业就是畜牧业。来自锡林郭勒盟的牛羊毛是众多纺织企业的原材料，来自锡林郭勒盟的牛羊肉，则不仅出现在著名的北京东来顺饭庄，还随着小肥羊之类的美食连锁企业出现在全国各地的餐桌上——在我生活的远离锡林郭勒盟的成都，同样也能品尝到来自锡林郭勒草原的牛肉和羊肉。从某种意义上讲，这片面积相当于东部一个半省份的大草原，已然成为当代中国的肉篮子。为中国人提供最鲜美的羊肉的，是两个著名品种，一个是前面说过的苏尼特羊，一个是与乌珠穆沁马出自同一地区的乌珠穆沁羊。

苏尼特羊又称戈壁羊，主要出产于锡林郭勒盟下辖的苏尼特左旗、苏尼特右旗，邻近的乌兰察布盟下辖的四子王旗和包头市下辖的达茂旗。这一地区属于锡林郭勒草原西南部的荒漠草原。苏尼特羊不仅体格大，产肉多，无膻味，而且还因这种羊经常采食丛生禾科和葱类牧草，使得羊肉肉质细嫩，味美多汁。据专家测定，苏尼特羊肉中，人体所必需的几种主要氨基酸含量，明显高于其他羊肉，是制作涮羊肉、手把肉和烤羊腿的上好原料。史载，清朝康熙年间，锡林郭勒草原每年要向御膳房供应苏尼特羊3000只。东来顺和小肥羊里最受食客追捧的涮羊肉，就是取自苏尼特羊。

乌珠穆沁羊属肉脂兼用的短脂尾粗毛羊，它以体大、尾大、肉脂多、羔羊生产发育快而著称。其主要产地在锡林郭勒草原的西北部的乌珠穆沁草原。乌珠穆沁草原地处于蒙古高原向大兴安岭西麓的过渡地带，气候严寒，每年10月中下旬开始积雪，翌年4月底雪才化尽。但这一地区与苏尼特羊产区相比，水草丰美，草原上的牧草没过膝盖，是载畜量最高的草甸草原和典型草原地区。多年以来，这里就属于地广人稀之地，乌珠穆沁羊的放牧也就因地制宜地实行粗放：羊群以1200~1500只组群，终年依靠天然草场游牧，即便是觅食艰难的冬春季节一般也不补给草料。这种几乎完全天然放养条件下产出的乌珠穆沁羊，肉质鲜美、肥而不腻，羊肉中水分含量比一般羊肉低，而干物质含量则比一般羊肉高。

在锡林郭勒草原行走的日子，每顿饭必不可少地都有羊肉：从手抓羊肉到血肠，从烤羊腿到羊肉干锅。与以米面为主食的南方相比，羊肉就是大草原餐饮的主角——其实也不难理解，如果不是这些优质羊肉所提供的热量和能量，成吉思汗和他的子孙又怎能有力气弯弓射大雕？或许，一个地方的地理条件决定了它的物产，而物产则决定了它的生活方式，而生活方式最终决定的，可能是一种文明的走向。

优雅之旅

而三多寨的城墙将依旧，
三多寨的梨花将依旧，
落日下的飞鸟将依旧，
甚至，若干年之后，
那些看古堡与梨花的游人的心情
也将依旧……

成都：优雅的市井

如果成都距离汶川再远一些；如果成都所处的扬子地块不和活动频繁的龙门山板块比邻；或者，再干脆一点，如果“5·12大地震”推迟50年；那么，至少于我们这一代人而言，我们将缺少一个更加精准地认识成都的机会。但这些如果都只是事后的假设，事实上是，成都距离汶川实在太近，近到只有几十公里；而成都所处的扬子地块和龙门山板块，它们已经做了亿万年邻居；而天崩地裂的“5·12大地震”，它选择了2008年这个微风吹拂的初夏。

如同登临平原尽头的山峰眺望这片熟悉的土地——当薄雾轻轻散去，平原上那些绿树环绕的村庄和溪流，就小心翼翼地浮现在大地深处。当时间开始慢慢医治大地震带来的创伤，成都的生活在继续——和以往不同的是，人们更加认识到这样一种客观存在：这座距离震中最近的大都市，因为独特的地理环境和人文环境，它的生活依然生动而鲜活。

我以为，成都生活的特质是市井，倘若要给市井加个定语，那就是：优雅。

宽巷子：历史深处的人间气息

慵懒的雨水有气无力地打在梧桐上，间或有风，摇动着梧桐树下那盆孤苦无依的雏菊。一张古旧的茶几，上面摆着一只青瓷茶碗，茶碗里，热气袅袅。远景则是悠长寂寞的老巷，两侧的房屋，高耸着飞檐和风火墙，院落深深。在街的那一头，一条大黄狗吐出长长的舌头，忧郁地看着越来越密集的雨，两个窃窃私语的老人，他们的两颗头碰到一起，那些铺天盖地的白发，比一个世纪还要惊心——这是我记忆中的宽巷子景象。或者说，每当想起宽巷子，我的脑海里就不由自主地浮现出这一幅已然过去了好些年的画面。

尽管人们常爱说成都几千年城名未变，城址未变，但可怜得紧，成都其实已经很难找到哪怕一百年以上的成片建筑了。动荡的世事和功利的商业正在给传统一记记劈头盖脸的重拳，它把先人的遗留更改得面目全非。幸运的是，宽巷子——宽巷子其实是一个广义的地名，它往往还包括与它比邻的窄巷子和井巷子——则是不可多得的老建筑。具体地说，它们都是曾经的少城的残留。少城是清代的满城，那是作为清朝统治民族的满人的聚居地。

如果从空中俯瞰少城，它的主要街道布局极像一条巨大的蜈蚣：将军衙门是蜈蚣头，长顺街是蜈蚣身子，东西向密集的街道和胡同则如同蜈蚣身上众多的脚。这是一条精美典雅的蜈蚣。自从清朝覆亡，越来越多的权贵和有钱人进入了这座原本不许汉人居住的城中之城，一座接一座的公馆拔地而起。那时候，高大的黄桷和银杏遮掩的街道两旁，不时有高大威严的石狮怒目而视，不用说，石狮身后一定是一座气派的公馆。

正像我从前在一篇短文里说过的那样，这样的公馆往往会有一些相同的细节：总是有青砖砌成的围墙，墙头牵延着金银花或是爬山虎之类的植物丝蔓，若是春夏，一些淡淡的小花便漫不经心地开在墙头，让墙外行人也有机会领略什么叫作“满园春色关不住”。若是经过后花园外的幽深小巷，或许还能听到从里面传来的女子的娇笑，让人想起“笑渐不闻声渐悄，多情却被无情恼”的宋词。

世事变幻如同白云苍狗，很多年过去了，那些公馆大多被拆被毁，唯独宽巷子里那些朴实的普通民居还留存了下来。虽然风火墙已经破败，旧梧桐已经衰老。但身处成都市最中心地区的宽巷子，还保存了几分老成都的市井姿态。就在不久之前的漫长岁月里，这几条宽不盈丈的小街，集合了众多“最成都”的茶馆、旅店和小吃，节奏缓慢的宽巷子仿佛被时代故意遗忘，下午到宽巷子喝茶便成为一种写意的生活方式。

那时候我常去的那家小茶馆，迎街的老墙上，挂着一帧格瓦拉的黑白肖像，很多人都不清楚这个遥远的古巴人和成都这条破落小街有什么关系。我也不清楚。我只是坐在他的目光下喝茶，谈天，或者有一眼无一眼地看闲书。更多时候，我愿意把目光送给那些从街上款款走过的女子。至于龙堂，那是宽巷子里一个著名的去处。那里，常常聚合了来自五湖四海的驴友。我的一个同窗来成都，五星级宾馆不住，偏偏指名去龙堂。其实，龙堂的设施很普通，普通到粗糙。当然，我知道，这位同窗看中的是那份潜藏在深巷中的古意与质朴，那是一种离成都民间最近的稀有之物。

无疑，宽巷子那些古旧门宅里的生活是细屑的，琐碎的。但正如历史记录看起来平淡如水的年代才是幸福年代一样，真正的幸福生活也一定是细屑的，琐碎的。

后来，宽巷子就因地处市中心而面临拆迁的危险。好在，主事者最终没有把这片有历史有生命的老建筑拆掉，另建一些冰冷的水泥盒子，而是把它改造成了如今的宽巷子——大地震之后刚刚一个月，当许多地方还处在草木皆兵的余震中时，宽巷子就紧锣密鼓地开街了。

那天有雨，我没去看热闹。不过，从电视上看，来来往往的人流，把那几条小小的街道挤得水泄不通。我选择了另一个夏夜前往宽巷子，曾经有过的那家小茶铺不见了，更多的，是时尚的酒吧和咖啡馆。在恋旧的人看来，这未免是一种遗憾，但我却从那些怡然漂浮于店堂深处的脸上感觉得到，其实，生活更需要的是一份淡定与悠闲，至于这份淡定与悠闲，到底是用小茶铺的青花茶碗还是用咖啡馆的咖啡杯来表达，那是另一个层面上的问题了。既然天底下最忙碌的小蚂蚁，也总是有时间参加每一次野餐，那么，到宽巷子喝一杯茶，饮一瓶酒，品一壶咖啡，都是人生这篇漫长文章中必需的几个小逗号。

生活像美女，就是用来泡的

我的朋友何小竹写过一本关于成都茶馆的书，书的名字就叫《成都茶馆》。我还记得，我和何小竹最初的几次见面，其中有至少两次，都是在一座茶馆里不期而遇。那座茶馆位于寸土寸金的市中心，在一个叫大慈寺的古老庙宇里。外面是肃穆的红墙和森严的大门，但只要穿过了那几间面容严谨的大殿，你就会发现里面别有洞天：春夏时分，头上是密密麻麻的葡萄架，下面是石头方桌，间或还有几棵开着黄色小花的桂树。方桌四面，随意排放着最多只值10块钱一把的竹椅子，屁股刚挪上去，椅子就会吱吱呀呀地唱歌。茶是花茶，全都用流行于四川民间已经几百年的茶碗盛装，送茶的伙计一盏接一盏地甩到桌子上。茶客们就坐在随时可能飘落下一片葡萄叶、一阵蝉鸣声或是一颗鸟粪蛋的园子里，消磨着似乎永远也消磨不完的光阴。

即便走遍全世界，你也难以找到第二个城市，拥有成都这么多茶馆。以前的一个统计数据说，仅仅三环路以内的不到100平方公里的主城区，就有大大小小几千家茶馆。这些茶馆，高中低各个档次都有，它们与荡漾着民间呼吸的居民区和威严矜持的政府衙门，以及熙来攘往的商业场所相生共处，就像一支交响曲的各个乐章，必须有起承转合才能和谐动听。

何小竹在《成都茶馆》里说，朋友们去找杨黎，就是把他从楼上喊下来，到附近的茶馆里泡上半天。对成都人而言，茶馆很多时候具备了客厅的功能。朋友，甚至生意上的合作伙伴见面，首选一般都是茶馆。成都人似乎特别喜欢茶馆的那种喧哗与热闹，一个例证是，生意越是火爆的茶馆，它的客人往往也越多，而那些冷清的茶馆，生意会越来越冷清。说到底，我有点搞不明白的是，到底是成都的悠闲生活催生了遍地茶馆，还是遍地茶馆催生了成都的悠闲生活？曾经有沿海的朋友对成都这种以茶馆为核心的散漫颇为不解，我就给他讲那个古老的故事：一个大企业家到海边晒太阳度假，遇到一个当地的穷小子也在那儿晒太阳。大企业家就教育穷小子，你为什么不去努力工作，挣更多的钱，开很多公司？穷小子反问，做了这些，接下来干什么？大企业家说，那时，你就可以像我现在一样，到海边晒太阳度假。穷小子笑了笑说，我现在不已经在晒太阳度假了吗？

除了客厅功能，成都茶馆也是不少人的工作场所。尽管茶馆的近亲——比如咖啡馆，在成都也渐有燎原之势，提着笔记本到咖啡馆工作的人也越来越多，但到茶馆工作的人也没有减少的势头。于我，我的许多文章——包括您正在读的这一篇，都是在茶馆里完成的。因此，成都本土或从成都走出去的文化人，他们的著作，几乎无一例外地会写到给他们的生活打下了深重烙印的茶馆，从李劼人到巴金，从沙汀到流沙河，概莫能外。

在家里泡一壶茶，那叫解渴；到茶馆要一杯茶，那才叫生活。成都人在说到茶馆时，爱用一个词，叫作泡茶馆。一杯茶，坐上那么几个时辰，这就叫泡，否则只是牛饮。从某种意义上讲，茶馆和生活都像美女，都是用来泡的。

神经般遍布全城的茶馆，它对成都人性格的影响无疑潜移默化，它使这座城市的人健谈、风趣、和善，同时也带有程度不同的狡黠。当然，更本质的可能是，这种缓慢的节奏，使他们对生活总是抱有常人难以理解的通达和乐观。

必须说到近几年声名在外的几家很文化的茶馆，比如悦来茶馆。我以为，它们已经从原初的那种属于市民阶层的悠闲与淡定，被商业化成了供外地人观看的模具，它与真正意义上的老成都茶馆和老成都生活方式已经产生了遥远的距离，就好比一朵精致完美的塑料花和一朵被风雨吹打得有点憔悴的野花之间的距离。因此，最成都的茶馆其实不需要那种业已沦为江湖杂耍的变脸或吐火之类的表演，它只需要清清的茶和闲闲的心。以我为例，我常去的是一家叫柳浪湾的茶馆，巨大的落地窗户铺向府南河，垂柳的垂发一直垂到茶桌旁，庭院里，树木荫郁，小鸟闲鸣。别人打牌，我打字——无论打牌还是打字，一旦搬进同一座茶馆，生活的面容都同样亲切得一塌糊涂。

那些为滋味折腰的文化人

很多年前，具体地说是1600年前的晋朝，一个叫常璩的四川崇州人，写过一本叫《华阳国志》的地理著作。在这部著作中，他给四川人把了脉，认为“蜀人好辛香，尚滋味”。转瞬之间，1600年，差不多也就是60代人的时间过去了，天地玄黄，巨变沧桑，但四川人对于好滋味的孜孜不倦的追求却一点儿也没变。

诸种菜系之中，与粤菜、鲁菜、淮扬菜相比，川菜是最草根的，它所采用的原材料，几乎没有特别贵重之物。但与此同时，川菜也是最民间的和最具生长性的——有多少悲伤的胃，因为远离了故乡，从此就把对川菜的怀念当成对故国的追思呢?

在成都，有这样一个现象，那就是尽管川菜很底层、很草根，但与其他菜系相比，川菜可能也是与文化人关系最亲密的。年代久远一些的，像杨慎、曾懿、李调元、傅崇榘等，他们都有与饮食相关的著作。至于“老成都”李劼人，他既是一个因多种原因一直没得到真正认可的大作家，同时也是一个川菜美食家和精明的餐馆经营者。20世纪40年代，他在成都开办的小雅曾经名噪一时，入川的大多数文化名人都是其座上客。甚至，像闹革命的车耀先烈士，也开过一家叫努力餐的川菜馆。直到今天，这家已有70多年历史的餐馆仍然在营业，仍然在把那些叫回锅肉，叫鱼香肉丝，叫糖醋鱼的家常滋味整治得风生水起。

可能正是潜藏了这种君子近庖厨的传统，在当代，成都仍然是文化人涉猎餐饮业最频繁的城市。

李亚伟是著名的莽汉派诗人代表，想当年，他以一首《中文系》震动诗坛时，不过20多岁。后来，李亚伟漂流北京，做了独立出版人，出版过不少精彩的或者不那么精彩的书。在做出版人的同时，圈子里的朋友都知道，他还有另一个身份，那就是位于华西医院背后的香积厨的老板。那是一个有池塘、假山和小树林的所在，经营菜品以川东菜为主。前来这里的客人，有相当一部分是成都或外地的诗人、艺术家。如果把这些人的名字排列出来，很可能就是一部诗坛加艺坛点将录。

现在，李亚伟的香积厨已然化蛹为蝶——从居民小区的包围圈中撤退到修葺一新的宽巷子。仿古的院落里，立着一些竹子和石头水缸，所有的窗户似乎都通向古意盎然的旧社会。没人的时候，你极疑心从那扇古色古香的木门之后，就会走出一个名唤翠娥的丫头，彬彬有礼地对你道一个万福，用黄鹂的声音说："公子，请到堂上用膳。"

大概是为了和这份古意相吻合，李亚伟说他的香积厨主要经营古代的菜。什么是古代的菜呢？就是古人爱吃的菜。他那几个看上去并不起眼的大师傅，他们的拿手好菜，都是从袁枚老师的《随园食单》里偷师学艺来的。最近一次去香积厨，是一个有月光的晚上。夜已深，偌大的庭院里还有几个人在喝酒，房顶高耸，如同受惊的猫的脊背，月光就从上面跌下来，摔得满院子都是。如果台湾那个姓林的作家在这里，一定会嚷着要温一壶月光下酒。然而我以为，与其温月光，还不如炒几个古代的菜下酒更"成都"。

与李亚伟多年来钟情餐饮，甚至最后关了文化公司，一心一意经营香积厨不同，早年也写诗的杨路，其更广为人知的身份是某文化公司老总。不过，一不小心，他也经营了一家餐馆。这家餐馆的最大特色，在于它是小众的，甚至可以说是私密的。它有一个很牛叉的名字，叫木星16。木星16大概是成都最高的餐馆了，它高高在上，从它的窗口，可以俯瞰小半个成都南城。当你写意地举起酒杯，不经意地往窗外一瞥，下面是绿的树，细的街，以及蚁群般的人流，那种奇妙的感觉，也许就是"欲知酒中意，勿与醒者言"了。

木星16很小，小到只有四间屋，两张桌子。"小的是美好的"，这句话本是著名的舒马赫说的，杨路把它奉作设计木星16的座右铭。果然，那些精致入微的细节，具体、生动，却又透出一种低调的品质，就像杨路强调的那样："要像装修书房一样装修厨房。"现在你也许明白了，在一个装修得像书房一样的地方喝酒，那酒才能叫作小酒，也就是从前那个叫白乐天的家伙写给好哥们儿刘禹锡的诗里表述过的意境："绿蚁新醅酒，红泥小火炉。晚来天欲雪，能饮一杯无？"

李亚伟的香积厨和杨路的木星16之外，成都文人开办的餐饮，众所周知的至少还有翟永明的白夜——它是一个酒吧，已经有10年历史，不少外地人到了成都，如果是文青的话，多半会一路嗅着酒香而去。石光华的上席——石光华是写诗的，后来写川菜，再后来就开始经营餐馆了。他的搭档，是来自凉山的诗人吉木狼格，他有能力在酒后唱一支我们谁也听不懂的歌。刘承志的味典——这是一家经营四川小吃的特色餐馆，刘承志同时也是成都最著名的贩卖古老的商业街锦里的操刀者。

四川文人的老祖宗司马相如先生和他的女朋友卓文君小姐，也曾经干过开酒店的勾当。当然，据说他们的目的不是为了挣钱，而是为了丢卓文君小姐的爹的脸，以便迫使老人家承认他们那桩始于以琴调情的私奔。当代四川文化人经营餐饮当然不在此例，但有一点却是相同的：他们都是一群为滋味折腰的人。为了曼妙的滋味，他们不惜一折腰，再折腰，三折腰，当他们的腰折得像虾子时，他们仍然是一些面带微笑的虾子。无疑，这些散布在街坊之间的文人餐饮，除了提供具体的吃喝之外，还提供了一种情调，那就是让这座城市到处都弥漫着商业时代罕见的文人气。

埋伏在民间的艺术群落

有过下厨经验的人都知道，川菜里，花椒是绝不可少的重要调料。必须有，但又不能多。因为它只是调料，是用来提味的，分量要恰到好处。少了，起不到提味的作用，多了，喧宾夺主。显然，这么说，我并不是要介绍烹调经验，而是仅仅想借用这一烹调经验来说明一个浅显的道理：对于成都，对于这座市井味十足的城市，如果没有艺术这种花椒来为它提味，那它就与我所界定的“优雅的市井”八竿子打不着，就只是一座只有物质没有精神的空心城市。幸好，“花椒”给成都这道地道的川菜提了味，这花椒，就是那些埋伏在民间的艺术群落。

鹿野苑这个名字听上去充满中国古典的诗情画意，事实上却是从梵语转译的。因此，通往鹿野苑的路才那么曲折通幽，如果是春天的话，你得穿过几千亩金黄得让凡·高看了都会流泪的油菜花，穿过由几千株柳树、杨树和桉树成行排列的乡村公路，还得穿过几道石头砌成的小桥，才能抵达那座位于成都近郊的以佛教石刻为核心的博物馆和与它一墙之隔的度假村。

鹿野苑位于郫县徐堰河畔，收藏有从远古到明清时期的石刻艺术品1000多件，以汉代到唐宋时期的佛教石刻艺术为主。这是一座掩映在河滩上的杂树和竹林之间的博物馆，它的设计者是曾经写过小说，还曾经演过戏的建筑师刘家琨，而向来以笔法诡异著称的诗人钟鸣，曾是这里的馆长。

佛教的出世与现实的入世一墙之隔：左边，是大量佛教石刻作品，佛法西来，这些艺术品描绘的故事和形象深入民间；右边，一个同样名字的度假村或者叫会所，则吃喝拉撒一应俱全，尤其打眼的是立在空旷草坪上的几根粗大的木头，它们是拓展训练用的。我前去鹿野苑时，正好遇到一群年轻男女在这里接受培训——佛光见证了年轻人的成长。

据说鹿野苑是刘家琨最著名的作品。这个显然带有小众化倾向的设计师，他还给四川的几个著名画家设计过工作室，其中包括罗中立和周春芽、何多苓这样的大腕。大腕是难以接近的，他们的工作室当然也就不在向公众开放之列。不过，比这些大腕资历更老，大腕们见了都得唱个喏叫声老师的叶毓山，他的工作室不仅是工作场所，同时还附设有一个个人作品陈列馆。

那个地方在牧马山。那里，据说是刘备牧马的地方，是出现在平原南缘的第一列浅浅的山丘。古木参天的庭院，立着几栋建筑，除了两栋用于居住的小楼外，其他则是叶毓山的创作室、工人生产的厂房、办公室；最起眼的，是门前立着两尊巨大雕塑的叶毓山作品陈列馆。在这座陈列馆里，安放着这位中国最优秀的雕塑家的大多数作品，其中自然有叶毓山的成名作——跷着二郎腿的毛泽东。据说，这一作品当时有不少批评的声音，认为不应该把领袖塑造得如此随意。一个脑袋里有贵恙的人固执地认为，领袖每时每刻都要严肃地绷着脸，而在四川人叶毓山的视野里，伟人也应该有这样淡定的休闲时光。就像成都人一样。

神奇的是，由于有一条小溪环绕叶毓山的庭院，每天总有几百只白鹭飞到他的院子里觅食。因此，叶毓山每天必做的功课之一，就是给这些活泼的精灵喂泥鳅。那些泥鳅，全是花钱从市场上买来的，每年需要将近10万元。

离群索居于平原一隅的建川博物馆聚落，如今已然成了众多外地来蓉者必须前往的地方之一。这个以抗战题材著称的博物馆位于大邑县安仁镇，安仁镇从前最有名的是大地主刘文彩，如今，建川博物馆成了它的地标。

创始人樊建川以前的身份是政府官员，现在是地产商。据说修建这个博物馆聚落，最初源于他的个人爱好，个人爱好而成事业，樊建川是成功的。这个占地几百亩的博物馆群落，由一系列的博物馆组成，除最核心的抗战博物馆外，还包括民俗博物馆、红色年代博物馆，以及最新的因收容了那只困在地下30多天而得名“猪坚强”的猪而闻名的地震博物馆。这些鳞次栉比的博物馆似乎暗示了一种可能：无论何种身份，无论何种文化的前来者，都能在这里找到自己感兴趣的东西。

从鹿野苑到建川博物馆，再到集结了诸多艺术家的画家村，以及分别以郭沫若和巴金命名的艺术院和文学院，这些埋伏在成都民间的艺术群落，它们似乎从来都不曾占据过主流，但它们却又是一种沉默的、不可忽视的存在。对成都生活而言，这些艺术群落，它们是花椒，是盐，是一封上万言的情书中，在作了万千的比喻、引用、暗示和排比之后，终于忍不住写在纸上的那三个字。

因此，在成都，你可能会发现这样一种有趣现象：上午，男人带着儿子和女人，开着那辆不超过10万元的小车，驱车前往建川博物馆——其他博物馆亦然，给儿子讲解那些年代久远的事情，专业得好像他一生下来就是讲解员似的。中午，他们要选择一家有特色的小餐馆，要一桌川菜，男人还得喝两口。下午，儿子可能被送回了外婆家，或是去了艺术学校，男人呼朋唤友，在府南河边的茶馆里，喝茶，斗地主；女人则和女伴一起，前往宽巷子或是春熙路。真实生活的气息就这样扑面而来，以至于我敢断定，哪怕走遍世界，我也能从无数种迥然不同的生活中，一下子嗅出哪一种叫“成都”。

结语一二三

结语一：关于成都生活，赞赏者有之，批评者有之。虽然当事者根本不把这些赞赏或批评当成一回事。来自批评者的声音中，最大声的莫过于批评成都人小富即安——有了一点小钱就耽于享受。一个例证是，成都街上奔跑的私家车，大多是10万元以下的微型车。批评者认为，既然你有能力挣10万元的车，你为什么不更加努力，今后挣50万元甚至100万元的车呢？这批评自然也是有道理的。可是，对生活的理解，不同自然地理和人文地理环境下的人是绝对不同的。对大多数我所熟识的成都人来说，积极向上固然好，但及时享受生活更重要。好比挣钱，你能挣得过比尔·盖茨大哥吗？你不能，所以，你不如就在有限的条件下，积极经营你的生活。你没有比尔·盖茨那么多钱，但你可以过得比他更快乐。就像莎士比亚借他笔下的人物之口喊出的那样：“上帝啊，即使你把我关在一个胡桃壳里，我也要把自己当成拥有无限疆土的君王。”

结语二：我敢打赌，宽巷子原定的开街之日一定不是地震后的6月，因为开街之时，不少工程尚未竣工。之所以会选择在余震阴影里开街，那么多人冒雨前来，这其间，自然有政府部门为了集合人气的需要。但更多的，它是一种意味深长的暗示，它暗示着安稳了多年的成都人，在面临大地震带来的短暂慌乱后，他们对优雅的市井生活的向往和追随，使他们迅速镇定下来，企图通过一条新街的开放，让生活尽快恢复它从容的常态——甚至，如果有可能的话，他们希望狗日的生活再舒服一些。

结语三：敬请读者补充。

建水：追忆似水年华

大画家顾恺之吃甘蔗时，总是从尾巴上吃起。有人问其故，顾画家笑着说，这样吃才越吃越甜，乃是渐入佳境——忽然想起早已死去1000多年的顾恺之，是拜云南蓝天下此起彼伏的甘蔗林所赐。意外的是，后来的建水行程，恰好也如同顾恺之手里的甘蔗，同样渐入佳境。

从昆明驱车前往建水，出玉溪不远便告别了高速公路和平坝，汽车像一只不堪重负的蜗牛，喘着粗气在一道道山峦之间缓缓爬行。已经12月了，太阳依旧亮得晃眼睛。干燥，冗长，太阳下强烈的紫外线和河谷里没有散尽的雾气，前往建水的路就充满了这种无休无止的纠缠。等到建水车站终于抵达时，心情很有几分失望后的沮丧：这是一个千篇一律的车站，车站附近的几条街道，除了偶尔有几个少数民族打扮的中老年妇女，以及身旁不时响起的带有异族腔调的普通话外，它和内地一个普通得没有个性的县城毫无区别。

朝阳楼，天安门的乡下兄长

然而一切都在抵达建水10分钟后得以改观。漫长的路途和灰尘四起的建水车站就是甘蔗的尾巴，接下来，我们方才有机会越吃越甜，渐入佳境。

渐入佳境有一个明确的标志，那就是突如其来的古城门。古城门名叫朝阳楼，是一座看上去与天安门城楼十分相似的建筑。不过，朝阳楼倒没有抄袭天安门的嫌疑，它修建的历史要比天安门早28年，它是天安门的兄长，远在边陲的乡下兄长。这是一桩建水人十分自豪的事情，晚上，在一家表演建水小调的茶坊里，当地民间艺人演唱的小调就十分自豪地把天安门称作朝阳楼的弟弟。奥拓是可以把奥迪叫弟弟的，我们得原谅人类共有的那种比附伟大事物的惯性。

朝阳楼又名迎晖门，从这个名字大概可以判定它就是建水的东门。建水城始建于唐代，隶属南诏，但直到元朝，这座城市都还只是简单的土城。到了明朝朱元璋时代，中央的势力进一步挺进滇南，建水被升格为临安府，同时设置了一个军事指挥机构：临安卫指挥使司。这是建水历史上的一起重要事件。设府之后仅7年，一座新的建水城就在滇南红土上慢慢升起，这座有4座城门的城市，与彩云之南其他建筑粗鄙的土城相比，无疑霄壤之别。为此，当年勒石的碑记不无夸张地写道：“四楼巍峨相望，号称雄志，不啻齐云、落星、井干、丽谯偕高媲美已也。”所谓齐云、落星、井干、丽谯，那都是古籍中描写的名楼，能够与它们相提并论，足见朝阳楼当年给人带来的喜悦和惊讶。

明末清初，战乱频仍，建水西、南、北3门城楼均毁于兵火，“唯东楼巍然独存，犹属故物”。《建水州志》称：“东城楼，高百尺，干霄插天，下瞰城市，烟火万家，风光无际。旭日初升，晖光远映，遥望层楼，如黄鹤，如岳阳，南中大观。”康熙年间，天下再次安定，被毁的西、南、北3楼同时重建，但只经历了200来年时间，3楼均相继倒塌，只有东门，在历代不断的修缮之后，一直矗立到今天。

朝阳楼所处位置比周围稍高，数以万计的特制巨型砖块筑成了10米高的门墙，中间用土夯实后，形成了一座五六百平方米的墩台。其中，留下约7米高的拱形门洞作为人马通道，也就是俗称的城门洞。墩台上，城楼叠建7层，形成了重檐歇山式屋顶。飞檐角上，铜铃高挂，滇地多风，铜铃在风中叮叮作响。当地人说，倘是春夏之间，城楼上有无数燕子飞来，燕子的呢喃与铜铃的脆响交织在一起，连喧嚣的市声都挤得远了。

建水城位于群山之间的一个宽阔平坝上。实际上，大多数的云南城市都像建水一样，只能在崇山峻岭的怀抱中，寻一块相对平整的坝子作为安身立命之地，加上建筑普遍比较低矮，朝阳楼看上去就显得异样的壮观。这座壮观的城楼已成为建水古城与新城的界线：一边是与内地无异的水泥盒子和喧嚣杂乱的街道，一边是一色的旧式建筑和交错延伸的小巷，楼阁之间，高大的树木青碧如染，榕树、柏树、桧树，看上去都经历了些岁月的风尘，却依旧在蓝天丽日下生长得一丝不苟。

“栋宇薄云霄，雄踞南疆八百里；气势壮河岳，堪称滇府第一楼”，历代文人眼里，朝阳楼这座气势宏阔的城楼，往往就是建水作为滇南锁钥的象征。而今，当冷兵器年代已然过去，城楼也就失去了战争屏障的意义，更多的，给后人留下了一段历史的见证。城楼上风很大，一个中年人正在放一只红色的风筝，顺着风筝飞舞的方向，明净如洗的碧空触手可及。背风处，4个男人在打牌，他们面无表情，悄无声息，像在进行一场庄严的考试。距此几米外的垛墙前，两个年轻女子漫不经心地看着远处的风景，她们不知道，就在她们看风景的同时，自己也成了游人的风景。

文庙，文献名邦的永恒胎记

即便把目光置之于全球范围，我们也得承认：就重要性而言，许多地方的昨天要远胜于今天。比如城邦时代的雅典与21世纪的雅典，法老时代的埃及与今天的埃及，孰重孰轻，不言而喻。而建水，从本质上讲，它也是一个活在昨天、活在历史中的城市。尽管今天的生活还在继续，但无论如何，种种内部和外部原因的变幻，后人再也难以追赶前人的辉煌了。

历史上，建水一向被称作文献名邦。尽管建水地处少数民族与汉民族杂居的偏远之地，但自古以来却文风蔚然，全然不像其他边地城市那样略输文采。《临安府志》称建水人“俗喜尚学，士子讲心惟勤，人才蔚起，科第盛于诸郡”。以明永乐九年（1411年）建水考中第一个举人，31年后又考中第一个进士为标志，明清两代，建水共考中文武进士

110名，仅次于省府昆明和开化甚早的大理，至于文武举人则多达1273人，仅次于昆明而获亚军。建水素有“临半榜”之谓，意即在云南省城举行的乡试中，临安府（即今建水）学子中举者，竟然占了一半比例。

这是一个令人很意外也很感兴趣的话题：20世纪之前，不要说建水，即便昆明，它们与中原和江南相比，都属于文化十分落后的地区，而建水，在一个世纪之前，由它前往昆明，还足足需要6天的风雨兼程。就是这么一个远离中心城市、孤悬于滇南崇山峻岭中的弹丸之地，如何会有如此丰厚的文化积淀?

然而，只要详细考察建水的地理和历史，就会发现这种异数并不是偶然，而是必然。

建水古称步头，亦名巴甸。唐朝时南诏国筑下了建水境内的第一座土城，称为惠历城，惠历是彝族古语，即大海之意，汉语则译为建水。从建水的得名可以推断，这里历来都是五方杂处、多族共居的边地。自从元代在这里设置千户所以来，建水就成为中央王朝对云南以南用兵和保卫边疆的重要基地，一代又一代来自北方的卫边者，他们把家小安置在建水。在带来北方生活习性的同时，他们也把北方尊儒重学的风气传播到了这里。此外，建水地处南方陆上又一丝绸之路的东南通道枢纽，与滇西著名的博南古道相衔接，从而成为由云南乃至整个西部地区前往东南亚的国际大通道。在这条繁华的商道上，隔三岔五地散落着一座因商而兴的城市，建水就是其中之一。古人说仓廪实而知礼仪，对利用商道枢纽从而发家致富的建水人来说，经济的持续看好，顺理成章地带来了对文化的心仪。

于是乎，在这种背景之下，滇南文献名邦呼之欲出，而建水文庙，这座仅次于山东曲阜孔庙，名列全国地方性文庙之首的古老建筑，就是建水曾经有过的绚烂文化的象征。

建水文庙建于元至元二十二年（1285年），距今已有700多年历史。史料记载，它是云南省内兴建的第二座文庙。两千多年前带着学生周游列国，期待明君重用，以便施展治国平天下才能的孔子肯定没有想到，随着时间的推移，他将被后人追捧为圣人，他的学说将成为官方最正统的思想，祭祀他的场所将遍迹世界。梁思成感慨说：文庙是孔子“伟大人格的圣地”，其实，历朝历代，文庙不仅是春秋两季祭祀孔子的场所，同时也是各地的最高学府。就建水而言，当它还是相当于现在的地级市级别的临安府时，建水文庙不仅是临安府学所在地，还一度寄寓着邻近的元江府学。一座地区文庙里，安置着两个府的府学，这在中国历史上也不多见。

下午，阳光稍微柔和了一些，光线从柏树的枝蔓间透过来，小心翼翼地射在“太和元气”4个墨意淋漓的大字上，这就是文庙的正门。入得正门，眼前为之开阔：一汪足有40多亩的水面风平浪静，两条石板砌就的通道从池水两侧蜿蜒伸展到池水正前方。这池水称为泮池，也就是俗称的学海，用来比喻学问如同大海一样宽广，平时人们爱说“学海无涯苦作舟”，就源自于此。学海背面，几座牌坊和它后面的棂星门、杏坛、大成殿构成了一条笔直的中轴线，中轴线两侧，对称着乡贤祠和名宦祠。曲阜孔庙有一座黄瓦朱柱的小巧建筑，周围有4棵杏树，称为杏坛，相传就是孔子给学生们讲学的地方。作为一种象征，后来兴建的几乎所有文庙，一律建有和曲阜孔庙相仿的杏坛，建水文庙自然也不例外。不同的是，建水文庙的杏坛周围没有杏树，而是浓荫密布的松树。游人稀少，一只啄木鸟就在松树上自由自在地跳来跳去，仿佛孔子不再讲学时，它就是这里的主持。

大成殿是所有文庙都有的建筑，也是所有文庙的核心。既然是所有文庙都不能避免的核心，建水文庙的大成殿差不多也并无殊胜之处。不过值得一说的是，每个周末下午两点，大成殿前有一支由10多个中老年人组成的乐队，在这里演奏洞经细乐。孔子曾因听《韶》乐而三月不知肉味，不知这些同样源自中原，但在中原地区已经失传的细乐是否会打动他老人家？

大成殿过道两侧，一些树木欣欣向荣。细看树木上悬挂的说明，方才大吃一惊：一株看上去并不太粗壮的桧树，竟然栽种于元代建庙之时，而一株白朵满枝的茶花，竟然也是清朝初年所植。看来，在草木与大自然面前，人类短暂的生命其实很难真实而平静地体悟，到底什么才是沧海桑田，而唯有像孔子这样的大智者，他的思想才有可能穿越时空的阻隔，朗照千秋万代的来者。

朱家花园：滇南大观园的兴衰往事

古人曾断言：“君子之泽，三世而斩。”然而，很多时候，一个家族从兴亡到发达，根本要不了三代人的时间。《红楼梦》里，曹雪芹曾经感叹：“陋室空堂，当年笏满床；衰草枯杨，曾为歌舞场。蛛丝儿结满雕梁，绿纱今又糊在蓬窗上。”不仅那个花团锦簇的大观园的兴衰如此，几乎所有大家族的下场都如出一辙，朱家花园被好事者们比附为滇南大观园，更可从这个命名里解读出花园主人的悲剧命运。

不知是否年代久远而保护措施不够，以至于没能保留下来，反正今天的朱家花园的正门挤在一些普通民居中间，与一座普通四合院没有多大区别，只有进入花园深处，才能领略到一个大家族的繁荣与奢侈。

现存的朱家花园占地2万多平方米，现有大小天井近40个，房屋200余间，主体建筑呈纵三横四布局。穿行在一个个天井中间，让人不时有迷路之惑。这些建筑均采用传统木石立料结构，院落叠进，巷道通幽。其实这样的建筑与寻常所见的大家族建筑面目相似，都是一律以庞大的建筑群和精美的雕梁画栋显示其富贵。因此，用文字对这些建筑做过多的描述远不如具体的照片。而我关心的，其实也不是建筑，而是建筑后面家族的故事与人的命运。

进入朱家花园的一个院子的月门上，镶嵌着石匾“循规蹈矩”和“谨言慎行”。如果说这两个成语是朱家花园这组建筑所秉承的精神，那么它的确做到了；但如果说这两个成语是朱氏家族的行事为人准则，那么朱氏家族的一系列举动，却完全没有达到。在一座有腊梅开得鲜艳又落寞的院子，墙上悬挂着刻有朱氏家训的木匾。如同饱受儒家思想的大家族的家训一样，朱氏家训也告诫子孙做人要勤俭、忠厚、温良，但事实上，就像理想总是与现实存在巨大落差，朱氏子孙并没把祖先的谆谆教诲当作一回事。

查史料，朱氏家族原籍湖北，祖上迁居云南。清朝道光年间，朱氏先人开始经商，到同治时，事业大展，从原来的单一开酒坊涉足到包括矿产资源开发在内的工商业，商号——相当于现在的分公司，一直开到了昆明和成都，土地则多达2000多亩，其家族子弟进而读书应举，先后有多人进入仕途，朱家一举成为建水乃至滇南地区首屈一指的大家族。光绪初年，朱家花园奠基修建，浩大的工程前后进行了30年，而就在朱家花园竣工前后，朱氏家族的命运也发生了戏剧性的变化。

原来，清朝末年，个旧爆发了矿工周云祥起义，朱氏家族掌门人朱朝瑛因资助周而被清政府通缉，不得已逃往日本。1910年，正是大清江山鼎沸、风雨欲来之时，朱朝瑛回到建水，任民团首领。次年，辛亥革命爆发，朱朝瑛会同建水同盟会员一起起兵响应，顺利拿下建水及周边地区。因此功劳，朱朝瑛被任命为临元镇总兵，授中将军衔。春风得意的朱朝瑛于是在朱家花园的大门上悬挂出“中将第”的金字大匾。

然而，身处大变革时代的人犹如汪洋中失去动力的船，是无法控制自身方向的。随后，袁世凯在北京称帝，蔡锷于云南率护国军讨袁，原本持骑墙态度的朱朝瑛在对两方势力做了权衡之后选择了袁世凯——他追随袁的心腹、广西军阀龙济光、龙覲光兄弟，拥护袁称帝。但在和护国军的战斗中，朱朝瑛的第三路军惨败，刚刚竣工的朱家花园及所有家产均被抄没，他本人则仓皇出逃广东。1922年，唐继尧执掌云南后，方才将朱家花园发还给朱朝瑛，朱朝瑛及其侄朱映椿重整旗鼓，再次成为当地民团和护商队首领。1927年，龙云控制云南，其部将与朱氏家族发生激烈冲突，双方在建水血战7昼夜，死伤上千人，朱朝瑛及朱映椿均被俘入狱。此后，朱朝瑛在族人花钱打点之下仅以身免，而朱映椿则被处决。至此，朱朝瑛心灰意冷，不久即病逝，而偌大的朱家花园，朱家人并没有在里面待上几天就成了别人的产业……

明末散文家侯方域在他的作品里感叹，他的家乡归德的一座花园，因为时代变迁，20年间竟然三易其主，每一任主人都在那座花园里纵酒放歌，最后又都被扫地出门，而朱家花园差不多也可以为侯方域的感叹作一注脚。

一个个华丽家族的衰落乃至灭亡，这是中国历史上屡见不鲜的惯例，那些由华丽家族兴建的豪宅名园，有的被付之一炬，有的则辗转多个主人后留存到今天。《桃花扇》中那句著名的台词说得好：“眼见他起高楼，眼见他宴宾客，眼见他楼塌了。”

故乡赵化古镇的几个片段

冬天里难得的好阳光如同金子一样洒在起伏的楼阁上，那些古老或新生的窗棂也便染上了一层不真实的暖意。街道狭窄得有些捉襟见肘，却仍可从矮的墙、深的巷和青的瓦这些细节里看出一丝丝古意。瘦瘦的沱江河从镇子外高高的石梯下缓缓流过，河水有些苍白，无声地打着旋儿，间或有几只白色的水鸟和几叶小小的渔舟掠过。夕阳西下的时候，起起伏伏的房屋的影子次第投到静静的河面，满河都是些高大的影子在轻轻地荡来荡去。

这是一座似乎被时光凝固的小镇，一座始建于北宋的古镇，一座被历史遗忘的废镇。它的名字叫赵化，镇名的得来是为了颂扬赵宋王朝的文治武功：据说是它感化了这里的人民。

作为长江的一级支流，沱江是四川最重要的水上运输航线之一。它从雪宝鼎一路南来，在千里之外的泸州注入长江。赵化地处沱江下游，再南下不到40里，便进入了泸州地面。在并不太久远的从前，自流井丰富的盐巴自釜溪河而下，在邓关进入沱江，赵化就是自贡到泸州之间最大的码头。盐业使这座古镇曾经一片繁荣，我在一篇题为《想念赵化》的旧作里曾对此描述说：

遥想当年，自流井雪白的盐巴从自贡沙湾码头搬运上船，一路下釜溪，进沱江，过邓关，然后从赵化出境，直达泸州、重庆。盐业曾经给这座古镇带来了辉煌：那时，帆樯如云，商家如蚁，满身肌肉的水手和头戴尼礼帽的商人就沿着这石级很有气魄地走上岸来，走进一家接一家的酒店、货栈，还有挂着红灯笼的妓院。然而，船队已经远去了，兴旺了数百年的赵化镇早已步入冷寂和孤独。秋雨来时，这里的夜仿佛比别处更长，千百所起伏的旧式木楼簇拥一团，偶尔有几点冷清的灯火，将秋夜的雨照得疲倦而感伤。

是的，盐业是一种夕阳产业，它的衰落不可抑制。当自流井也不得不走上了另外的寻找新生的道路，釜溪河及沱江沿岸那些和赵化一样因盐而兴的古镇，也就一个个进入了深深的暮色。

曾经的古老建筑已经不多了，但高大的两湖会馆那高耸的飞檐，桂香池畔的赵化书院，以及丁字口街虽然破败，却仍可以看出气势和富有的吊脚阁楼，仿佛犹在诉说当年的繁华旧事。

古镇早年的兴旺也促进了人才的激增，戊戌六君子之一的刘光第是其中最负盛名的。光第先生早年的旧居还在，距古镇仅两里之遥，四壁虽然破败，保存还算完好，里面甚至还居住着一户人家。矮矮的院墙外，红红的橘子在秋日的风中无言悬挂。黄犬隔花，吠声如豹。入院，则见墙壁上依稀还有“文革”时留下的最高指示。镇中心的桂香池畔，有当年光第先生讲学的旧址，如今作为粮站的办公室继续发挥余热。物是人非，只有池中的荷花年年都要开出一些淡红的花朵，想必和光第当年所见的依然一样吧。

在光第故居普安寨下面的沱江河畔，也就是距古镇约两公里的地方，陡峭的悬岩上刻着4个一米见方的大字：保障东南。其下有碗口大的小字记述了130余年前发生在沱江河谷赵化段的一场血战：云南农民李永和、蓝朝鼎兴兵反清，一路势如破竹杀入四川，并在川南的另一座古镇牛佛定都。富顺地方震恐，于是由大地主肖云笙出面组织了一支地方武装。两支武装在沱江河谷一场血战，用石壁上的话说，“而石灰溪一战，俘馘几尽，几获贼魁，贼遂不敢犯”。撰文及书写者均为清末大书法家包弼臣，苍劲的大字，虽历经了100多年风雨，仍清晰可辨。

古镇的若干地名中，有一个叫作花园口。据老人们口耳相传，这是明末一个姓杜的太监的故居。当年，这位权倾一时的公公在崇祯手里供职，兴建了这座足以光宗耀祖的大豪宅。如今，豪宅早已灰飞烟灭，在历史无情的忘川之上，只留下了一个地名供后人凭吊和想象。

新华街曾经是一色的有近百年历史的民国建筑，惜乎前几年已经拆得七零八落。这条街和这些民国建筑的由来与一场令赵化人耻辱的战争有关。护法战争时期，滇军进入四川，后来又败走云南，其中一支部队从镇外的沱江上行船经过。赵化当地的地方武装发现滇军的一只运兵船落了单，想吃掉它缴获其武器。不想，这只落单的兵船中有一侥幸逃生者，大为恼怒的滇军立即杀了回马枪。一个营的正规兵力使地方武装完全没有招架之功，新华街因临近码头，被滇军一把火烧成了白地。这场冒失的战争以赵化方面赔偿巨额军费告终。

繁华事散逐香尘。旧时的光荣或耻辱都已经成为过去。生活还得继续，正如我在写刘光第的随笔《太阳依旧上升》中所感叹的那样："也就在赵化街上，刘光第的孙辈仍健在，开着一家不大不小的商店，生意兴隆。对于他们而言，有无这样一位值得骄傲的祖先已经并不太重要，重要的倒在于明天如何更有质量地活下去。"

因此两湖会馆高大的长满枯草的飞檐下，新修的菜市场人声鼎沸，成为最具生活意味的场所。河街及花园口一带的餐馆里，飘香的豆花饭和羊肉汤这些特色小吃充满了人间烟火的关怀。昔日千帆竞发的沱江码头，刚刚竣工的轮渡以长长的汽笛划破了由水鸟和苇草主宰的宁静。

我的老家其实不在镇上，而是在距镇子足有10公里的遥远乡下，但赵化镇却成为我少年时代生活的见证者。我在这里求学，写诗，同时也学着成人的模样大口大口地喝下劣质的高粱酒。当然还有初恋的青涩与无奈。

我想我该说及我的母校赵化中学，这是镇子上最有名气和学问的地方。学校原名培村，是20世纪30年代为纪念刘光第先生而兴办的。校园挺大，中心有几口池塘，各阔数丈，池中遍植芳荷，四周是高大的木棉，间或一两株杂木，远望一派葱茏。校舍是青砖瓦房，普通却牢固。学生宿舍侧面，是镇上的敬老院，有十多名老人在此养老。有一年冬天，我住在学生宿舍里，铁条分割的窗口正对着敬老院。一个盲老头花白着胡须拉二胡，一个跛子老妪坐在油灯前聆听。半夜半夜地拉，半夜半夜地听；一冬一冬地拉，一冬一冬地听。同室的同学睡着了，我点燃一截蜡烛写作，窗外的月亮像一盏喘息的油灯，糊里糊涂地照着冷寂的校园内外。

语文课堂上，干瘦的语文老师在台上打着手势，抑扬顿挫地将我发表在小报上的一篇短文读个没完。老头姓熊，善良而和气，常认真地在我的作文本上批些“好好写，你能当个作家！”“多练，多读，多思”之类的评语。老头年轻时曾搞过几天文学，“你看看”，有一回，他把我引进他的里屋，插了门，抖索着翻出几张发黄的旧报，指着上面他那个铅印的名字和短文：“你看看，我年轻时写的，你看看……”老头只教了我们一年，语文老师换成了个厉害的中年妇女，她是某领导的老婆，以尖刻而闻名。她拖着尖声尖气的泸州口音给我们讲，驴头不对马嘴地讲。有一回，我忍不住去纠正，她立刻气红了脸，把书拍到讲桌上：“你来讲，你来讲——你以为你会写点儿臭文章，就可以不遵守纪律了吗？你来！你来呀……”

在另一些悠长的雨夜，我坐在赵化另一隅的一间小屋里夜读。这是父亲单位的一间库房，以前曾做过武装部的弹药库，潮湿的地板和斑驳的墙上老闻到一丝丝火药和润滑油的怪味。院中有两棵泡桐，春夏之际，泡桐开出奇怪而硕大的或蓝或白的花朵，恍如一张张被人弄脏了的手绢，发出令人不爽的气味。夜里，桐叶抖落出长长的夜雨，使人要忘掉今夕何夕，一丝丝莫名的惆怅便潜滋暗长起来。

雨夜的十字口，电影散场了，稀落的人群在橘红的路灯下一哄而散，街边有一家卖面条的小店。老板是个肥胖的中年妇女，慈祥得如同大家的妈咪，永远坐在柜台边打瞌睡。偶尔，我会在一些雨夜走进窄窄的店堂。一个双碗面条，多放海椒！胖老板高兴地吼。然后，我拣张桌子吃面，看着屋檐水滴滴答答地打在街口的篷布上。那时我已读了不少诗词，很自然地想起阶前雨点滴到天明，或是更漏长人不眠之类的很伤感的东西。

雨打赵化，一夜，两夜；雨打赵化，一年，两年，一百年……

多年后的今天，我仍然偶尔回到赵化。旧日的记忆依旧如此强烈而清晰，我知道我是无法走出这些记忆的，它们已然成为我血液的一部分了。

当时光跨入了另一个世纪，衰老的赵化更加衰老。我走在它的大街小巷间，两旁林立的店铺里传来阵阵麻将的哗哗声，而一群孩子和苍蝇在街巷间飞来飞去，快活的笑声一直传到了远远的院落。一种行走在异乡的错觉慢慢而又固执地涌上了心头。

是的，我是熟悉这里的生活方式的。古镇的现代的生活方式，安详而自足的生活方式。在3天一次的逢场以外的日子，这种安详表现得有些落寞和孤寂。入夜时分，十字口一带众多的老茶馆，总是坐着一些和茶馆一样苍老的老人，他们花白的胡须和充满痰音的语调，都使人有一种历尽沧桑的辛酸涌上心头。

古老的川剧座唱依然在薪火相传，高亢的唱腔本身就具有一种宠辱不惊的幽默感。因此这种老人们的自娱自乐便成为划破古镇宁静夜空的一道稀有音符，它使古镇的夜在电视声和麻将声外，有了一种让人禁不住要低头回望的引力。而现代生活已经入侵，当川剧座唱响起之时，谁家的音响里却传来了刚刚流行的情歌；十字口迷茫的路灯下，一些表情麻木的年轻人围着炉子高声喝酒喧哗，沱江河上夜泊的渔船偶有三两点微弱的灯光散作河星。遍地秋风吹来，古镇融进了厚重而温暖的夜色。

莫干山：中国第一度假地

一座外国人发现的山

就像蜜蜂采蜜，却不曾预料到会采来一个花团锦簇的春天一样，高天成同样不曾预料到，一次偶然的迷路，竟然会改写他的后半生。那是6年前的一天，身强力壮的高天成骑着一辆加重自行车，逃难似的冲出喧嚣得近乎夸张的十里洋场。大道朝西，一路狂奔，过南浔，入德清，当山势渐次抬高，都市的迷离与骚动隐去了，眼前是一个寂静而清幽的世界：孤峰入云，翠竹漫山，一道道银亮的瀑布悬在山崖上，偶尔有一两个小村庄静卧在山谷里，躺在太阳下打瞌睡的土狗见了陌生人，只是敷衍地叫几声。高天成在迷宫般的山道上迷路了。他喜欢上了这个对他来说绝对陌生的地方，一个崭新的想法在心中萌生：就在这里，留下来。

这片迷住了高天成的山叫莫干山。高天成不姓高，也不叫天成，那只是他给自己取的中文名字。他的真名叫Grant Horsfield，来自万里之外的南非。在南十字星照耀下的那片地广人稀的土地上，高天成有一个辽阔的牧场，用他的话说，走上老半天，也不一定能碰上个路人。当时，作为某外资企业在中国的负责人，他厌倦了大都市的繁华与浮躁，渴望找到一个安静的、能够与之身心交融的地方，去构筑另一种生活。这次偶然迷路，让他像哥伦布发现新大陆一般兴奋。很快，他在迷路的地方租下了几座农舍，改造成度假村，来这里消费的，几乎都是和他一样的老外。6年后，他在莫干山的一条幽深山谷里，打造了一座气势非凡的生态酒店。他把酒店取名为裸心谷——莫干山，的确是一个能让人面向大自然裸露心灵并与之琴瑟共鸣的绝佳之地。如今，高天成已经融入莫干山的美好生活：一年里，除了冬天飞回南半球的祖国，其余的大多数时间，他都待在他心爱的裸心谷。当地村民亲切地叫他老高，他甚至学会了一口带有德清口音的普通话。

其实，高天成既不是第一个，更不是最后一个为莫干山倾倒并留下来的老外。从某种意义上讲，莫干山是一座被外国人发现的山。当老外与莫干山相遇，一种叫作避暑的休闲方式便在这里诞生，而浙江也因此成为中国度假休闲的滥觞地。

中国人的记忆里，避暑一般是和皇家或达官显贵联系在一起的，比如清代的承德避暑山庄，每年夏季溽热到来之前，皇帝及其近臣就会从北京搬迁到承德。那座边地小城，顿时跃升为帝国夏都。莫干山作为中国最早的避暑地，让原本高高在上的避暑度假，由天潢贵胄普及到芸芸众生。

事情得从一百多年前说起。那是中国门户洞开的19世纪，中国沿海城市相继开埠，西方传教士为了传播上帝的福音，不辞辛劳地将足迹踏遍中国的各个角落。其中一大副产品，就是不少原本藏在深闺人未识的好山好水，第一次被公之于世。莫干山亦如是。1892年，一个叫佛利甲的美国传教士沿着大运河游荡到莫干山一带，惊叹于莫干山“修篁遍地，清泉竞流，清凉幽静”，萌生了在这里建一个避暑地的念头，但由于山陡路险，未能如愿。不久，另外两个传教士到莫干山小住，并将其见闻刊发在上海的报纸上，在文章中对莫干山的风景及甘洌的山泉大加赞赏，从此，莫干山在外国人中声名鹊起。1896年，一个叫白鼎的美国传教士雇请中国工匠，在山上修筑了一座形如中国农舍的茅草屋。别看这座茅草屋极其简陋，却是莫干山成为避暑地以及后来的度假地的标志，同时，还是被称为万国建筑博物馆的众多别墅的发轫。

由于交通不便，当时从上海到莫干山上需要长达7天的漫长行程，但自从白鼎的茅草屋落成以后，到山上买地造屋的外国人便如同过江之鲫。就在同一年，一座真正的西式别墅在山上落成，那就是至今仍保存完好的贝勒别墅。这座已经和时光抗衡了一个多世纪的老别墅，背靠陡峭山崖，面朝青碧山谷，一条小路曲折悠长，夹道都是生长得漫不经心的翠竹。坐在这样的老别墅里，很自然地想起王维曾书写过的超妙意境："独坐幽篁里，弹琴复长啸。深林人不知，明月来相照。"

从白鼎建造茅草屋开始，二三十年间，外国人在莫干山建造的别墅达150余座，此外还有游泳池、网球场和教堂之类的公共建筑。非常有意思的是，修建这些别墅的原材料，大多是从上海，甚至英国或美国运来。这些别墅的主人之所以不远千里万里地运送原材料，是因为他们刻意要在钟爱的避暑地，用原汁原味的建筑，还原远隔重洋的故乡生活，以便在这遥远的异国他乡，找到家的归属感。

从避暑地到度假地

位于浙西的莫干山，属于天目山余脉，主峰海拔不过700余米，而别墅的建造地，大多在500米上下。这样一列算不上高大险峻的低山，为什么会成为外国人趋之若鹜的避暑地呢？

众所周知，莫干山与北戴河、庐山和鸡公山并称，被誉为中国四大避暑胜地。四大避暑胜地中，莫干山的名气和规模都不是最大的，但起源时间却是最早的。和其他3个避暑胜地的兴起一样，莫干山也具有同样得天独厚的优势：首先，和大城市——尤其是有大量外国人居住的大城市——距离适中。从上海到莫干山原本需要7天，但随着公路修通，所需时间已大大缩短。在莫干山周边，上海、杭州以及苏州和南京都是中国得风气之先的城市，外国人为数众多，而他们是最早把避暑地概念引入中国的，莫干山也就从不缺旺盛的人气。其次，当周边的大城市在夏季炎热难耐时，莫干山却是一个清凉世界。莫干山西南高，东北低，成西南－东北走向。其圆锥形的主峰，大多是坡度40度左右的等齐斜坡，这种地势构造，使得来自杭州湾的东南风，可以畅行无碍地拂过杭嘉湖平原而长驱直入莫干山；来自太湖方向的东北风，也能沿着莫干山的斜坡扶摇直上。同时，由于海拔高度和山脉走向以及坡向的影响，气候的地带性分布规律在这里被打破，莫干山的气候垂直变化异常显著；再加上山区的森林覆盖率在90%以上，当山外的城市热浪滚滚，酷暑难当，山里却是“时时皆有风，处处透凉意”的人间仙境。第三，秀丽的风景为莫干山锦上添花。倘若说前两个条件已经决定了莫干山将成为宁沪杭一带别无选择的避暑胜地的话，那么山中的风景又为它增加了新的砝码。莫干山的植物以竹子为最，竹、云、泉号称三胜，而这三胜又最能给人带来恬静和清凉之感。可以说，当上述3个条件完美具备，莫干山成为首屈一指的避暑地也就是情理之中的事了。

外国人发现了莫干山作为避暑地的潜质，而真正让莫干山名噪天下，并成为中国第一度假地的则是中国人。近代中国，西方列强在中国角力，催生了两大产物：一是租界，二是避暑地。从国际法意义讲，租界是合法的，也就是得到了被租国政府的认可；而避暑地一般是由外国民众或团体向另一国民众或团体购买、租赁土地修造房屋，处于合法与非法之间。20世纪20年代，中华民国政府多次努力，试图将莫干山避暑地从外国人手中收回，并于1928年取得成功。自那以后，外国人纷纷将别墅出售给中国人，而中国的军政要员和富豪们，也把到莫干山营造别墅或是度假休闲视为赏心乐事。当时，国民政府定都南京，上海则已是远东最大城市，这就使得邻近的莫干山一方面别墅激增，一方面每年暑期，山上常常人满为患。20世纪30年代初的一本《莫干山导游》写道：“中国人产业既增，建筑亦日新月异，林亭台榭如披画图，与外侨建房屋规模质朴者迥然不同。”又道：“山上繁盛区域，以荫山为最盛。其地势平坦，而又在诸山之中心点，交通便利。一至夏令，山中旅社、银行、商店、茶寮、酒肆均麇集于是……旅客赴山避暑，中西士女竟达八千人以上，此种盛况，殆往年所未有也……山上各旅馆，亦满坑满谷，生涯大盛，如欲赴莫干山而投宿旅馆者，须先委托中国旅行总社代订，以免临时向隅。”

外国人开发莫干山的初衷，是把它充作季节性的避暑地，他们像候鸟一样，随着气候的变化，往来于城市和莫干山之间。时光流转，莫干山终于从避暑地发展为度假地。作为江南名气最大的度假地，它不再像避暑地那样受时令局限——夏天两个月人满为患，而其他10个月却人迹罕至；一年四季，总有来自周边城市的休闲者，在这青山隐隐、竹林漠漠的风景中度过一个愉快而放松的假期。

有灵性的老别墅

漫步莫干山深处，抬眼望去，流岚飞泉之下，杂色纷呈的老别墅翼然临于山岩之间。相对新建筑来说，老别墅是有灵性的，它的灵性就是悄然消失于忘川之上的前尘往事。早些年那些纷至沓来的外国人或中国人，在莫干山的休闲度假，还只能是单纯享受大自然赐予的宁静和清凉；今天的游人来到莫干山，却能在宁静和清凉之外，多一分寻找的快乐，那就是探访有故事的老别墅，听这些古老的建筑，讲述旧时的峥嵘岁月。

在莫干山现存的200来栋别墅中，最为人津津乐道的当数编号为509的白云山馆。白云山馆的主人叫黄郛，在中国现代史上，是一个赫赫有名的大人物：他是陈其美和蒋介石的拜把兄弟，曾出任过上海市长和外交部长等要职。和其他名人政要到莫干山只是度假小住不同，黄郛在莫干山一住就是6年。黄郛的白云山馆是从英国人廖思平手里买下来的，是一栋两层的小楼房，一条蜿蜒的小径把它和大道分割，独处林中，典雅而静穆。就在白云山馆里，许多现当代史上的著名人物，都在这里留下了他们的足迹。这其中，蒋介石和它渊源最深：1927年冬天，蒋介石和宋美龄结婚后，两人轻车简从，由上海来到莫干山度蜜月，下榻于白云山馆。二楼的一个套房，即当年蒋、宋的卧房和起居室。在白云山馆背后，依稀能看出一个露天舞池的模样，当年，意气风发的蒋介石就在这里搂着宋美龄翩然起舞。白云山馆的院子里，一株当地人称为美人茶的茶树生机勃勃，就是蒋、宋度蜜月时种下的。桓温曾经面对自己早年种下的柳树发出过“树犹如此，人何以堪”的长叹，但百年之后，蒋、宋却再也无缘他们亲手种下的美人茶了。无情的岁月沧桑之后，这株见证了当年那段旷世恋情的美人茶，每当春天来时，依旧会开出鲜艳而细腻的花。度蜜月十年后，蒋、宋夫妇第二次来到白云山馆，这一次，是和中共方面的代表周恩来一起参加关于国共合作的会谈。山中年长的山民至今还记得，蒋、宋夫妇沿着竹林深处的小路漫步时，会主动和他们寒暄打招呼。那时候，白云山馆的主人黄郛已经去世了。这位民国奇人辞官退隐莫干山后，积极兑现理想中的新农村计划，在莫干山办小学，修水库，甚至还建成了一座免费图书馆。他死于上海，却留言葬在莫干山。对他来说，莫干山的寂寞与空灵，才是安放沉重肉身的洞天福地。蒋、宋最后一次来到白云山馆，是国民政府风雨飘摇的1948年。这一年，蒋介石和“行政院长”翁文灏、“财政部长”王云五、“外交部长”王世杰、国民党“中央银行”总裁俞鸿钧等人在这深山老林里，炮制出令老百姓怨声载道的金圆券，企图以此挽救泥淖中的国运。许多年后，当朱镕基到这里参观，追忆史实，犹自感叹说：那是一次垮台的会议。一年以后，当国民政府在那场内战中沦为彻底的输家，莫干山上那些造型各异的别墅的主人们，只得辞楼下阙，在仓皇中最后望一眼渐行渐远的莫干山。他们中的绝大多数人，从此再也没有回来过。当历史的页面再次刷新，莫干山和它怀中的别墅一同易主了。到这里度假的将是另一些人，他们的面孔和名字广为人知：毛泽东、陈毅、粟裕、巴金……

当我作别这些有故事有生命的老别墅时，当地秋天难得的艳阳把灿烂的光辉投在高大而牢固的建筑上。恍然间，我明白了一个也许不算深奥的道理：伟大的建筑除了要经得住时光的检验，还必须和伟大人物或伟大事件产生密如蛛网的关联；而一座伟大的建筑就是历史最清醒最无情的旁观者，无言地见证了一个时代的起承转合。

马可的山中岁月

就在距毛泽东曾短暂停留过的皇后饭店不到一公里的地方，是莫干山中心所在，叫荫山。荫山原本没有人家，后来外国人在这里修了些别墅，慢慢便形成一条如今我们还能看到的小街，当地人称为荫山街。荫山街上，有一家叫The lodge的咖啡馆。莫干山的山民们几乎都认识这家咖啡馆的主人，那是一个英俊的老外，他的名字叫马可。如同高天成一样，马可也是机缘巧合走进莫干山，并被莫干山的美挽留下来的。和高天成不同的是，这位前英国皇家卫队仪仗队员是选择莫干山定居的第一个外国人。“那是一个细雨蒙蒙的冬日，前一天刚下了雪。”马可回忆起他第一次到莫干山的情景，沉思了半晌这样说道。那年冬天，马可到莫干山旅游，此前从不知道在中国还有一座和外国人有如此缘分的山。细雨中的莫干山，到处都积着厚厚的白雪，这让他有一种莫名的亲切感：眼前的景象和他老家英国威尔士极为相似。那时候，大学里学中文的马可已经熟练地掌握了汉语，并打算以写作为职业。幽静清新的莫干山，正是他理想中闭关写作的世外桃源。于是乎，接下来的一切都顺理成章：他和妻子辞掉上海的工作，在荫山街租下两座旧房子，一座装修成现在的咖啡馆，由他美丽的妻子打理；一座装修成现在的家，一家4口把这个原本属于异国他乡的地方当成了快乐老家。甚至，马可还为莫干山写了一部书，这部用英文写作的书，也就成为更多老外寻访莫干山的指南针。当我问及马可打算在这里生活多久，他认真地想了一下，回答说，只要没有特殊情况，就在这里一直住下去。如今，他的长篇小说已经接近尾声，他的两个孩子，也像他一样喜欢上莫干山和莫干山中简单充实的生活。做采访的那个上午，秋天的阳光很夺目，他从咖啡馆外的山路上走过来，有一些落寞，也很淡定。无端地，我想起100年前那个叫贝勒的外国人。从贝勒到马可，100年的光阴弹指而去，世间的变化何其广大深远，恒定不变的，是人们对自由宁静的向往。

在我看来，莫干山的美，不是那种一下子就能吸引眼球的大美，而是一种需要耗上时间和精力，需要你去慢慢品味和发现的小美。它的云海，它的飞泉，它的翠竹，它的被月光映照的山间小路，它的野花摇荡的别墅和秋日里渐浓渐烈的红叶，你也许不会乍见之下即感惊艳，却能在漫不经心的浏览后，有一种舒适和惬意悄然跃上心头。或许，对更多的人来讲，莫干山作为中国第一度假地，就是一个让时间慢下来，让人们能够听得见自己心跳的地方。从这个意义上讲，其实，每一个在尘世中奔忙的人，都需要一座心灵的莫干山。当时代在加速，我们的心灵却在发出请求：请慢些，请再慢些……

三多寨：细雨中的梨花古堡

那已经过去的，正在经历的，将要来临的

——题记

大凡具有悠久历史的地方，即便岁月已经洗尽了曾经的辉煌，但总会有一些繁华时节的蛛丝马迹不动声色地残留下来，并等待后来人不经意间的邂逅与凭吊。多年前，当我走在三多寨青石板的街道上，我就从街边一座破旧院子的泥墙下发现了一方黑漆的金匾，金匾题着“耕读传家”的字样，字迹斑驳，依然气势不凡。只是，这方应该高悬于某个乡绅大厅之前的类似家训的东西，已经沦落为猪圈的挡板。

南来北往的客人坐在汽车上，他们从内宜高速路进入自贡地界时，那些紫红色的波涛般汹涌的丘陵之间，突如其来地出现了几座挺拔的山峰。山峰海拔算不上高，也就500米左右，但500米在丘陵中也称得上险峰了，尤其令人注意的是，这些山峰彼此首尾相连，竟围成了一座近乎天然的古堡。

弯曲的土路如同高速公路的一茎枝叶，将三多寨和外面的世界相连，而三多寨里古旧的街巷、戏台、石碑、老井，以及口耳相传的众多传说与演义，则将古代的三多寨与当代相连。

三多寨的历史可追溯到距今一个半世纪之前。遥远的1851年，当太平天国起义爆发的消息传到因盐而兴的自流井时，自流井那些大盐商们感到岌岌可危。那时候没有福布斯排行榜，如果有，自流井的盐商绝对有10人以上将列入100强。财富是害怕动乱的，于是盐商们筹划筑寨自保。几年后，太平军没有来，倒是云南人李永和、蓝朝鼎的部队由滇入川，引起了盐商们更大的惊恐。这样，在盐商们的主持下，原本森林茂密的牛口山被建成了一座坚固的寨子。这就是三多寨的肇始。

至于三多寨名字的来历，历来有多种说法，其中比较普及的一种是，主持修寨的李、王、颜三个经营盐业的家族，他们唯愿多子、多富、多寿，故将这座新兴的古寨命名“三多”。今天，昔日的盐商和他们的荣华富贵早已付之东流，只有三多寨，依然如同看惯了白云苍狗的寂寞智者，不动声色地挺立在视野尽头。

几年前，我在自贡一家工厂打发光阴，曾经热衷于研究地方史。翻遍了诸多自相矛盾的典籍后，我得知，不论太平军还是李永和，他们的部队都没有进攻三多寨。但三多寨最兴盛的时期却和他们即将进攻自流井的种种传闻相关——李永和曾攻打过距三多寨不远的大安寨，并在离三多寨数十里外的牛佛建立首都。那些躲避战乱的日子，三多寨曾经有多达数千户人家。这座不仅有数条街，还有戏台、庙宇、书院，以及池塘、林地、稻田、麦地的巨大古堡，在风声鹤唳的非常时期，自为一体，就像一个独立王国，悠游于紧张不安的自流井和富顺城之外。

三多寨距自流井10公里，距富顺城40公里。太平军和李永和均被清政府剿灭之后，三多寨这座用于逃难的孤城完成了历史使命，关闭在里面的人——尤其那些有钱的盐商，他们感到了古堡生活的寂寞，纷纷回到了自流井或是富顺城，三多寨就此慢慢地却又是不可抵挡地走向了衰落。直到今天，除了那些古旧的、在春雨中湿如一幅淡抹国画的民居和山峰，就只有文人们为我们留下的“尖山晚照”“双塘映月”“峻岭横烟”等所谓的古堡八景了。只是，这些景多半渺不可寻。历史深处，我们也许还能听到旧时黄鹤离去时的一声长长叹息。

如前所述，当年我在尘封的地方志里读到了三多寨，以及三多寨与众不同的兴衰史。此后，我在一个秋天的上午走进了它。那时的三多寨还没有成为今天的地方旅游热点，那时的三多寨还是一个养在深闺人未识的好女。羞答答的城墙和箭垛都萧瑟在深秋的细雨里，青石板的街道被来来往往的脚印磨得有些发白。想想这100多年来，有多少人走在上面，走着走着就走完了他们的一生呢？

那次秋天的出游除了我以外，还有我新婚的妻子和一个女友。她们鲜活的面容闪现在街头，立即引起了乡人们的注意。木料的房屋大多经历了太多的风霜，显得有些力不从心，但精致的雕花木窗却又漫不经心地透露出某种过气的大度和庄严。几条似乎丧了家的野狗在街上胡乱地横冲直撞，三两个卖菜的农民怯怯地闪躲着。他们的担子盛着水灵灵的刚从地里采摘的蔬菜，它们是那个深秋的早晨，三多寨街头最具生活形态的物质。

一家卖豆花饭的小店铺，一个老妇人吃力地舂着一大钵鲜红的辣椒，一个胖胖的妇女用肥大的奶子喂抬头看天的孩子。一条红领巾从巷尾一闪而过，我们紧紧地跟着他走进了那条深深的小巷。小巷里，一眼古井，古井的栏杆上有些石刻的文字，已经侵蚀不可见。一方废园，长满了野菊花和蒿草，花败了，草枯了，朝向废园的小楼房却有一堵高高的照壁。种种迹象表明，这里很可能是昔日哪位富商巨贾的后花园，那么，这眼古井，曾经发生过女子深夜投井自杀的故事吗？那照壁之后的楼堂，曾经有过多少次欢笑和悲愁呢？只是，似乎才一眨眼工夫，就已经人去了，楼空了。旧时王谢堂前燕，飞入寻常百姓家呀。废园里，还生长着一株孤独的大树，看样子应该在百年以上。这百年来的兴衰荣辱，它都默默地见证了，可它却无法向我们这些后来人说出其中的一丝丝一点点的秘密。

从废园出来，我们穿过了窄窄的街道，顺着石级和土路走到了寨墙高处。俯瞰四野，秋雨中的大地有些荒凉，也有些寒冷，远远近近的烟雾在滋生。一个可能就是从前叫作“峻岭云飞”的八景之一的景点前，我没看见白云，只看见一只灰白的野兔从枯黄的草丛里惊慌地跳出来，向三多寨下面的田野急赴而去。

这是10年前的往事了，我记得我们在那位女友的同学任教的学校吃了一顿午饭。学校很破旧，好像是旧祠堂改建的。一只铃铛挂在操场边的老树上，孩子们好奇地看着我们，直到一个头发花白的老师捡起一块石头敲响了铃铛。

后来，那位女友去了重庆，再去了绵竹，再去了日本，经历了数次婚姻与职业。再后来，我们失去了联系。想必，三多寨的旧事已经如同流水一样流过了她不再年轻的心灵。当一座破败的古堡和一些年轻人的青春记忆有关，这中间一定有一些我们不能触摸的苍凉。

今天的三多寨已经初具旅游景点的功能，至少在风景乏善可陈的自贡来说是如此吧。三多寨之美，美在春天，美在细雨，美在梨花。

多年后的又一个春天，我再次走进了三多寨。古老的寨墙依然古老，只是不见了那方收藏着往事和幻想的废园。一些整修一新的店面，生意很兴隆。发达的商业使人想起它在100多年前鼎盛时期的依稀模样，只不过，涌动的人群不再留长辫子，也不再打躬作揖。街道还是那样狭窄，但已寻不见10年前的那种落寞和孤寂。不过，窃以为，一个有历史的古镇，一旦它过多地被强加了现代符号，这个古镇的灵魂其实已经不在了。它会如同一缕细细云烟，从这些现代符号的缝隙间飘然而去，等到我们恍然大悟想要抓住它时，我们往往力不从心。

幸好还有梨花。山弯里，池塘边，民居旁，古道上，到处都有梨花的身影。与浮艳的桃花相比，梨花的洁白带着某种程度的自洁与忧伤，它的白，它的飘，它的在春雨里无声无息的盛开与凋谢。站在那些被雨水打湿了的梨花丛中，市声远离了，古堡的往事也远离了，无端就从脑子里冒出两句古人的诗："自在飞花轻似梦，无边丝雨细如愁。"

美丽的风景有时带来的并不是愉悦，而是淡淡的，若有若无的忧郁，比如雨中的梨花，比如一朵梨花的映衬下越发苍老的三多寨。当一个农人扛着锄头哼着小曲走过梨林，当一只10年前遇到过的野兔有几分踉跄地穿过落满梨花的湿地，当炊烟升起，当有几分发潮的月亮落在那方温暖的大地……这些景致都是美丽的，可它们都无一例外地饱含着忧郁，饱含着一个半世纪以来自建堡伊始就生生不息的那份无以言说的伤。

我想我不会再去三多寨了。那里的古老与陈旧，光荣与梦想，秩序与混乱，春花与秋月，它们都将游离在我的生活之外。10年的时光过去了，三多寨的雨水打在我的脸上，它仍旧和10年前一样清晰，也仍旧和10年前一样温柔。不过，我已经慢慢老去，就像曾经在三多寨的怀抱里生息过然后又归于黄土的先人一样，最终，我也将归入某一块可以埋人的黄土。而三多寨的城墙将依旧，三多寨的梨花将依旧，落日下的飞鸟将依旧，甚至，若干年之后，那些看古堡与梨花的游人的心情也将依旧……

时光之上的华安土楼

这是一个普通的下午，湿润的空气中若有若无地游动着一缕缕新茶的清香。老蒋像往常一样，慢条斯理地沏了一壶铁观音。从他站立的位置望过去，对面是青灰的屋顶，以及屋顶后面黧黑的山峰。时值三月，小雨温润如酥。清风徐来，能听到雨滴落在屋顶和地面发出的细小而又绵密的声响。

这是二宜楼里最寻常的生活场景。像这样坐在宽大的阁楼里喝茶的生活，老蒋已经享受30多年了。在这座古老的民居里，他已经生活了50多年。不过，老蒋说，早在200多年前，先人们就像他现在这样，坐在这里喝茶了。那些宽袍大袖的先人们嗅到的是同样的茶香，看到的是同样的屋顶和山峰，听到的也是同样匆匆赶路的春雨。在土楼，时光的步伐变得缓慢了，迟疑了，生活的面目业已模糊不清，而后人和先人之间也缺失了必定的距离。

让时光向着它来时的方向回溯，一直回溯到两个半世纪以前，那是大清王朝国力最为鼎盛的乾隆时代。一个秋天的下午，华安乃至整个漳州府最知名的商人蒋士熊决定为后人留一个永志千秋的祖业：他要修建一座土楼。为此，他专程前往几十公里外一座有名的土楼考察。考察回来不久，他请来风水先生，选定了修筑土楼的地址。从此，这项浩大的工程就拉开了帷幕。几年后，蒋士熊去世，土楼还在热火朝天的建设中。一直到30年后，才由蒋士熊的几个儿子接力般地完成。竣工庆典那天，安溪县举人刘瑞紫赴任浦城县令途经此地，受蒋家所邀，刘举人欣然题写了楼名：二宜楼。二宜楼这个名字，饱含了蒋家人对子孙福祚和天地灵气的美好意愿：宜家室，宜山水。

对这段历史，老蒋和土楼里的所有居民一样，都耳熟能详。在土楼最高处的那间宽大的祖堂里，高悬着一个老人的画像，这个慈眉善目的老人就是二宜楼蒋氏的始祖蒋士熊。在蒋士熊的注视下，不知不觉间，200多年过去了，十多代蒋家人在这座圆形的土楼里婚丧嫁娶，喜怒哀乐，度过了属于他们的精彩抑或平淡的一生。老蒋说，当他还是个不识字的小男孩时，父亲就指着土楼大门门额上的三个大字，一笔一画地教他：二宜楼。

时光还要向着它来时的方向再次回溯，这次，必须回溯到更为遥远，也更为陌生的唐宋之交。那时江山鼎沸，征战连年，一向富庶繁荣的中原地区陷入兵荒马乱的境地。不少中原人为了苟全性命，不得不踏上南迁的避乱之路。而背山面海，又有闽江、九龙江等四条江河以利航运的福建，成为这些南渡衣冠们最终的落脚之地。其中九龙江横贯的漳州地区，更俨然一个世外桃源。与纷乱的中原相比，闽南相对平静，但小规模的匪患仍相当严重。南迁者们为了保障自身安全，所采取的措施有两个：其一，聚族而居；其二，在聚族而居的基础上，用当地特有的黏土和石块修建土堡和土寨。不过，与一般民居相比，注重防卫功能的土堡和土寨的居住舒适性大打折扣。明朝以降，随着闽南地区经济的发展，比土堡和土寨更舒适的另一种建筑形式，也就是土楼，终于应运而生。与普通夯土建筑不同，为了确保土楼墙体的坚固，建筑者们用来筑墙的泥土是当地特有的含砂风化土，并且还要拌入石灰、红糖水和糯米浆。可以说，这些具备了生产、生活和防卫功能的土楼，就是一座座一夫当关、万夫莫开的东方古堡。

今天，在福建的华安、永定、南靖等地区，残存着2900多座土楼。这些星罗棋布于闽南大地的土楼，有的临溪而起，有的依山就势，有的三五成群，有的独踞一隅。在这些令人眼花缭乱的土楼之间行走，很容易就会产生一个疑问：这么多的土楼，哪一座才是土楼的源头？或者说，要是追根溯源的话，我们应当去哪里寻觅土楼之母？

这些问题在华安县的沙建乡上坪村找到了答案。在上坪的一座小山之巅，几十亩见方的废墟上，横七竖八地躺伏着一些石条和石柱，几间东倒西歪的屋子无声地表明，时光曾在这里长久地驻留。而拨开零乱的野草，入目的是饱经风霜的夯土断墙，用大条石砌成的台基虽然长满青苔，却依然一眼就能看出它曾经的巍峨……这，就是由唐朝名将郭子仪的后裔修建的齐云楼。想当年，蒋士熊不辞辛苦寻访的样板，就是它。

齐云楼和与它遥遥相望的升平楼、日新楼并称，这三座竣工于明朝万历年间的土楼，有一个共同的名字：万历三楼。如果说华安是土楼故里的话，那么万历三楼就是土楼之源。可以说，后来漫布于几百公里范围内的所有土楼，都是万历三楼的子孙，土楼的根在这里，源在这里。

在齐云楼的楼门上，镌刻着“大明万历十八年”的字样，这是当年竣工时留下的痕迹。大明万历十八年，也就是公元1590年，距今已有400多年历史。这是迄今为止，在近3000座福建土楼中，年代最为久远者。而据郭氏家谱和地方史志记载，齐云楼的修建日期，其实还要上溯到明朝洪武三年，即公元1370年。就是说，齐云楼的修建时间长达120年。因此，如果从齐云楼的修建算起，它已经拥有超过630岁的高龄。630年的光阴，足足有30多代人在这里生息，繁衍，走完悲欣交集的一生，而齐云楼，依然像个睿智的老人，默默地向每一个来访者讲述它所见证的流水般远逝的往事。

当万历三楼风光不再之时，二宜楼便成为远近闻名的土楼之王。站在二宜楼背后的山上俯瞰，脚下的二宜楼呈巨大的圆形，这个圆的外径为74米，是福建为数很少的直径超过70米的圆形土楼之一。一般的土楼外墙厚1米多，而二宜楼外墙厚达2.5米。二宜楼外墙一到三楼均不开窗，只在四楼开有小窗口；大门和边门的门洞全用花岗石垒砌，因而固若金汤。1935年，二宜楼被围攻达一个月之久，但围攻的军队除了在厚墙上用炮弹打出两个小洞外，根本无法攻入楼内。此外，为了确保安全，二宜楼还利用下水道设置了逃生甬道，平时作为排水沟，如果土楼被困，需要求救或逃生，楼里人就掀开石板，从这条暗道逃逸。在土楼大门的门顶上，则设有漏沙、漏水的缝隙，以防敌人火攻。

福建土楼大多是以单开间为单元的内通廊式建筑，二宜楼却是以多开间作为单元的。土楼里的每一套房屋，都如同连体小别墅。每套单元都有各自的大门、小天井和楼梯，从而保证了每一个住户都有极强的私密性。正是这些独到之处，学者们把二宜楼称为“古代防卫系统与传统民居功能完美结合的经典之作”。

二宜楼的另一特色，是每套房间的墙壁上均绘有壁画，整座楼的壁画多达952处。在这些丰富多彩的壁画中，有一幅叫作《九世同居》，说的是唐朝张公艺一家九世同居的故事，充分寄托了二宜楼的建设者对家族命运的美好祝福，也符合儒家“修、齐、治、平”的人生理想。同样是在二宜楼，老蒋指给我看的另一幅迥然不同的壁画，则向我们传递了更为丰富的信息。那幅壁画描绘的是一个半裸的西洋女子，位置正好处于三楼的大门上方。在古代，把半裸的女人绘于进出的门楣上，几乎就是耸人听闻的荒唐之举。但是，二宜楼墙上张贴的20世纪30年代的《纽约时报》，以及墙上描绘的西洋时钟和英文字母，却向我们隐约表明，面向大海的闽南，乃是中国与世界沟通的前沿，而看上去封闭的土楼，其实与外界有着密切的联系——那条水量丰沛的九龙江，从华安境内缓缓划过，在它下游的出海口，就是一系列著名的天然良港：月港、漳州港、厦门港……

我去寻访华安土楼之时，正值农历三月，细雨绵密悠长，九龙江碧水深流。华安和与它接壤的安溪一样，都是著名的茶叶产地，蒙蒙细雨中，能看到采茶的农妇背着背篓在山岭上劳作。因为旅游开发，同时也因为经济发展，当地的大多数人家都已不再居住于土楼中，他们在土楼四周修建了新式楼房。只有像老蒋这种年事已高的老人，住惯了土楼，依然舍不得搬出去。因此，大多数时候，土楼是寂静的，寂寞的。除了节假日里那些来自五湖四海的游客，其余日子，土楼厚实的墙壁阻挡了外界的喧哗与骚动。高大而宽阔的阁楼上，面向中庭的一面全是窗户，雨水从头顶的屋檐上滚下来，落到窗户下的斜顶上。雨下得太久，对面的山峰和屋顶都变得缥缈起来，坐在这样的老屋里，闻着铁观音的清香，无端地想起一句词：“门掩黄昏，无计留春住……”

边地风光

因为地处偏僻，
再加上缺少必要的宣传，
多年以来，
呼中如同幽居山谷的佳人，
虽然拥有无限的生机与美丽，
却一向鲜为人知。

漠河，北极光下的边城

我们的漠河之行是从离它将近200公里的满归开始的。前一天夜晚，一列疲惫的火车把我和唯一的同伴、诗人远人送到了这座大兴安岭腹地的小镇。虽然内地还是暑气蒸腾的农历七月，可这里却已大有深秋的寒意。早晨，在空荡荡的汽车站等候了一个时辰，终于盼来了一辆破旧的中巴，它是从满归开往漠河的唯一一趟班车。

公路是纯天然的，没有沥青，没有水泥，甚至连碎石也没有，只有灰褐的泥土，它像一条深色的绳索，从无边无际的森林的腰间缠绕而过。公路两旁是茂密的森林，白桦、红松、落叶松，叫得出名的少，叫不出名的多。汽车行驶了老半天，也见不到一个人影、一栋房屋。只有森林，只有令人绝望的穿越森林的土路。从昏昏欲睡中几度醒来，依然不见漠河踪影，就在快要怀疑这车是不是走错了路的时候，尘土飞扬的土路终于结束了，汽车驶上了一条宽阔的水泥路。几分钟后，刚才看倦了森林和土路的双眼里，一栋栋带有红色屋顶的小楼房迫不及待地挤了进来。漠河县城终于到了。其情其景，就好比苦苦追求一个绝代佳人，多年来人家爱理不理，就在你已彻底绝望，打算另觅芳草了此残生时，她却突然向你秋波频传，让你欣喜得紧张。

西林吉，一座浴火重生的新城

西林吉就是漠河县城。很多年前，原本毫无知名度的漠河和它的这座小小的县城突然间令世界注目，其原因是一场突如其来的大火。我依稀记得，那是1987年夏天的事情，那一年的春节联欢晚会（那时的春晚比现在好看，所以至今还记得）来自海外的歌星费翔唱了一首热情奔放的《冬天里的一把火》，几个月后，遥远的漠河果然燃起了一把大火。有人调侃说这火就是那歌引发的。这个故事既说明了当年春晚的深入人心，也说明了漠河那场大火的巨大影响。

一晃20年过去了，这座曾经被大火全部烧光的城市，如今已看不出丝毫烈火烧烤过的痕迹，当然，如果够细心的话，也许还是能够发现：这座城市的建筑看上去都很新，这些建筑的最大年龄，也不会超过20岁。一般说来，在中国，像县城这种级别的城市，大多有不少老建筑，即便没有几百年上千年的雕梁画栋，也不缺一两百年的深宅大院。但漠河是个例外，这恐怕在全国都不多见。此外，漠河建县的历史也相当短——如果从新中国成立后的建制算起，这个县的县龄还不到30年。

早在开往满归的火车上，当地人就告诉我们，大兴安岭是林区，而且是一个曾遭受过特大火灾的林区，因此这里对火管制特别严。“幸好你们是现在来，如果早几个月遇到火险期的话，你们身上的一切火种，不管火柴还是打火机，统统都要被没收。”在火车上，偶然认识的一个“老漠河”如是说。这种说法第二天在漠河县城得到了验证：餐馆老板说，倘若在火险期，不仅要没收火种，外来人还要到防火办去接受安全教育。如果前往林区的话，必须领到一张防火证才能成行。现在虽然不是火险期，但漠河所有的城镇和乡村，均不能在室外用火，连吸烟也不行。因此，行走在人来人往的县城大街，你见不到任何一个手里捏着香烟的人，这在全中国，恐怕又是个唯一。

当地稍微年长一些的人都还对那场20年前的大火心有余悸。给我们开车的傅师傅就是其中一个，这个40多岁的汉子，当年还是风华正茂的青年。他告诉我们，那场大火发生在1987年5月6日，当地称为“五·六大火”。据后来的调查表明，那场大火有5个起火点，其中最主要的起火点在古莲林场，直接肇事者是一个从河北刚到林场干活13天的叫汪玉峰的农民。汪玉峰独自操作割灌机时，不慎引燃了地上的汽油，割灌机也跟着着火了，如果当时他脱下大衣一捂，火就可能被扑灭。但毫无防火经验的汪玉峰却拖着机器跑了七八米，等他丢下机器叫人过来时，火势已经无法控制了，而另外4个起火点，则是野外吸烟造成的。据介绍，汪玉峰肇事那个着火点，远在离西林吉几十公里外的古莲林场。像大兴安岭这样辽阔的林区，每年都要发生好多起森林火灾，因此，古莲林场的火灾并没引起远在县城的人们的警觉。然而，就像20年后当地人仍用天火来形容当年那场惨烈的火灾一样，"五·六大火"真的就是一次令人震惊的天火：古莲林场发生火灾的次日，漠河一带刮起了14级大风——通常，我们所知道的最大风力也只有12级，14级大风是个什么概念呢？傅师傅说，大风掠过来时，不少碗口粗的红松都齐齐折断甚至连根拔起。森林火灾最怕的就是大风，火借风势，风助火威，第二天晚上，大火就从几十公里外烧到了县城西林吉镇。

"你们想象不到，那火根本不是从林子里漫过来的，而是从天上飞过来的。"傅师傅说。原来，西林吉城外有一条大林河，河面有100多米宽，按理，火势不可能蔓延过来，但在大风的吹拂下，一团团棉被大小的火焰竟然从空中飞越了河面，直接落到县城这边的林子里。这样，整个漠河县城在极短的时间里便火烧连营，形成一片分不清东西南北的火海。大火烧到县城时是晚上7点多，傅师傅记得，那天他因为生病，没有像其他青壮年那样上山扑火，他刚吃了晚饭，正在自家院子里和妹妹说闲话。突然间，他看到西北面的天空被火光映红了，跑到外面一看，才发现大街上到处都是惊慌失措往来奔跑的人，原来大火已经烧进县城了。傅师傅急忙回到院子，叫起唯一的亲人——12岁的妹妹，一齐往外跑。傅师傅说，不一会儿，电也停了，街灯全部熄灭，但在大火映照下，到处都亮得如同白昼，人们像没头苍蝇似的到处乱窜。他看到漠河县的一位主要领导声嘶力竭地对着电台哭喊："我是漠河，我是漠河。漠河全城覆没。漠河全城覆没。"从居民区里，不断传来如同鞭炮炸响的声音，后来他才明白，那是一台台电视机发出的爆炸声。

大火中的漠河县城及附近的森林里到处都是火焰和烟雾，当天晚上，远在加格达奇的大兴安岭行署领导闻讯坐直升机前往现场，但由于烟雾太大，直升机根本没法降落，还差点撞到了山上。这场大火在漠河县城只停留了2个多小时，便让这个4万多人口的大镇顷刻间化为乌有。傅师傅说，火灾后的漠河全城只有一根烟囱和两栋楼房没被烧掉，其他的几十条大街、几千座房屋，全都化为一片散发着余温的废墟。

这场被称为“五·六火灾”的大火，在以漠河为中心的大兴安岭地区持续了整整28天，经过多达6万人的灭火队伍的扑救，再加上雨季来临，大火才终于被扑灭。后来的统计表明，这场大火的火场总面积为1.7万平方公里，约占大兴安岭地区总面积的1/5。森林受害面积达101万公顷，间接经济损失达69.13亿元，受灾群众5万多人，211人在大火中丧生。火灾过后，当时的林业部部长、大兴安岭地区专员、漠河县县长从上到下全被撤职。

正是这场惨烈的大火，给漠河人敲了一记最严重的警钟。后来，漠河方面在当年的起火现场建了一座纪念碑，以示前事不忘，后事之师。于是乎，也才有了现在的火险期没收火种，进山必须接受防火教育，以及室外不能吸烟等种种看上去近乎苛刻的规定。

大火烧掉了漠河的历史，幸好更多的历史还能够依凭文字和记忆的方式来传承。火灾后的西林吉镇进入了全新的规划和建设中，20年后，这座城市看上去要比同处大兴安岭的其他几座县城更为现代、漂亮。

考察漠河历史，其古称为“木河”“末河”，因河水黑如墨，又称“墨河”，又因河水旋转若石磨转动，亦称“磨河”。“墨”“磨”同音，后来演变成漠河。这座中国极北的边城在漫长的光阴里，一直是北方游牧和渔猎民族的乐园。直到清光绪十四年（1888年），清政府于老沟开办漠河金矿，大批关内流民渐次来到漠河谋生，这个苦寒之地才开始有了成规模的定居民众，史称，“兵民辐辏，商贾繁荣，屹然为边地重镇”。正因为漠河的特殊地理位置，这里多年前就修通了铁路，现在正在兴建一座民用机场。说起机场，傅师傅很兴奋，他说，下次你们再来，就不用坐那么久的火车了，直接就从哈尔滨飞过来。

边地民风多倾于淳朴，漠河亦然。短暂的停留里，我们先后接触过七八个漠河人，均友善而单纯。在漠河大街上，一个面色黝黑的汉子赶着一辆马车从远处缓缓而来，我把相机对准了他。这时，他突然大声喊叫起来，我以为是没经过他允许就拍照而得罪了他，细一听，不是，他在向我表示感谢。他甚至有意让马儿停下来，好让我拍照，拍完照，他咧开大嘴，呵呵大笑起来："谢谢啊。"

北极村，看得见极光的小村庄

其实，一开始，漠河并不是指今天我们众所周知的漠河县城，因为漠河县城自己还有一个名字，就是前面说过的西林吉。一开始的漠河是指黑龙江边的一个乡，也就是通常所说的漠河乡，包括一些较老的中国地图上，至今还可以翻看得到。后来，漠河既成为漠河县的名字，也成为县城所在地西林吉的名字，而西林吉这个名字渐渐被淡忘了，原本拥有漠河这个名字的漠河乡，也更名为北极村。与漠河乡这个名字相比，北极村听起来更有一种浪漫温馨。

早年身为文青的缘故，我所知道的和北极村有关的两件事，都缘于文学。其一，20世纪90年代初吧，黑龙江女作家——从照片上看，称得上真正的美女作家——迟子建曾写过不少以漠河和黑龙江为素材的小说，其中一篇就叫《北极村童话》，内容记不得了，但标题一直记忆犹新。而且，从迟的小传看，她就是北极村人。其二，管辖漠河及附近数县的大兴安岭地区，主办有一个文学杂志，刊名就叫《北极光》，其编辑部设在大兴安岭腹地的加格达奇。

我们是租傅师傅的车从西林吉前往北极村的，一个半小时的路程里，傅师傅向我们讲述着那场惊心动魄的天火，而窗外，则一路都是蓝天、白云、绿树、黄花。绿树以白桦居多，洁白的树皮，笔直的树干，令人有心旷神怡之感。只是，这些白桦几乎都只有碗口那么大，比想象中的白桦细小得多。傅师傅说，这就是当年发生火灾的地方啊，这些白桦都是后来自己生长出来的，才20年时间，所以只有这么大。

前往北极村的公路要经过一个名叫林场的地方，林场是东北到处都有的单位，比如我们动身前往漠河的满归，就是一个因林场而发展起来的小镇——因此林场没什么看头，而是林场附近，有一片坟地，当地人称妓女坟。

原来，在林场旁边有一条山沟，那就是著名的老金沟。一个世纪前，这里发现了丰富的金矿，采金业在这个边远地区很快兴旺起来，矿工曾多达4万人。但是，这里远离城镇，女人简直成了比熊猫还稀罕的宝贝。于是乎，来自哈尔滨、长春、关内，甚至俄国、朝鲜、日本等地的妓女，纷纷怀揣着发财梦，操着不同的语言，不远千里来到这深山老林，操持皮肉生意。极盛时，这里有妓院上百家，妓女数千人。然而，世事轮回，妓院老板和少数妓女固然赚得盆满钵满，但不少妓女却随着年长色衰而无人问津，最后在贫病中死于这遥远的异乡。当地人对她们的遭遇很同情，把她们统统义葬于此，从而形成了后人所称的妓女坟。

自古以来，北极村就是比西林吉更为辽远的极北之地，这里一年的封冻期达200多天，年平均气温在-5℃左右，温暖的夏天短暂得像午后的一个盹。因此，这里出现定居的人家也是因为金矿。如果不是滚滚黑龙江带来了大量金子，这里将在更长的时间里保持无人区状态。但金矿改变了北极村的命运。1866年，这里成为通往金矿胭脂沟的江上驿站。民国三年（1914年），这里成为设治局公署驻地，3年后的1917年，又由设治局改升为二等县城所在地。也就是说，这个坐落在黑龙江畔的小村庄，曾经在长达几十年的时间里是一个与如今的西林吉同等级别的县城。

然而今天的北极村委实太小，乃是一个精致的袖珍小村庄，估计只需要10多分钟，就可以把几条短得不能再短的街道和几个像小学操场那么大的广场都走遍。然而，这又是一个对中国而言具有地标意义的村庄——它既是中国最北的地方，也是中国唯一看得见北极光，唯一有白夜的地方。

每年，随着夏至的到来，太阳光直射北回归线，坐落在北半球的我国变得昼长夜短，纬度越高，白天就更长，夜晚就更短，漠河以北纬53.5°的高纬度，无可争议地成为我国的极北之地。夏至前，北极村的白天越来越漫长，夜晚越来越短暂。到了夏至这天，北极村的日照时间长达17个小时，一直要到晚上11点，太阳才完全落山，即使太阳落山，天空依然一片光亮，形成了著名的白夜：不用其他任何光源，人们就能够轻松地看书、写字、下棋、打球。哪怕到了午夜1点至2点，也就是所谓的夜幕降临，但天仍是灰蒙蒙的，人们相距十几米仍可辨识。此时，天也开始放亮了，晚霞与朝晖在北极村上空交相辉映，既像傍晚，又像黎明。按当地人的说法是，一场电影没放完，一个晚上就过去了。

至于北极光，那是一种发生在地球极地罕见的自然现象。它的产生，是由于太阳发出的高速带电粒子流受地球极地磁场的影响而偏向南北两极，并与大气层中的分子、原子猛烈撞击而产生的奇异光束。其中，在南极发生的叫南极光，在北极发生的叫北极光。北极村虽然并不真的位于地球北极，却是中国最北之地，也是唯一有机会看见北极光的地方。不过，尽管漠河县把每年夏至这天定为北极光节，届时，来自海内外的成千上万的游客齐聚北极村这个弹丸之地，但真正有眼福看到北极光的人并不多。因为北极光并不是每年都会出现的，尤其是在距离真正的地球北极还大老远的漠河北极村。

据看到过北极光的人描述，那景象的确值得让人千里迢迢前往等待：北极光的形状多种多样，有的像圆弧，有的像圆柱，有的呈带状，有的呈梭状，有的似葫芦。颜色则有橙红、紫色、杏黄，以及赤橙黄绿青蓝紫各色相间。极光从初现到消失，在空中停留的时间有长有短，短则几分钟，长则几十分钟。据说，1957年就曾经出现过一次长达45分钟的弧形北极光。

热心的傅师傅一边给我们介绍北极光节期间漠河的盛况，一边替我们惋惜："你们要是早来两个月就赶上了。"然而我们并不觉得有什么可惋惜的，对一个行者来说，重要的不是参加什么节日，而是自己的双脚曾经亲自行走过，自己的双眼曾经亲自看见过。正因为不是旅游季节，北极村里空荡荡的，几乎看不到游人。站在竖有"神州北极碑"的广场边望过去，前面几十米远的地方就是波涛滚滚的黑龙江，江对岸是一列逶迤的山丘，山顶郁郁葱葱，那就是与北极村一衣带水的俄罗斯阿穆尔州的伊格娜恩依诺村。与中国这边的热闹和喧嚣迥然相异，那个作为俄罗斯边陲的村庄则一派寂静。这些年来，随着漠河大打“中国极北”这张牌，前来观光的游人日渐增多，对这个边境小县来说，无疑是一次难得的机遇。然而，旅游也带来了对环境的极大破坏，尤其是一些基于素质而产生的破坏更令人扼腕。据傅师傅说，就在北极村上游不远处，同样是这条黑龙江，江水却呈两种颜色，俄方清，中方浊，泾渭分明得让人脸红。

既然是“中国极北”，北极村里处处可见以“极北”或“最北”作标志的建筑，如中国最北一家，中国极北处碑，中国最北的哨所，中国最北的餐馆，等等。在靠近“中国极北处”高大石碑的旁边，有一座原木修建的公共厕所。我敢打赌，这也是中国最北的厕所。站在厕所旁，透过掩映的松树，低下头，能看见墨绿的黑龙江逝者如斯，不舍昼夜；抬起头，能看见江对岸属于俄罗斯的高山低树。夏天的阳光照在身上，感觉不到闷热，反而有一种异样的温暖。

呼中：落叶松抒写的秋色赋

我对大兴安岭的最初印象，来自于那次从呼伦贝尔大草原向着东北方向的长途旅行。一列年代久远的旧式火车，顺着大兴安岭的走向，从早晨到夜晚，整整奔走了十多个小时。窗外的地表，也就从一望无际的大草原，渐变为草原与丛林的交混地带，再渐变为茂密的森林。那时正值夏秋之交，草原上的牧草已经开始发黄，而在草原与丛林的交混地带，不仅牧草是黄的，连树叶也跟着变黄。只是，黄得还不够彻底，似乎还有一种竭力想要保持春夏时期那种绿色的企图。不过，这些树木和牧草，显然无法抵挡季节变换的强大步伐，正在不可阻挡地迈向秋季，迈向一个金色而又诗意的季节。

就是在那趟列车上，几个喝酒的当地人自豪地告诉我，大兴安岭最美丽的季节当数秋天，尤其是9月和10月；而大兴安岭最美丽的秋天，在一个叫作呼中的地方。那里，无数的兴安落叶松纵横点染，如同大兴安岭秋天里的点睛之笔。于是，才有了后来那次直奔呼中的秋天里的旅行。

作为内蒙古高原与松辽平原的分水岭，大兴安岭南北逶迤达1200公里，东西宽200余公里，如此巨大的区域，已经相当于世界上许多国家的面积。我们从极北的漠河出发，公路一直都是在森林里穿行，4个小时之后，便抵达了位于大兴安岭腹地的呼中。

很多人都知道那首赞美大兴安岭的歌，歌词里那句“高高的兴安岭”，给我造成了一个深刻的印象，那就是，我以为大兴安岭一定也像我的老家西南一带的山脉那样，壁立千仞，孤峰入云，充满危险和不测，但后来才发现，这其实是我一厢情愿的想象。在大兴安岭，虽然群山连绵，层峦叠嶂，但不论是相对高度还是绝对高度，都不算大。就连大兴安岭的主峰，也不到2000多米。

呼中一向被称为“森林腹地，兴安之巅”，这一称呼向我们表明：第一，呼中处于大兴安岭核心地带；第二，呼中一带的山峰，是大兴安岭中最为高峻之处——在那里，仅1000米以上的高山就有300多座。可以说，呼中一带是大兴安岭高山最为密集的地方。其中，海拔1528米的大白山，就是大兴安岭北段的最高峰。呼中乃至整个大兴安岭最动人的秋色，就集合在大白山的麾下。因为有了大白山，呼中和大兴安岭的秋色才出落得如此鲜活动人。

呼中镇是一个只有两万人口的群山环抱的小镇，在整洁的、充满欧陆风情的大街小巷抬眼望去，几乎从任何一个角度，都能看到莽莽苍苍的大森林。整个呼中的森林覆盖率高达89.3%，其中最主要的树种是兴安落叶松，约占所有树木种类的80.6%，此外，樟子松、云杉、白桦和杨柳等夹杂在兴安落叶松之中。呼中同时也是全国最大的落叶松保护区，而落叶松回报给呼中的，就是用它那灿烂无边的金黄，抒写了大兴安岭秋色的主旋律。

落叶松属于松科，作为寒带和温带森林的主要树种之一，是针叶树种中最耐寒的，而兴安落叶松，因为主要分布于大兴安岭而得名。春夏季节的落叶松，针叶由浅绿变成深绿；而当秋天到来，随着气温的骤降，那些如同针一样细小的叶子，慢慢变成了金黄色。与此同时，成熟的松塔也接二连三地从树上落下，遇到适合生长的条件，就会在来年春天，长出一棵细细的松苗。

当汽车穿行在森林公路，我能看到的落叶松林只能是一个个的局部，这些金黄的山之精灵，要么一簇簇地拥挤在溪边，要么一团团地燃烧在山脚。惯常，人们爱用林海来形容横无际涯的大森林，要看到大片的、一无遮拦的林海，最好的办法是登高望远，而大白山就是不可多得的观看林海的最佳处。大白山一带，因为海拔远比大兴安岭其他地区高峻，地表植物也呈现出明显的垂直分布，这也成为大白山一带秋色最为绚丽的原因之一。

峰回路转，当我的位置不断地抬升，我终于登临大白山顶，顿时，一片片令人窒息的大面积林海就那么天然地舒展在眼前。

与春夏季节林海呈现出一派青翠不同，秋天里的林海是无边无际的金黄，金黄中又夹杂着绯红与酱紫，这些绚丽的色彩就顺着山脉的走向与坡度，自由地铺向目力消失的远方。在山与山之间，能看到白色的薄雾，细致地缠来绕去。当太阳升起，薄雾散去，天空蓝得犹如最幽深的大海。在蓝天的烘托之下，落叶松的金黄也就更加梦幻迷离。那种极目眺望，视野全被金黄的松针挤满的景象看久了，让人极其疑心，如果再坚持看下去，这些原本悄无声息的落叶松，就会被过于热烈的金黄鼓动得大声喊叫起来。

在我看来，如果说九寨沟秋天的红叶，给人的印象是柔美灵动的话，那么呼中的落叶松林，给人的印象则是博大壮美。两者相比，就我而言，我更欣赏呼中落叶松林这种带着野性的美，美得天然自在，美得无拘无束，甚至，美得肆无忌惮。

大兴安岭雨雪充沛，森林里，发源了难以计数的小溪大河，呼中的得名，就是因为它处于从大兴安岭隐秘地带发源的400多公里的呼玛河。这些穿山越岭的小河，全都保持着未受任何工业和城市污染的处子之身，河水清且涟兮，让人想起杜子美的诗句："在山泉水清，出山泉水浊。"落叶松倒映在水中，或是三五成群地拥挤在溪水边，像是要把那冰冷的河水，用所向披靡的金黄烤得灼热。由于地下水丰富，即便是雪花飞舞的深秋和隆冬，大白山脚下的呼玛河及其众多不知名的支流也不会结冰。"水在雪中流，雪落水中溶"，纷纷雪花之中，小溪依旧淙淙有声；而溪水散发的蒸汽凝结在溪畔的落叶松上，金黄的奔放中又增添了某种令人心驰神往的静谧与幽思。

我曾经非常喜欢俄罗斯画家希施金笔下那浓墨重彩的以森林为题材的油画，那些挺拔的树木，那些缠绕在树木与树森之间的藤蔓，以及像星星一样点缀在林间的野果，都让人感到一种莫名的踏实与冲动。但可以毫不夸张地说，在呼中，到处都能看到希施金笔下的景致。它不像是把希施金的油画搬进了现实，倒像是希施金这个在林子里迷路的画家，把这里的秋色带了一小部分回家，用颜料转移到画布上。因为，真实的林子，永远要比最优秀的油画，更多了一份鲜活的生命的气息。

因为地处偏僻，再加上缺少必要的宣传，多年以来，呼中如同幽居山谷的佳人，虽然拥有无限的生机与美丽，却一向鲜为人知。因此，可以说，呼中绝美的人间秋色，还在等待着更多渴望大美的眼睛向它靠近。

遮蔽的福地

天府之国往往让人联想起成都平原、关中平原或是南阳盆地这种声势浩大的风云际会之地。这些地方的确也以其富庶和繁华哺育了鲜活生动的历史，然而，殊不知，就像豪放派风行的同时也还有婉约派的一席之地一样，动辄跨州连郡的大平原大盆地之外，多年以来，一些面积相对较小、却不乏精彩与妖娆的小天府就是一个被主流视线擦肩而过的存在。它们大多地处边陲，被遥迢的山水所遮蔽。打个也许不太恰当的比方，如果说成都平原、关中平原和南阳盆地这样的大平原大盆地是处于潮头浪尖的大家闺秀，那么小天府则是散落民间的小家碧玉。

前不久，我应邀参加四川西昌市的一次采风活动，在风和日丽的邛海之滨接受当地媒体采访时，我说，冬天的成都，天气阴冷潮湿，一旦有太阳，全城人都欢喜得像过节。按这个标准的话，西昌天天都是阳光明媚的节日。事实上，在说西昌的同时，我脑海里同时联想起了另外3个地方，它们和西昌情形相仿，是血缘相近的表兄弟。它们有同样的阳光，同样的流水，同样富饶的土地和同样丰美的物产，甚至有同样由兄弟民族创立的悠久人文，而且，它们都同样有着从边地到热点的嬗变轨迹——它们是同样被遮蔽的福地，是同样散落边陲的4个小天府。它们分别是：四川西昌平原、云南丽江坝子、大理坝子和海南万泉河流域。

阳光与流水造就的天然府库

从地图上看，不论西昌平原、丽江坝子、大理坝子还是海南万泉河流域，它们全都偏处边地，经由中原王朝的视野看过去，相当长的岁月里，它们都是令人望而生畏的化外之境、蛮夷之地。从成都到西昌，火车要穿过横断山的千山万壑，运行整整一个晚上。至于大理和丽江，它们距省会昆明的路途也在600公里以上，万泉河流域的中心城市琼海虽然距省会海口只有半小时车程，但考虑到海南原本就处于天涯海角，琼海则已更加遥不可及。

如果让一个游人走马观花地在这4个地方跑一趟，很可能，他最大的感受就是，要是给这4个地方提取一个公因式的话，这个公因式就是由阳光和流水构成。的确，充足的阳光和丰沛的水资源是形成4个小天府的原动力。

西昌平原事实上是安宁河谷平原和邛海湖盆平原的总称。安宁河像它的名字一样，是一条宁静温婉的河，作为雅砻江的支流，它发源于蜀山之王贡嘎山南麓的冕宁县北部山区，在以西昌为中心的中游地区，安宁河形成了开阔的谷地，这些谷地最窄处几公里，最宽处近20公里，这就是安宁河平原。泸山是安宁河平原尽头的一座海拔2000米左右的山峰，就在泸山脚下，有一汪硕大而清澈的湖泊，那就是邛海。这座由于地质断裂而形成的湖泊，面积只有30平方公里，却是四川省第二大淡水湖。以邛海为中心，另一片与安宁河平原对称的小平原赫然入目，这就是邛海湖盆平原，人们常把两个平原合二为一，称之为西昌平原。西昌平原的面积只有300多平方公里，但它既是四川第二大平原，更是四川最著名的粮仓。西昌平原两侧，山地突起，河谷干热，全年日照时间长达2600小时，冬无严寒夏无酷暑的气候特点，再加上安宁河和邛海丰富的水资源，多年以来，这里就适宜农耕，适宜人居——单是蔬菜，西昌平原现在种植的就多达100多种，当四川其他各地及周边省份还处于严寒笼罩之中，田野里的蔬菜还是尖尖小苗时，西昌平原出产的胡豆、蒜薹、春笋等早市蔬菜已经带着春天的气息冲州撞府。至于荞麦和水稻，土豆和玉米等诸多粮食作物，其产量长期以来居于四川领先地位。与粮食和蔬菜竞相生长的则是花卉，从春天到冬天，西昌平原一年四季都有开不败的鲜花，无论你什么时候来到西昌平原，首先进入眼帘的，总是各种知名不知名的花朵。

和西昌平原最为接近的是大理坝子。在云南大理州境内，有一座名叫苍山的雪山，与云南众多七八千米级极高山相比，4000多米的苍山不算高，但它却具有许多极高山没有的地标意义：它的出现，标志着海拔4000米以上的东喜马拉雅山系从西到东绵延数千公里后在此结束，而平均海拔2000米左右的云贵高原在此开始。因此，这座山被称为“世界屋脊的屋檐”。从这座绵延起伏的山上，发源了众多河流，它们大多汇聚到苍山之麓的一个湖泊中。从高空作俯瞰，这座湖泊近似人耳，因而得名洱海。洱海面积远远大过邛海，将近邛海的10倍。环绕洱海的，就是被称为大理坝子的湖积平原，它是由洱海及其众多河流历经千万年的冲积而成，虽然面积只有几百平方公里，但在山地占全省面积94%的云南，这样的平原对于农业来讲已经是可遇不可求的福地了。更何况，充足的阳光和苍山十九峰、十八溪的冰雪融水给灌溉农业提供了极大便利。至于烟波浩瀚的洱海，自古以来，就是云南最重要的渔业基地。因此，在大理坝子上，你随时可以见到一幅幅恬静的田园牧歌图：洱海轻波荡漾，岸边坝子上，牛羊成群，稻麦成顷，田野小径间，点缀着长势喜人的桑树和亚麻——在大理坝子的诸多物产中，淡水鱼、肉牛、乳牛、蚕桑、水稻是其支柱。

除了没有紧密相依的大湖，就其他情况而言，丽江坝子与大理坝子相差无几，大理有苍山，丽江则有玉龙雪山，大理有滇西高原恒久的日照，丽江同样也有——丽江坝子年日照时数为2530小时，高于大理坝子的2250小时。丽江地区位于青藏高原南缘，处在横断山地北段向滇中高原过渡地带，在群山的环抱之中，或是江河两岸，或是湖泊周围，往往分布着大大小小的断陷盆地，当地人俗称“坝子”，也就是一个个面积不等的小平原。丽江全区面积在1平方公里以上的坝子共有111个，其中最大的就是丽江坝子，面积将近200平方公里。丽江坝子上没有大河或湖泊，但来自玉龙雪山的冰雪融水却形成了错综复杂的小河，它们天然地灌溉着雪山之麓的土地。由于地势比大理坝子更高，丽江坝子已经很难见到水稻的踪影，取而代之的是小麦、玉米和高粱，以及包括石榴、雪桃、海棠果在内的诸多水果，与其他地方的水果不同，丽江水果因日照时间超长而糖分更多，滋味更可口。

与西昌平原、大理坝子和丽江坝子相比，孤悬海上的海南万泉河流域似乎有较大的差异。历史上，海南长期以贫瘠荒凉的印象定格在大陆人的视野里，即便是苏东坡这样的通达之人被贬到海南时，也不免要作客死异域之悲念。但是，相对海南的其他地区来说，万泉河流域却是一个富庶与繁华之地——其实，具有天府之国寓意的万泉河流域，是指这条海南第三长河流出中部山区后的东段地区，即海南岛东万泉河流域，这一流域集水面积1175平方公里，若是算上汇入万泉河口的九曲江水系，其流域面积将扩展到1456平方公里，占琼海市总面积的86%。在海南岛东部，万泉河及其众多支流散漫地勾画而过——琼海总面积1693平方公里，共有大小河流54条。从气候上看，这里属于热带季风及海洋湿润气候区，这样的气候意味着充足的热量和丰沛的雨水，宜于水稻生长，也宜于水果成熟。在万泉河流域，到处可见的椰子树下，分布着纵横交错的稻田——这里既是海南重要的粮仓，也是海南省椰子产量的亚军。至于濒临南中国海的优越地理位置，使得琼海最主要的物产理所当然是水产。琼海下属的博鳌小镇是一个著名的渔港，据说，海南岛能到南沙一带打鱼的也只有这里的渔民，因而这里的海鲜特别鲜。作为水产业的副产品，这个小镇上有众多贝壳工艺品加工作坊，其产品竟然占全国贝艺加工市场的60%。

一方水土哺育一方文明

几乎就是一种天衣无缝的巧合，在这篇短文的写作中，我发现这4个小天府之国还有一个最重要的共性，那就是它们全都是少数民族聚居地，都以其特色迥异的民族文化而吸引了外界眼球。或许，我们可以断言，一方水土造就一方文明，一方文明在一方水土上得到了缠绵千载的延续和发展。

从地理意义上讲，西昌平原居于大小凉山的腹心偏南地带，而大小凉山则是彝族最主要的聚居地；从社会意义上讲，西昌平原是大小凉山的精华之地，也是彝族最主要的休养生息之地，一部灿烂的彝族文明史，一旦与西昌平原的富庶相脱离，必然花容失色。西昌的邛海之滨，有一座藏品甚丰的凉山彝族奴隶制社会博物馆，徜徉之间，颇能让人悠然思古。而考求彝族历史，根据并不多见的史料和口耳相传的民间记忆，大抵可以还原出彝族与西昌平原之间分割不断的关系：关于凉山彝族族源，学术界有多种说法，但每一种说法都不否认的是，凉山彝族是从外地迁徙而来的。凉山彝族毕摩（巫师）在超度死者时所念的《送魂经》，反映的就是这个民族的迁徙路线。依据《送魂经》，我们可以还原他们的迁徙路线：这些面目模糊的先人，他们成群结队地从云南永善县的大屋基小心地渡过水流湍急的金沙江，再沿着风景秀美的美姑河溯流而上，在经过漫长的艰苦跋涉之后，他们抵达了凉山中心地带利美莫姑。在此，凉山彝族两个最大的部落古侯和曲涅一个向东，一个向西——最终，他们中间的相当一部分家族，来到了气候宜人、也宜于农事的西昌平原。凭借西昌平原风调雨顺的天时地利，这个古老民族才得以一步步发展壮大。

大多数读者对大理并不陌生，尤其读过金庸武侠小说的人，往往对多情种子段誉家族的大理国记忆深刻。历史上，大理坝子一直是白族聚居地，在唐代以前，今天的洱海周围及哀牢山、无量山北部地区，分布有乌蛮、白蛮等众多部族和部落，其中有6个势力最大的部落，史称“六诏”（“诏”即“王”之意）。其中，蒙舍诏地处各诏之南，故又称南诏。开元二十六年（738年），南诏王皮逻阁在唐朝支持下兼并五诏，进爵云南王。皮逻阁赖以建立部族政权的基地，就是以洱海为中心的大理坝子。皮逻阁敏锐地看到了地势平坦、物产丰富的大理坝子对他的王国的重要性，次年，他就迁都太和城——也就是今天的大理古城。皮逻阁所建立的统一的南诏维持了一个多世纪，9世纪上半叶，段思平建立大理国——这也是金庸小说中段誉家族的始祖。虽然王朝更替，但恒久不变的是，无论南诏还是大理，无不把大理坝子作为首善之区，因为这些精明的政治家们明白，倘若不是大理坝子的丰饶和富足，贫瘠的山地很难让他们的王朝旷日持久。

如同大理坝子是白族的世居之地一样，丽江则是纳西族的世居之地。几年前，我初到丽江时，曾游览过木府，那些雕梁画栋与楼台飞檐，颇能让人想象出一个已经逝去的钟鸣鼎食之家。历史上，纳西族首领于元朝年间出任丽江知府，此后，此职一直为木氏家族所世袭，民间把木氏土司敬称为木天王。势力极盛时，木氏土司以丽江坝子为中心，势力遍及滇西北及邻近的四川和西藏部分地区。学界认为，纳西族人并不是丽江的原住民，而是在迁徙途中，渡过金沙江，沿着大雪山南下之后来到此地的。可以推断的理由是，正是丽江坝子的肥沃让这些颠沛流离的流浪者最终停下了疲惫的脚步。位于丽江坝子上的束河和白沙一带，是纳西族人最早的聚居地，也是木氏土司的发祥地。束河，纳西语称“绍坞”，既是茶马古道上的重要集镇，也是纳西先民从农耕文明向商业文明过渡的活标本。由于地处茶马古道要冲，纳西族人在农耕之外，也加入了商贸的行列，束河一度成为整个滇西北的皮毛集散要地。早在 1942 年，束河皮匠村就与国际工合组织合作，通过贷款、集股合资开办过“皮革合作社”。除了皮革业外，束河的麻线加工、竹木器编织等手工业也极其兴盛。物质之外，精神尤值一提，那就是在丽江坝子上，被称为“中国古典音乐活化石”的纳西古乐至今仍然在薪火相继。

黎族是古代百越人的后裔，也是海南岛——当然也包括万泉河流域——的原住民。历史上，虽然自汉朝以后，中原王朝就试图加强对海南地区的管理，但这种管理始终处于松散的羁縻状态。到新中国成立之前，黎族依然保持着称为“峒”的部落制度。这种社会制度下，经济发展自然无法和西昌平原、大理坝子、丽江坝子相提并论，而我们之所以要把万泉河流域也纳入小天府的行列，在于它后天的发展。

从边地到热点

尽管4个小天府各自偏处一隅，都是远离中原的平凡角落，但是，它们又无一不处于交通要道之上：西昌平原是历代中原王朝由成都平原进入凉山各地的主要通道，大理坝子和丽江坝子则是茶马古道的重要走廊，而濒临南中国海的万泉河流域，如今已拥有港口码头24座，其中有4座港口是直航南海的起运点，龙湾港则是海南岛东部唯一的天然深水良港，距欧亚国际海运主航道仅55海里。也许正是这种特性，决定了4个小天府都经历了从边地到热点的嬗变。

西昌自古便是西南边陲重镇，自秦汉开始，历代政权先后在此建立过郡、州、司、府，并委派官吏。包括司马迁、司马相如、诸葛亮和忽必烈在内的大批历史名人都曾在这里驻留。其中，意大利著名旅行家马可·波罗在游历了邛海后对其大加赞叹，他在游记《马可·波罗游记》中写道："碧水秀色，草茂鱼丰，珍珠硕大，美不胜收，其气候与恬静远胜地中海，真是东方之珠啊。"在依靠人力和马匹的年代，由成都前往西昌，至少需要半个月，而今，随着铁路、航空和正在修建的高速公路的通车，这一时间已经大为缩短。优美的环境和丰富的物产使西昌平原迅速从边地成为热点，如今，西昌已渐渐演变为成都人的越冬休闲之地，不少成都人纷纷在西昌购房，从而使得这个县级市的房价一路攀升。

虽然曾经是南诏和大理的首都，但历史视野中的大理坝子依旧群山阻隔，落寞地静卧在银苍玉洱之间，同样是在当代，这处边地也从寂静走向了喧哗和骚动。如今的大理，是云南最重要的旅游区，尤其是大理坝子上的古城和洱海，更是赴滇旅游者不可忽略之地。在大理古城，有一条著名的洋人街，这些高鼻蓝眼的老外，当初，他们仅仅因为喜爱大理坝子的气候和风景，然后便留了下来，留了下来之后总得做点什么，于是纷纷开办家庭式的小酒吧或比萨店，再后来，他们在观望大理坝子怡人的风景的同时，也成了别人眼里的风景。

万泉河因为一首歌和一部芭蕾舞剧而著名，它们是万泉河当之无愧的文化地标，那就是《我爱五指山，我爱万泉河》和《红色娘子军》。毋庸置疑，历史上的万泉河流域乃是极其边远的令中土人士望而生畏的烟瘴之地，但是，它本身所具有的优越自然条件，却注定了它会从边缘走向中心，从边地化蛹为蝶式地成为热点。

万泉河的入海口由万泉河和九曲江、龙滚河三江汇合而成，其细长的拦门沙已被载入吉尼斯世界大全。在河口内的东屿岛上，有一组别具一格的建筑举世闻名，曾经有来自多个国度的达官显贵光临过这里，这就是亚洲论坛永久会所——每年举办年会期间，这个小岛能把全世界的目光吸引过来，而平时则是海南观光游的一个重要目的地。在以亚洲论坛为中心的122平方公里范围内，当地政府已把它划为以会议和休闲度假旅游为主要建设内容的特别规划区。总之，万泉河流域既是精耕细作的农业地区，也是风景这边独好的旅游胜地。在这里，一方面，人们通过调整农业结构，已把原先落后的传统农业改造为高效热带农业，使之发展成为海南省目前最发达的农业地区之一；另一方面，以亚洲论坛为领头羊的旅游目的地和高端会议举办地，使万泉河流域在发展了旅游业的同时，还难能可贵地保持了生态的完美。

与大理坝子相比，历史地理意义上的丽江坝子更为边远和边缘。当年，木氏土司在中原王朝、吐蕃王朝和南诏及后来的大理3个强邻环伺中耍杂技似的走钢丝，换来的则是丽江坝子及其周边多年的繁荣与稳定。时至今日，历史的尘埃落定，丽江坝子也因丽江古城而成为热得不能再热的旅游热点——自20世纪90年代末以来，它业已成为名噪全国的小资旅游胜地，如果一个自诩小资的人没去过丽江，一定会觉得那是一件羞耻的事情。超级热门的旅游目的地，给丽江坝子带来的是源源不断的人流和收入。就像大理古城吸引了众多洋人一样，深处丽江坝子腹心的丽江古城也吸引了来自世界各地的短暂停留者和长期居留者，在一个小小的酒吧里，也许，你可能听到三四种不同的语言同时响起。从这一意义上讲，丽江古城的繁荣与今天的丽江坝子似乎并没有多少关联，关联的，其实是丽江坝子在过去岁月创下的历史文明。

我去丽江坝子是在好些年前，那是一个西风寂寞的秋天。即便是现在人来潮往的古城，那时也显得很冷清。从古城出来，我驱车前往丽江坝子深处。一望无际的平原上点缀着三三两两的农舍和高大的树木，那些树木大多有一身通体光明的黄叶。透过车窗，可以看到一些低矮的小花在风中扭动，收割后的大地一片沉默与安详，偶尔有鸟掠过，它们在空中慢慢滑翔，仿佛也在回味丽江坝子刚刚逝去的花样年华。

玉树：离唐朝最近的地方

农历五月，当西安所在的关中平原已是麦浪滚滚，一派收获景象时，几乎与它处在同一纬度上的青海玉树，依然是冰雪和寒冷主宰的荒凉世界。对这方青藏高原腹地的秘境来说，五月，仅仅意味着短暂的春天才刚刚崭露头角。

农历五月，那些从曲麻莱，从称多，从杂多，从通天河畔和唐古拉山麓走来的牧人们，兴奋而好奇地出现在玉树街头，他们睁大眼睛四处张望，不时会由衷地赞美："好大的城市啊。"与此同时，一些外来的旅行者也出现在了玉树街头，他们的表情有几分疑惑：这么微型的一座小镇，就是三江源头第一州的州府吗？

是的，玉树就是这样一个地方：对当地人来说，它是草原上的大都市，对内地人来说，它是214国道旁的小驿站。其实，当地人和内地人的说法都没有错，正如盲人摸象一样，象腿和象耳都是大象身体的一部分，虽然它们并不是完整的大象。同时，当地人和内地人迥然不同的判断，也隐含着一个结论：玉树是连接内地和青藏高原的一个重要据点，像一个人的脖子连接着头颅和身躯一样，它连接着内地和高原。正是这种不可缺少的连接作用，赋予了玉树上千年的繁华或寂寞。

在青海众多的地名中，玉树这个名字是给人感觉最美好的一个，它总是让我想起"玉树临风"这个古老的成语。但究其实质，玉树只是藏语"优秀"的转译。藏语里，它的意思是遗址。据文献记载，生活在今天玉树州治多县境内的原"优秀"部落的第一代头人垦布那钦，率领部众在通天河的支流宁恰曲流域，格萨尔王的岳父嘉洛的宫殿遗址上，建立起了他自己的城堡，人们把这一城堡称为"优秀"，后来则演化为整个玉树地区的称谓了。

玉树=遗址，这是一种类似于神来之笔的暗示。它暗示我们，这是一个处处都有遗址的地方。一千多年的岁月流过，给这里留下了过于丰富的沉淀。行走在玉树的山川之间，总有一种念头挥之不去：这儿是离唐朝最近的地方，举手投足之间，一不小心就会触摸到唐朝的痕迹。

退隐的古道

从西宁飞往拉萨，航程大约两个小时。

在半个世纪之前的人们看来，这几乎就是神话。1952年，中央人民政府决定护送十世班禅大师由西宁返回拉萨。那时候，西宁和拉萨之间当然没有航班，火车更是连影子也没有，即便青藏公路，那也是后来的事情了。那时候，只有一条一千余年来由人力和畜力踩出的古道可供人前行。为了让班禅顺利抵达拉萨，有关部门为此做出的准备和付出的代价叫人瞠目结舌：从西宁及附近调集了军马4500匹，骆驼3000峰，牦牛13500头，骡子2500匹。这是一个庞大得惊人的队伍，这支庞大的队伍在冰天雪地的中国西部艰难行进，当他们终于抵达拉萨，遥望到布达拉宫雄伟的宫墙时，已经有数以万计的牲畜在途中丧生。

同样是在这条冰雪为土的崎岖之路上，1300多年前，另一支同样庞大的队伍也在冒着无边无际的风雪艰难前进，他们的目的地也是雪域高原上的圣城拉萨。可惜没有任何资料给我们表明，1300年多前的这支队伍，为了从内地抵达拉萨，到底准备了多少牲畜、多少粮食，又有多少牲畜和行者在途中永远地倒下。不过有一点可以肯定，那就是这群1300多年前的古人的旅途，绝对不会比50多年前我们的先辈更轻松。

1300多年前的古人和50多年前的先辈，他们的脚印隔了漫长的时空重叠在一起，他们所经行的那条道路，人们习惯地把它称为唐蕃古道。这是一条已然退隐进了典籍和传说的苍茫古道。

1300多年前，当中原大地上经过几十年战乱，终于化蛹为蝶般地从隋朝末年天下大乱的废墟中，横空出世地崛起了一个伟大王朝——大唐；当时的青藏高原，也有一个王朝以同样令人惊讶的速度崛起，那就是第32代赞普松赞干布建立的吐蕃王朝。雄才大略的松赞干布在大相（相当于首相）禄东赞等人的辅佐下，不仅统一了雪域各部，还击败了近邻吐谷浑，从而使势力扩展到今天的青海和甘肃，直接与唐朝对峙。就像两个巨人总是相互警惕一样，两个强大的政权注定要发生一些摩擦。但摩擦的结果却令人意外——和亲。当松赞干布派遣禄东赞前往长安向唐太宗李世民第二次求婚时，两个强大政权之间多年来的对垒真正化干戈为玉帛。

后来的故事尽人皆知：唐太宗同意了松赞干布的求婚，但他自己并没有适龄的女儿，于是封宗室江夏王李道宗的女儿为文成公主，将她许配给松赞干布。公元641年，文成公主告别父母之邦，在李道宗的陪同下，动身前往逻些——也就是今天的拉萨。

那是一次皇恩浩荡的远行。在经过长时间的充分准备后，文成公主一行带着大批卫队、侍女、工匠、艺人和大量绸缎、典籍、医书、粮食等嫁妆，从长安迤逦西行，经甘肃，到青海，过日月山，经大河坝，到达黄河源头。为了保障公主一路顺风，唐太宗命令沿途官府修路架桥，造船制筏，以至于公主所经行的路途上，星罗棋布地留下了数以百计的遗址。当文成公主逆着猛烈的天风抵达柏海——今天的扎陵湖和鄂陵湖时，她还没见过面的未婚夫，剽悍的松赞干布已经在这里等候多时了。他们在这个风景绝美之地完婚后，继续往逻些方向前进。这是一次以政治和外交作大背景的爱情之旅，他们花费在路上的时间超过了一年——民间传说是三年，估计有所夸张。数以万计的人马绵延数十公里，爬雪山，涉溪流，越沼泽，穿原野，那些亘古无人烟的荒原第一次有了人类的脚印。

以文成公主进藏为标志，在此后大唐存立的两百多年间，虽然吐蕃和唐朝这对甥舅之国还是不可避免地发生过骚动甚至战争，但和平才是主旋律。和平带来了和谐，和谐带来了双方日益密切的交往。这交往，既有政府与政府之间的，更多的则是民间与民间的。因此，在以后的两百年里，无数只人类和牲畜的脚印重复着文成公主的脚印。在文成公主曾经走过的茫茫高原上，信使、僧侣、商人、武士、游侠、旅行家、投机分子……形形色色的人像接力般地来来往往。犹如鲁迅说过的那样，“世上本没有路，走的人多了也便成了路”。于是乎，在东起长安（今西安），西抵逻些（今拉萨）之间，一条道路渐渐成形，这就是被我们称为“唐蕃古道”的那条大唐和吐蕃之间的大动脉。

随着大唐帝国的烟消云散和吐蕃王朝的日趋式微，繁华一时的唐蕃古道渐渐褪去了往日的神光，这条道路两旁曾经商旅如云的城镇开始没落，驿站开始倾覆，古道开始被大半年里总是飘不完的雪花掩埋。今天的唐蕃古道，除了一些零星的路段还能看出当初如大唐一样的恢弘与大气外，大多数路段都隐进了历史的尘埃。

因此，搜遍各种典籍，我们大致可以还原出当年唐蕃古道的线路：

唐蕃古道从大唐帝都长安出发，沿渭水北岸越过作为陕甘两省界山的陇山后到达秦州（今甘肃天水），溯渭水继续西上越鸟鼠山到临州（今甘肃临洮），从临洮西北经河州（今甘肃临夏）渡黄河进入青海，再经龙支城（今青海民和柴沟北古城）西北行到鄯州（今青海乐都）。按传统习惯，以上称为唐蕃古道东段，这一段，全都在唐王朝境内，也是自从汉代以来由中原进入河湟地区的经典路线。从鄯州开始直到逻些，算是古道西段。古道经鄯州抵西宁，再到临蕃城（今湟中哆吧），沿羌水（今湟水南源药水河）经石堡城（今湟源石城山），越赤岭（今日月山），涉尉迟川（今倒淌河）至莫离驿（今共和东巴），再经大非川（今共和切吉草原）和那录驿（今兴海大河坝）过玛多黄河沿，越紫山（今巴颜喀拉山）、渡牦牛河（今通天河），穿玉树地区，过当拉山（今唐古拉山查吾拉山口）到藏北那曲，继续沿今天的青藏公路经羊八井到逻些。也就是说，在西段的古道线路中，从西宁到玉树和从那曲到拉萨这两段线路大体上沿今天的青康公路和青藏公路行进。

打开地图略一端详，我们就能发现一个不争的事实：位于青海、西藏和四川三省交界地带的玉树，是唐蕃古道上的一座重镇。但如果要选择从西安到拉萨的直线距离，则玉树远离了这条直线，而唐蕃古道之所以弯曲到玉树，很大的原因在于：这里水草充足，物产丰富，可以给行进中的旅人和他们的牲畜必要的补充。想想吧，对那些动辄以一年半载的时间在路上行走的古代旅人来说，当他们翻越了白雪皑皑的唐古拉山或是渡过了急浪排空的通天河，人困了，马乏了，而前方的路却依然无休无止时，突然出现在群山之中一个小坝子上的玉树州府结古镇，是一个多么巨大而有效的安慰——困了的人可以得到休息，乏了的马可以得到休养，吃饱喝足后再美美地睡上一觉，前面的路或许就不再那么坎坷了。

就距离来看，玉树基本处于唐蕃古道的中心点，这一得天独厚的地理位置，再次证明玉树必然地成为唐蕃古道上最为重要的驿站，这一点，可以从玉树州府所在地结古镇的得名上得到支持——结古是藏语，它的意思是：货物集散之地。这个以货物集散之地作称谓的地方，与内地城市相比，今天的商业当然算不上繁华，但可以想象的是，在遥远的过去，在大唐两百年间，当唐蕃古道还是大唐帝国和吐蕃王朝之间的纽带时，这里一定是商贾云集，旅人成群。只是，随着大唐帝国和吐蕃王朝文治武功的灰飞烟灭，结古这个货物集散之地日渐萧条，最终沦为了一座普通的高原小镇。然而，与其他的高原小镇相比，结古镇依然有着它独特的魅力，那就是，当后人们追寻并考察唐蕃古道的辉煌旧事时，结古绝对是一个无法绕过去的核心。

唐蕃古道横穿果洛州的玛多县之后，从群山对峙的巴颜喀拉山口入境，一路经清水河镇、歇武镇，然后渡过通天河，从而抵达结古镇。穿过结古镇后，古道经行下拉秀乡，涉子曲河，直趋杂多县城，出县城后，翻越唐古拉山口进入西藏。从地图上可以看出，全长两千多公里的唐蕃古道，横穿了整个玉树州南部，它从玉树人烟相对最为集中，城镇相对最为密集的地区蜿蜒而过，玉树最重要的城镇，基本都处于唐蕃古道上——到底是因为先有了唐蕃古道，才有了这些星星点点的城镇，还是因为先有了这些城镇，才有了这斗折蛇行的古道？这是一个类似于先有鸡还是先有蛋的问题，也许永远无法弄清楚。我们唯一能弄清楚的是，玉树境内那些离古道越远的地方，同时也是人烟越稀少，生存条件越恶劣的地方。在结古镇外的公路边，一位当地朋友指着路旁一株高大的柏树告诉我，这棵树已有上千年的历史了，传说是文成公主入藏时亲手种下的。枝繁叶茂的柏树看上去亭亭如车盖，阳光也被它剪出了一片硕大的暗影。站在树下，想想玉树和唐蕃古道千年流传的前尘往事，不由让人暗自生出些揣测：或许，玉树就是离唐朝最近的地方吧?

永远的公主

恐怕很难再有另一个汉人，在藏区拥有如此高的知名度和如此众望所归的崇敬与热爱了，这个汉人业已去世1320余年，她有一个好听的名字，李雪雁。她的另一个称呼则妇孺皆知，那就是文成公主。

时至今日，文成公主的故事几乎家喻户晓，她经行唐蕃古道由长安到逻些的史实也是学者们的共识。但是，在民间，关于文成公主的入藏路线，却还有另外两种说法，即川藏说和滇藏说。

所谓川藏说，即指文成公主由四川入藏。她从长安出发，由蜀道进入四川成都，再从成都到雅安，由雅安经康定和塔公草原——在塔公寺里，有一尊据说是文成公主带来的释迦牟尼佛像；再经德格到石渠，由石渠进入玉树，此后的路线则和唐蕃古道重合。所谓滇藏说，即指文成公主由云南入藏。首先，她从长安来到成都，再由成都到雅安，由雅安进入凉山，再从凉山出川，抵达云南丽江，从丽江经中甸进入西藏芒康、左贡，沿着今天的滇藏公路所经路线直抵逻些。

但只要看看地图，再结合当时的历史条件，稍加思索就会得出结论：历史上的真实入藏线路只可能是唐蕃古道。川藏说和滇藏说都是靠不住的民间传说——在以牲畜为主要动力的唐代，川藏线和滇藏线都是荒无人烟、地形复杂、气象多变的瘴气之地，我们的祖先无论如何也不可能有那么大的能耐挺进数千公里。只有相对来说条件较好的唐蕃古道，才能是他们的唯一选择。而川藏线和滇藏线上关于文成公主来过的传说多如牛毛，这说明，在藏区，文成公主是一个美丽动人的符号，后人都愿意把自己和她的距离拉得近些，再近些。

文成公主入藏时有多大年龄，史料缺乏记载，但根据古人早婚的习惯来推测，她当时至多不会超过20岁。这位生活在中原烟柳繁盛之地的弱女子，当她听从命运的指引，决定远嫁到离家万里的逻些时，对她来说，那个不曾谋面的未婚夫松赞干布是高矮胖瘦，她不得而知，那个将要居住一生的逻些城到底城门向何处开，她也不得而知。她唯一能知的仅仅是，她要去和亲的是一个陌生的民族，将有更多的陌生事物构成她今后生活的全部，她必须从陌生到熟悉，再到热爱，因为她不是去旅行，而是去生活。

看来，文成公主对和亲相当积极，只有这样，我们才能理解，她为何要在动身之前做如此充分的准备，她能够想到的，或者说当时大唐能够提供的，她都一一带上了——从人到物，从精神到物质。一本藏族的史料上说，文成公主当作嫁妆带往雪域高原的东西包括："诸种府库财帛，金镶书橱；诸种金玉器具，诸种造食器具，食谱，玉辔与金鞍；诸种花缎，锦，绫罗与诸色衣料二万匹"，以及"四百有四医方，百诊五观六行术，四部配剂术，书典三百有六卷，术数书三百卷"，也就是说，文成公主带到吐蕃的，不仅有随身用的物品，更多的是一个强盛帝国的文化和经济的方方面面。对文化相对落后的吐蕃而言，这无疑是一次空前的文化输血，而文成公主，正是那个主持输血的医生。

出于对文成公主的感激，她的名字和事迹才会被藏区人民念叨到今天。前面说过，玉树地处唐蕃古道中心，松赞干布在玉树以东不远的柏海迎接了文成公主后，他们在此成亲并略作休整。在翻越巴颜喀拉山后，他们抵达了玉树，因为喜爱玉树的美丽风景，他们在这里停留了整整一个月，从而为后人留下了大量遗址和遗迹。

车出结古镇，溯通天河的一条支流巴塘河行驶大约20公里后，公路拐进了两列山脉之间的山谷。一条清澈的溪水带着雪山的寒意从峡谷深处淙淙流出，这就是勒巴沟。进入沟内一段距离，一座外观呈褐红色的庙宇依山而建，这就是文成公主庙。

文成公主庙的来历，当然和文成公主有关。据说，文成公主和她亲爱的夫君松赞干布先生抵达玉树后，一则对玉树这个美丽之地很喜欢，二则庆幸自己有惊无险地翻越了险峻无比的巴颜喀拉山。信佛的文成公主认为，这都是佛的保佑。在玉树停留的一个月里，她请求松赞干布在勒巴沟口的悬崖上雕刻了九尊佛像。几十年后，她的后辈，另一位叫金城公主的女子循着她的足迹前往逻些和亲时，必然地途经此地，恰好也在此休整。金城公主发现文成公主遗留下来的九尊佛像已经被风雨侵蚀得不成样子，便令人加以修缮，并在佛像上修筑了一座庙宇，将庙命名为文成公主庙。

今天的文成公主庙里依然是那九尊高大的佛像，正殿的莲花座正中，是一尊七八米高的主佛像。佛像头戴朝冠，两耳佩有垂至腮边的金环，五官端正，眉目清秀，双手垂放腹前，双腿盘坐，神态端庄稳重。尤其引人注目的是，佛像身着唐朝风格的盛装。佛像头顶上方刻有梵文六字真言，头顶后部嵌有象征“光明普照、佛慧无量”的五彩光环。在主佛像的两侧，各有四尊高约4米的小佛像立在小莲花座上。这8尊小佛像，个个手持宝物。有的捧莲花，有的持金刚杵，有的举牡丹，有的托宝瓶，有的端如意碗，有的握七星上方剑，姿态各异，形象逼真。佛像两边，从上至下雕有三尺宽的藏式花边图案，与佛像群浑然一体。

文成公主庙大堂的东西墙壁上，是巨幅的壁画，壁画描绘的内容，是当年文成公主和松赞干布千里迢迢抵达玉树时，如何受到当地藏族头人和民众的热烈欢迎。一排火焰闪烁的酥油灯把庙内的光线弄得十分黯淡，反而衬托了佛像的高大神秘，也衬托了壁画的古老悠远。

前面说过，文成公主庙位于勒巴沟。“勒巴沟”是藏语，汉语意为“美丽沟”。这的确是一条美丽动人之沟，不仅在于这里有高原上少有的高大树木，松柏间杂，簇拥在沟谷两旁的山坡及公路两侧，更在于这里除了文成公主庙外，还有大量自唐时起遗留下来的玛尼石和十多处石刻。

当地人传说，自从两位公主进藏途经勒巴沟以后，藏族群众为了纪念两位公主，开始在沟里堆放玛尼石，并在悬崖上刻岩画。沟内有十多处石刻，内容主要以佛像、菩萨、香客、瑞兽等为主。这些石刻上的人物，他们衣裙翻飞，形体丰腴，一望而知就是唐时风格。那么也就是说，当地人的传说和历史的记载其实是一致的，那位叫李雪雁的公主的确到过这里，这里的确是离唐代最近的地方——你注视的任何一幅岩画，任何一块玛尼石，它们都有可能来自遥远的唐代，文成公主和金城公主两位美丽绝伦的女人的目光，都曾经像你这样注视过它们。

在玉树的一个乡村，我看到了一台用来碾青稞用的水磨。史料记载，吐蕃在与大唐交往之前，还不曾知道世界上有这么一种便捷的器物。文成公主入藏时，顺便也把制作水磨的技术带到了雪域高原。1300年后的今天，它们仍然在默默地发挥作用。

伸进唐朝的探针

之所以在这篇文章里把玉树定位为离唐朝最近的地方，不仅因为它是唐蕃古道上承上启下的一环，这里有文成公主的太多遗迹，还在于这里留存下来的死的或活的各种文物，它们像一根根从当代伸进唐朝的探针，为我们试探到了唐朝的深度和广度。这些探针分别隐藏在玉树的几个细节里。

在结古镇东南数公里的一座山峰上，有一座历经沧桑的古寺，当卡寺。当卡寺创建于公元11世纪，1239年，蒙元势力进入青藏高原，当卡寺被阔端一把火烧成了白地。此后，当卡寺又于明朝时期重建。由于在历史上曾两次毁灭，因此许多资料上对当卡寺的记载要么很少，要么干脆付诸阙如。其实，当卡寺的重要之处有两个：其一，它是有将近一千年历史的古寺；其二，它是青海境内最大的白教寺庙。所谓白教，那是藏传佛教的一个分支。在这座白教大寺里，一种叫作嘉强的舞蹈，活文物般地为我们保存了一些据说源自唐代的蛛丝马迹。

众所周知，藏区的寺庙每遇有重大活动，除了吹法号和念经外，往往还有带有宗教性质的舞蹈。当卡寺的僧侣在跳过本地传统的白狮舞之后，总是要跳上一段嘉强舞。嘉强舞一般由17位身着汉族宫廷服饰的僧人共舞，据说这舞蹈就是从中原带来的，而在藏语里，嘉强的意思就是汉族舞蹈。有趣的是，嘉强舞除了在当卡寺举行重大活动时跳外，其他时候，每逢该寺的大活佛出行，也总是由那17位身着汉族服装的僧人开道。其情其景，颇有点类似于中原地区官员出行时的仪仗。关于嘉强舞的来历，有两种说法，一种说法是，这是唐朝时从东边的中原传过来的；另一种说法是，当卡寺在明朝时出过一个大活佛，这位活佛被封为明朝的国师，是他把嘉强舞从明朝带回来的。无论哪一种说法更接近真实本身，有一点都是不可否认的：嘉强舞是通过唐蕃古道从东到西深入青藏高原腹地的。

嘉强舞舞蹈者的汉族服装让人想起了勒巴沟石刻上的唐人服装，还有文成公主庙里那九尊佛像的服饰，它们分布在不同的地方，兴建的年代也不相同，但有一点却不约而同，那就是服饰非常接近，显然是深受内地文化的影响。试想，如果不是受到来自东面的内地文化的影响，在一个几乎纯粹的藏区，如何会出现这么多汉族文化的细节呢？虽然只是几个很容易被人忽略的细节，但它仍然以最直接的物证表明：唐蕃古道是一条通往唐代的隐秘之路，是一条联结中原和西藏的政治、军事、经济和文化走廊。当政治、军事和经济消退之后，文化的影响依然存在。与政治的阴谋或阳谋、军事的征服或屈服、经济的兴旺与凋敝相比，浸入血脉的文化更能与时间拔河。

至于玉树这座唐蕃古道上的重镇，它在过去的年代里所起的作用，甚至要超过今天。当那些穿镇而过的行者风尘仆仆地走在镇外的古道上，这座不动声色的古镇，它不仅见证了一段业已沧海桑田的历史，它本身也在这份历史的沉重中变得更加丰富，更加凝重。

大学者亨廷顿认为，不同的文明之间存在着冲突，以大唐和吐蕃的对峙来看，他的说法似乎正确。但从唐蕃古道流传千年的往事来看，他的论断又不尽然。或许，不同的文明之间存在着的不仅是冲突，更多的其实是竞争，是竞争之后的彼此融合和共同发展。

今天的玉树——准确地说其实是指玉树州府所在地结古镇，这座古镇已经褪去了唐蕃古道繁华时期的神采，它只是青藏高原上的一座并不太起眼的小镇。一如比文成公主晚几十年的金城公主嫁入吐蕃，从而覆盖了文成公主当年的脚印一样，今天的214国道也重合了当年的唐蕃古道。也许正是因为多年以来一直处于驿站和交通要道的位置，作为唐蕃古道上的一个重要据点，玉树要比我想象中的更繁华。交通要道上兴起的城镇有一个显著特点，那就是外来人口比较多，商业比较繁荣，这一点，玉树也不例外。街上，随处可见川菜馆和小食店，一些面向公路的店铺大门洞开，殷勤的老板笑嘻嘻地招呼着每一个潜在的顾客。难怪那些从草原深处远道而来的牧人会由衷地感叹：玉树真是个大地方啊。尽管他们可能不知道唐蕃古道，但他们最能感觉到岁月与时运的变迁会给一座古镇带来什么。

在结古镇上，我偶然认识了一个姓张的小老板，操一口四川方言，见到家乡人，他显得格外健谈。他说他是十多年前到这里打工的，那时这里正在修一条公路，公路修好以后，他也就习惯了这里的气候和生活起居，不再因高原反应而头痛胸闷，再加上和邻近草原上的一位藏族姑娘自由恋爱了，于是就留在了玉树，在这远离家乡的地方结婚生子。问他还想念四川还想回四川吗？张老板神色平静地摇摇头："习惯了，哪里又不是生活呢？"他吐了口烟圈，慢条斯理地说。在张老板的背后，古老的结古镇渐渐融入了高原上寒冷而威严的夜色，唐蕃古道上的又一天慢慢结束了。

一个石渠，两个关键词

石渠是一个被人忽略已久的地方。多少年来，当它周边的德格、康定，乃至更为边远的巴塘等近邻都成为都市人热衷的旅游胜地时，它依然处于被人遗忘的边缘。其情其景，就好比周遭邻居都在大宴宾客热闹非凡时，它却在寂寞中保持内在的尊严。是的，对石渠这个孤悬四川西北部，距离省会足足有一千多公里——在欧洲，这样的距离足以穿越几个国度——的县份来说，也许只有寂寞能让它多一份尊严。

十多年前，我到康定采访，在宾馆里认识了一位来自石渠的警察，这个长年生活在雪域高原的“老石渠”向我讲述了许多关于石渠的逸闻，至今还记得其中两个细节：其一，整个石渠县城没有一棵树；其二，有时候冬天的早晨醒来，会发现下巴因为太冷而粘在了被盖上。十多年后，当我第一次走进只有一条孤零零街道的石渠时，我的确没能看到一棵树。这是高原上意外出现的一座城——它绝不像内地的城市，出现得那么自然，那么顺理成章。沿着公路两旁布局的房屋，除了国家机关，哪怕是最应该有人气的商店和饭馆，常常也是门可罗雀。对一个生活在内地的人来讲，这儿几乎就是遥远的异域。4000多米的海拔把石渠县城举到了世界最高城的位置，它也被称为离太阳最近的地方。然而这个离太阳最近的地方却总是和雪花、和寒冷纠缠不清。即便是四川盆地最炎热的7月，石渠的风依然有些割脸。

四川最大的县份、四川最宽的草原、四川最远的县城、四川最冷的地区……这些都是关于石渠的描述。描述太多，要想纲举目张地抓住石渠的本质就有些困难。游走石渠数日，我以为，关于石渠，有两个最为本质和核心的关键词，顺着这两个关键词的指引，大概也就能捕捉到石渠最为真实的影像。这两个关键词就是：扎溪卡、格萨尔。

关键词一：扎溪卡

扎溪卡是藏语。在当地藏族同胞的发音里，它是一个短促得令人难以捕捉的词语，有如扎溪卡草原的春天，美丽得稍纵即逝。

对爱好行走的都市人来说，扎溪卡往往是扎溪卡草原的代名词——它是一片辽阔草原的芳名。与四川大名鼎鼎的若尔盖草原相比，扎溪卡缺少的是名气，但它比若尔盖草原更为辽阔，也更为原生态。这两片草原基本处于同一纬度，当若尔盖草原已是人声鼎沸的著名景点时，扎溪卡草原上还只有星星点点的游牧部落日复一日年复一年地重复祖先的生活。

人们爱用“地广人稀”来形容石渠，这个“地广人稀”究竟到了什么地步呢？石渠面积两万多平方公里，人口只有6万，也就是说，平均每平方公里不到3个人。除了石渠县城和一些乡镇，大多数地方都是人迹罕至的处女地。人类足迹少有抵达的地方，注定就是动物的天堂，因此石渠境内生活着众多的野生动物，仅国家一级保护动物就有黑颈鹤、白唇鹿、雪豹、金雕、玉带海雕、藏野驴、野牦牛、北山羊、胡兀鹫9种。

黑颈鹤通体雪白，唯独颈上一圈黑羽，像是戴了一条黑色的围脖。作为世界上唯一生活在高原的鹤类，藏民认为它是有灵性的仙鹤，是格萨尔王的仆人。相传，格萨尔王返回天界后，他的仆人们就变成了黑颈鹤，依依不舍地守候着这片土地。藏民相信，谁要是猎杀黑颈鹤，谁就会受到天神的惩罚。

同样，白唇鹿也是石渠的珍稀动物之一，为中国所独有。它因唇的周围和下颌为白色而得名。在石渠的白唇鹿保护区，我们不时和它们相遇。这些草原上的暴走族，它们要么三五成群，要么几十上百只聚在一起，据说最大的群体其数量多达四百多。当它们成群结队地奔跑时，健壮的四蹄如同密集的鼓槌敲击着大地，大地深处似乎也传来了一阵轻微的颤音。

高寒的地理环境，决定了牧业是石渠最主要的生存和生活方式。自古以来，和牧业连在一起的就是游牧。“游牧”这个听上去很美丽很浪漫的词语，它所指向的其实是一种严酷自然条件下的艰难生活。这种生活在扎溪卡草原深处徐徐展开，它像一部生动的大书，缓慢而又固执地展示着一个又一个的细节。

像扎溪卡一样，阿日扎也是藏语。它是一个地名，是扎溪卡草原上一个更小的地方，牧民丹增一家就生活在这里。每当太阳爬上对面的雪山，丹增就和妻儿一起打开羊圈，把羊群赶到水草肥美的缓坡。接下来的一天，他既要看护羊群，还要照顾与羊群相比不大听话的牦牛。太阳刚刚横过帐篷西面的山峰，他和妻子就开始挤羊奶和牛奶，一直要忙活到太阳下山。向晚，丹增把最后一头慢条斯理的牦牛赶进圈，细心地扎好圈门，带着劳累一天后的疲倦钻进帐篷时，他终于可以坐下来喝上一碗青稞酒了，而他的妻子仍然没有休息的机会——她必须在丹增不耐烦的催促声中赶做简单的晚饭。只有丹增八十高龄的瞎了眼的母亲仿佛置之度外，一天中的大多数时光，她都像尊雕像一样坐在帐篷深处，她干枯的双眼紧紧闭着，上半身一动不动，乍一看，你会以为她睡着了。仔细打量，才发现她手里捏得发亮的念珠在一颗接一颗地被拨弄着，她失去了光泽和水分的嘴唇轻轻开合，一遍又一遍地念着六字真言：唵、嘛、呢、叭、咪、吽……夜深了，远处飘来几声藏獒的低吠，扎溪卡草原又过了一天，而这一天，和前一天以及后一天，并没有什么本质的区别。

缓慢的草原生活除了让远道而来的游人饱含新鲜感外，对于这些本土居民，日子似乎永远波澜不惊，甚至可以说是乏善可陈。幸好每年6月—8月——草原上野花怒放的最温暖最美丽的季节，早就撩拨得草原上的汉子、女人和孩子们心痒痒的盛大节日“耍坝子”就要来临了。我觉得，最早提议耍坝子的人，一定是为了给平淡的草原生活加一点乐趣，就像往一盘菜肴里加些盐一样，他想让这样的日子变得生动而精彩。

犹如一个女人的青春是她生命中最美的年华，耍坝子是扎溪卡草原365天中的最华丽的时分。每年6、7、8三个月，扎溪卡草原疯长的青草已经有半人高了，星星点点的野花像是一些恰到好处的点睛之笔，摇动在草原上。这是一年里骏马最剽悍、牛羊最肥壮、草原人最兴奋的季节。简单地讲，“耍坝子”就是平时散落在草原深处的人们，都不约而同地带着帐篷和美酒，拖家带口地赶到一个约定俗成的地点，举行一场无休无止的狂欢。狂欢的内容包括赛马、对歌、喝酒。这些年，原本纯属民间性质的“耍坝子”被赋予了更多的职能，成了一个“民俗搭台、经济唱戏”的经贸活动。市场经济时代，当GDP成为压倒一切的兴奋点时，耍坝子也相对失去了某些原汁原味的传统。丹增的母亲会说一些简单的汉语，在丹增的帮助下，我终于完成了和她的一次对话。这个瞎眼30多年的老女人，她说到“耍坝子”时，原本木讷如榆木的脸上居然也泛起一丝若隐若现的激动。我猜想，在这丝激动背后，一定埋藏着一个老人业已消失得无影无踪的青春岁月。对草原上的少男少女来说，离群索居的游牧生活多见牛羊，少见人烟，只有“耍坝子”这样的集体狂欢，他们才有机会暂时告别以家庭为单位的无休止劳作，来到这片帐篷与人群的海洋，寻找一场也许是突如其来，也许是蓄谋已久的爱情。

游牧生活决定了一切似乎都是暂时的和权宜的，但这种暂时和权宜又同样被扎溪卡草原上的人们经营得井井有条、从容不迫。在草原上，我有幸参观了一座流动的寺庙，也就是人们常说的“帐篷寺庙”。

顾名思义，帐篷寺庙肯定“建”在帐篷里，之所以给“建字”打上引号，乃是因为它太过临时，太过简陋。一般说来，扎溪卡草原上的流动寺庙，夏天是一顶白色帐篷，冬天是一顶黑色帐篷。与牧民的居家帐篷相比，寺庙帐篷相对能容纳更多的人，它们都比较宽大，至少也有100平方米以上。由于帐篷太大，平时它被拆成6块，由6户人家分别保管，至于寺庙里所需的众多法器，也统统存放在牧民家里。当这些牧民随着季节的变换逐水草迁移到新地方时，他们要做的第一件大事就是从各家的行李中找出保存得最细心的寺庙帐篷，你一块，我一块，一会儿工夫，一座或黑或白的巨型帐篷就会神奇地出现在一望无际的原野上。帐篷寺庙离居民帐篷相距着不远的距离，它那纯黑或纯白的巨型面积——

与一般民居相比——从而显得卓尔不群。接下来，他们就地取材，用草坯垒砌成经台和简单的桌椅，再铺上红色或黄色的布；精致的酥油灯、神龛和佛像以及法螺、念珠等各种法器也都变魔术似的从各家各户集中到了大帐，五颜六色的经幢和经幡从帐篷顶上随心所欲地飘下来，它们在草原粗硬的朔风中猎猎舞动，顿时就让沉寂已久的草原多了一分生气。帐篷门前，一只春天才出生的小羊羔好奇地掀开门帘往里张望。

这样的移动寺庙当然不可能有常驻僧侣，他们都由本村人充任，从某种意义上讲，他们都是“兼职”的。平常的日子，他们和其他人一样日出而作、日落而息，只有当他们穿上袈裟，拿起法器时，你才会恍然大悟，原来，他们是草原上的精神领袖，是联络人类和神祇的使者。

许多外来者很难理解，为什么在扎溪卡草原这样的艰苦环境里，这里的藏族同胞带着浓重高原红的脸上仍然是发自内心的善良和满足？都市人看来，这里的物质享受无疑极其匮乏，自然条件无疑极其严酷，大自然似乎刻意要将生活在这里的人引向与快乐背道而驰的另一极。但事实恰好相反，这里的牧歌永远欢快，这里的爱情永远真实。或许，我们从扎溪卡那个流动的帐篷寺庙里可以找到一部分答案：正是对今生苦难的漠视和对来生幸福的向往，扎溪卡人才能在如此苦寒之地绽放出发自内心的微笑。

随着一顶伟岸的白色帐篷的指引，我走进了距离石渠县城100多公里的长须贡马乡，这是扎溪卡草原的腹心地带，也是小有名气的查加部落的游牧之地。如果说扎溪卡草原是一篇气势磅礴的散文，那么查加部落就是这篇散文中最灵敏的动词。尽管查加部落所在地早就建制为一个村，但人们提及它时，仍然沿用一个已经沿用了几百年的古老称谓：查加部落。

道路很崎岖，把它称为公路简直是浮夸，但就是这条毛坯公路，也在乡政府所在地画上了句号。要抵达查加部落，必须依靠健壮的马匹。仿佛是为了增添查加部落的神秘色彩，老天安排所有外来闯入者在进入查加部落之前，都必须经过一座藏语称作“利”的神山。

“利”是草原上一座连绵数平方公里的山，在平坦的草原上，

“利”像是造物主心血来潮时的恶作剧，信手把一座山横放在了这里。与一般的山不同，“利”全是红褐色的石头，这些石头大的相当于几层楼，小的也相当于一间屋子。它们或彼此呼应，或离群索居，像是幼儿园小朋友用积木累积而成。石头与石头之间，无数的通道和暗洞如同草蛇灰线，把它们紧密连接在一起。连绵不断的怪石突兀地出现在原野上，很容易叫人联想起复活节岛石像、马丘比丘石头城之类的神秘之境。对“利”的成因，专家们至今没有定论。当地的一份文献介绍说，先后有包括莲花生在内的几十位藏传佛教大师曾在这儿的洞中苦修，并最终得成正果。在一个大洞里，有一扇门通向另一个洞，门还上了锁，当地朋友介绍说，那是一位喇嘛的苦修之地。看来，这个充满神秘氛围的地方，的确与宗教天然地相宜。

查加部落人口很少，还不到一百户，他们居住相当分散，像是老天随手撒在草原上的一串顽强的种子，当春天来时，他们就坚强而蓬勃地生长。相传，查加部落并不是扎溪卡草原的原住民，他们是多年以前从雅砻江畔一个叫查加的地方迁移而来的，因此被扎溪卡草原的原住民称为查加人。但我翻遍了小比例地图，也没能在雅砻江畔找到那个叫查加的查加人的源头。当查加人还居住在查加时，他们并不像今天这样逐水草而居，后来由于和其他部落发生了剧烈冲突，为了躲避仇杀，于是整个部落进行了一次艰苦卓绝的远行，来到了这片水草丰茂的大草原。可能是历史原因造成的吧，查加部落很少与外界来往，他们的记忆里，或许永远铭记着祖先曾经遭遇过的仇杀，因而保持着必要的距离与警惕。查加人的生活习性也与大多数藏族同胞大相径庭，比如，查加人无论男女都不沾烟酒；再比如，他们从不与其他部落通婚——本部落人数有限，这就使得适龄男女不能婚嫁成为比较普遍的现象，从而使得查加人人口增长缓慢，人口素质也呈下降趋势。

大约是从祖先开始就已经习惯了这种逐水草而居的迁徙生活，查加人对于像候鸟一样在草原上来来往往早就处之泰然。这个马背上生存的部落，他们好像永远在等待着出发，等待着太阳升起时，就跨上马背，赶上羊群，带上妻儿老小，以及不多的财产——其中最重要的无疑是分居各家的帐篷寺庙——继续上路。生活永远在远方，而梦想，比远方更远。

关键词二：格萨尔

如果藏地有人不知道格萨尔，其情其景，相当于美国人不知道华盛顿，法国人不知道拿破仑。这对当地人来说不仅是一种天大的意外，更是一种叫人愤怒的无知。对石渠人来说，格萨尔并不只是世界上最长的史诗《格萨尔王》的主人公那么简单和空洞，格萨尔本身就是他们生活中的一个重要组成部分。相应地，格萨尔当然也不仅是一位传说中的英雄人物，更是他们那无处不在、无所不能的保护神。

与石渠相邻的德格，相传是格萨尔的故乡。其实一个民间故事里的英雄人物，他不可能有真正意义上的故乡，只能说他的原型来自于某地——德格从而大打格萨尔牌，这些年的旅游事业因之蒸蒸日上。相比之下，石渠已经失去了先机，虽然有关格萨尔的遗迹，石渠同样丰富多彩，但这些丰富多彩的遗迹，多年以来，基本还没有机会得到外界的注视。

《格萨尔王》被称为“东方的《荷马史诗》”，但究其实质，它比《荷马史诗》更伟大：其一，它比《荷马史诗》更长，是公认的人类最长的史诗；其二，《荷马史诗》已经定格成型，停止发育，而《格萨尔王》依然以活的姿态继续在藏区传唱。

《格萨尔王》里说，格萨尔的出生之地在德格县邻近扎溪卡草原的地方，而格萨尔幼年时流浪和成年后南征北战的许多故事，都以扎溪卡草原为传奇的大舞台。至于格萨尔手下的大将和爱妃，也有不少是石渠人。因此，有人把扎溪卡称作是格萨尔王的摇篮，这是不无道理的。近年来，石渠文化部门经过艰苦的调查整理，在石渠境内发现的和格萨尔有关的遗迹多达40多处。其中比较具有代表性的有：真达的“岭国三十将”之一的尼绷达尔雅城堡遗址，瓦主的格萨尔王爱妃珠牧夏季行宫遗址，长须干马的格萨尔王同父异母兄弟战死之地，嘎依秀的格萨尔王及王妃沐浴温泉，等等。

当你在这些令人眼花缭乱的传说与遗址之间奔走时，有时不免会产生一种困惑：到底哪一些是活生生的现实，哪一些又是口耳相传的神话？其实，在草原上，现实和神话似乎从来就不可能泾渭分明，你甚至分不清什么时候是传说，什么时候又是真实的生活，就像草原与天空的分界线，你永远搞不清楚它们到底在哪儿。

在石渠，我被当地朋友告知，众多和格萨尔相关的遗址中，最值一看的有两个，一个是松格嘛呢城，一个是洛须邓玛宗堡。

只要到过藏区的人，都一定见过嘛呢堆，那些矗立在路旁、山口和草原深处的刻画着六字真言的石头，它们全都是由虔诚的教徒日复一日年复一年地从无到有、从低到高、从小到大地一块块垒出来的，可以说，嘛呢堆是信仰的产物。但是，哪怕见过最高大的嘛呢堆，你也很难想象，这世上居然有一座由嘛呢石堆垒而成的石头城。这座石头城就是松格嘛呢石经城，人们常把它简称为松格嘛呢城或松格城，它是扎溪卡草原上最能震撼心灵的事物，尽管藏区有许多奇迹，但松格嘛呢城是奇迹中的奇迹。

抵达石渠之前，我曾在一些资料上看到过松格嘛呢城的照片，镜头里的松格嘛呢城高大雄伟，气象万千。但真实的松格嘛呢城看上去似乎要比照片上低矮了许多，这倒不是照片浮夸，而是松格嘛呢城位于一马平川的草原，看上去就显得不那么雄伟了。

从我们停车的地方远远望去，松格嘛呢城既像一座古老的城堡，也像一座庄严的寺庙。它高约十来米，长宽各有百米以上，是一座呈正方形的石头城。四围的城墙上，不时有一个往里面凹进去的“窗口”，走近细看，我才发现不是窗口，而是用来摆放神像的神龛。这些神像中，既有格萨尔王，也有传说中辅佐格萨尔王南征北战的“岭国三十将”，以及美丽优雅的王妃们。

松格嘛呢城前方，有一道城门可供游人进出。进城后，视野所及都是一道接一道的嘛呢墙，狭窄的通道则是这座奇特城市的街道，这些伸过来绕过去的街道好像一条条深入时光深处的线索，它们一头牵挽了现实，一头引向尘封的过去。我在一道嘛呢墙前停下脚步，细细地打量一块嘛呢石，石头上刻的文字由于年代久远，已经变得斑驳模糊，如同隔了太过遥远的岁月回望旧时人事，往往是雾里看花，水中望月。这些文字，既有热热烈烈绞在一起的藏文，也有几乎没有人认识的古梵文。几步开外，一些石头与石头的缝隙里，见缝插针式地生长出一些花草，风过处，花草招摇起舞，和沃野上的花草们并没有大的区别。草原生命的顽强与坚韧，又一次得到了印证。

当地人口碑和史料均指称，松格嘛呢城垒下第一块石头，那已是一千多年前的事情了。相传在格萨尔时代，格萨尔的军师阿柯西奔的儿子隆乌玉达和甲察之兄绒查玛勒在霍岭之战中被格萨尔王的叔父晁通出卖，战死于恩德尔红山。后来，晁通为了忏悔和让死者的亡灵得到安宁，就在恩德尔红山下建起了嘛呢堆和白塔。这就是松格嘛呢城的形成之始。按照这个说法，松格嘛呢城最早的建筑距今已有一千多年了。而这座嘛呢城和其他嘛呢堆、嘛呢墙之间最大的区别，在于它最初建筑的缘由并非是对神灵的膜拜，而是为世俗的岭国将士招魂。

这样一座庞大的石头城，它的建造没有使用任何现代化原材料，更没有现代化建筑机械，当然也没有经过周密的规划和设计，全是多年来你一块我一块地堆垒而成，却能历经如此漫长的风霜雨雪，把它称为奇迹也许有些敷衍，它更像一个寓言，这个寓言以石头的方式暗示我们：信仰和怀念的力量如此巨大，只有它，才能抵挡那所向披靡的似水流年。

众所周知，通天河进入四川以后称为金沙江，这是万里长江的少年时代，而石渠就是金沙江畔第一县。金沙江从石渠最西边划了一道漫长的粗硬线条，把四川和西藏天然分开。石渠西南部的金沙江一带，高山耸峙，峡谷深切，与一望无际的扎溪卡草原形成鲜明对比。这里是石渠的半农半牧区，也是著名的青稞产地，《格萨尔王》里著名的《邓玛青稞宗》的原型就在这里，格萨尔手下最得力的大将之一邓玛的故乡也在这里。

当地朋友介绍说，《邓玛青稞宗》是《格萨尔王》的一部分，它讲述的曲折离奇的故事中，有许多内容就发生在洛须镇境内。洛须最早叫邓域，后来又称为邓柯，得名于从这里走出去的名将邓玛，是一个县的建制，到了20世纪70年代末，邓柯撤县，洛须成了石渠的一个镇。在洛须镇，我听当地人讲述了一个关于邓玛的故事：

很早以前，当整个邓域还被萨霍王统治之时，萨霍王的王兄家生了一个男婴，从男婴出生后的第一天起，邓域连续下了七天七夜血雨，搞得臣民人心惶惶。萨霍王认定这个男婴会给邓域带来灾难，下令如果有谁愿意领养这名不祥的男婴便可带他离开，若没有人领养，只有将其处死。此时，岭国总管绒察查根站出来领养了这名男婴，并将他背离了王宫，远行到了泽布长坡。

泽布长坡分为第一坡拉托登（今洛须镇拉托村境内）和第二坡泽布拉（今麻呷乡嘎普村境内）。上了第一坡拉托登时，只见一块红岩下蹲坐着一个食人魔，这名男婴随手取出一根木棍将恶魔镇压在红岩下，永世不得翻身。总管又继续背着他上了第二坡泽布拉，到泽布拉顶时，这名男婴死活不肯走，他说：“我是为邓域众生而来，我不能离开邓域半步。”这名男婴成人后，随格萨尔东讨西征，成为著名的“岭国三十将”之一，他就是邓玛大将。

我所见过的当地人都坚信邓玛的真实存在，更相信他就是从这座古老镇子走出去的英雄。除了脍炙人口的民间故事，能够眼见为实的就是邓玛的红宫遗址。

红宫遗址位于金沙江边的一座山顶上，除了一道半立半倾的残墙外，已经看不出任何宫殿的迹象了。倒是在距红宫遗址不远的须然寺里，我看到了一件多年来一直珍藏着作为镇寺之宝的邓玛遗物——一顶色泽暗淡、已经被氧化了的铁制头盔。据说，13岁时，邓玛就戴着这只头盔全副武装地冲锋陷阵，直到成长为格萨尔手下最得力的大将，直到他的英雄事迹走进藏区人民代代相传的记忆。当地人还说，在洛须镇的另一座寺庙里，珍藏着邓玛使用过的另一只头盔和一柄铁剑。

游走石渠的日子，我一直在想，对这方神奇的土地而言，厚重辽远的历史往事和丰富多彩的自然环境，决定了石渠是川藏线上一块等待雕琢的璞玉。

当我从扎溪卡前往洛须时，正值青稞成熟时节，从高高的山冈上望下去，小片小片的河谷地带和坝子里，等待收获的青稞在阳光下升腾起一片醉人的酥黄，空气中游动着一股青稞的清香。田间劳作的农人漫不经心地唱起了一支藏歌，没法听懂歌词，但那高亢而带着几分忧郁的歌声随风而来，又随风而逝。即便最迟钝的外来者也能感觉得到，这是一方有故事的土地，这里有另一种与我们擦肩而过的清洁的生活方式。

再版后记

《一路钟情：走出来的人生美景》初版于2012年。那个春天，儿子刚刚来到世界； 而今，他就要上小学了。光阴之倏忽，可见一斑。

《一路钟情》初版由中国友谊出版公司所出，起源于诗人莫卧儿小姐到北京某家公司做策划，向我约稿，于是将此前刊发于《中国国家地理》等刊的地理随笔汇编而成。不久，莫卧儿离开该公司，这部小书后来的发行与重印就杳如黄鹤。

一晃，六年过去，承花城出版社美意，旧著得以新版。此等美事，一如几年前我在另一部再版书中所言，相当于老树发新枝。作为种树人，自得是难免的。请容许我悄悄欢喜五分钟。

更重要的是，花城社在再版《一路钟情：走出来的人生美景》时，也顺道把我近几年的地理随笔一同结集出版，与此书形成姐妹篇。《一路钟情》是姐姐，它的妹妹叫《一路漫行：在路上，发现最美中国》。

我还在行走，还在写作。我相信，或许要不了多久，两姐妹就会变成三姐妹，四姐妹，五姐妹……作为她们的父亲，我将骄傲而羞涩。

2018.8.18于成都之南